cheese
치즈 책

인류의 조상에서 치즈 장인까지 치즈에 관한 모든 것

치즈 책

cheese

폴 S. 킨드스테트Paul S. Kindstedt 지음

정향 옮김

글항아리

선한 싸움에 임했고
마지막까지 충실했던 나의 부모님,
에드 킨드스테트, 에이미 킨드스테트께

여는 글

최근 미국에서 돌풍을 일으키기 시작한 치즈 공방 장인들에게 유용한 자료를 제공하겠다는 취지로, 나는 10년 전 안식년을 이용해 『미국의 농장 치즈American Farmstead Cheese』라는 책을 냈다. 그 책은 치즈 공방 장인들을 위해 치즈 생산이라는 복잡다단한 과학을 이해하기 쉽게 정리한 것이었다. 이후 치즈의 역사에 관한 내용을 추가하여 미국에서 농장 치즈 생산이 화려하게 부활하기에 이른 배경을 보완하기로 했다.

넉 달이 넘도록 역사를 다룬 두 개 장을 완성하지 못하자 문득 이 부분을 완성하는 데만 1년이 걸릴지도 모른다는 경각심이 들었다. 그러나 이 소재의 흥미진진함에 매료된 나는 치즈 생산의 과학과 기술에 역사를 접목한 대학원 과정을 버몬트 대학에 개설하기로 마음먹었다. 그렇게 해서 2005년에 '치즈와 문화'라는 임시 과정을 개설했다. 학생들의 반응은 긍정적이었고, 2년 동안 내용을 다듬어가면서 강의를 하다 보니 2008년에 상설 강좌로 자리 잡게 되었다.

마침 이 무렵에 나는 (특히 비살균 원유 치즈의 안전성에 대한) 치즈 관련 안전 규정, 전통 치즈의 이름에 대한 지식재산권, 공익적 가치가 식품 체계의 형태와 규정과 정책에 끼쳐야 하는(그리고 끼치지 말아야 하는) 영향 등 전반적인 정책 문제에도 깊이 관여하기 시작한 터였다. 이런 문제는 대부분 자유무역 협정하에 국제적 규모로 발생하고 있었으며, 특히 식품과 농업 분야에서 미국 국내 정책과 유럽연합 정책 사이에 엄청난 간극이 있다는 사실은 충격적이었다. 또한 미국의 치즈 역사는 유럽연합과는 전혀 다른 궤적을 그려왔다는 것 또한 충격이었다. 그런 차원에서 치즈 역사의 연구는 치즈뿐만 아니라 식품 전반에 걸쳐 발생하고 있는 국제적인 정책 논란의 기원에 대해서도 통찰을 부여하리라 생각했다. 그로 인해 이 주제가 '치즈와 문화' 과정의 한 축을 이루게 되었다.

이 책은 처음에 '치즈와 문화'라는 대학원 과정을 계기로 시작되었으나, 글을 쓰는 과정에서 나름의 생명력을 얻게 되었다. 특히 특정 시대와 지역의 치즈에 관한 파편적인 정보 수준에서 더 나아가 치즈 장인들을 둘러싼 세계에서 벌어진 사건들까지 관심의 폭을 넓혀야겠다는 생각이 들었다. 치즈의 역사와 거대한 세계 문명, 그중에서도 서양 문명과의 교차로는 쌍방통행이다. 치즈 장인과 치즈는 서양 문명사의 주요 사건과 국면마다 큰 영향을 받기도 하고 때로는 서양 문명의 전개에 무시 못 할 영향을 끼치기도 했다. 따라서 이 책은 치즈의 역사 그 자체에 관한 것이면서 서양 문명에서 치즈가 차지하는 위상에 관한 것이기도 하다.

치즈 연구자로서 이 책을 쓰기가 쉽지 않았음을 인정해야겠다. 여러 갈래의 의문을 파고들다 보니 내 전공 지식과는 동떨어진 여러 학문 분야까지 접근하게 되었다. 내 목표는 각 분야 최고의 학술 자료를 찾은 다음 그것을 바탕으로 연구의 방향을 잡는 것이었다. 참고한 학자들의 저작을 본의 아니게 오독했다면 그것은 전적으로 내 책임이다. 유용해 보이는 정보의 파편들과 씨름을 하면서 나는 역사학자와 고고학자, 인류학자, 유전학자, 기후학자, 언어학자, 고전학자 등 상호보완적인 전문 지식인들로 팀을 꾸려보면 어떨까 하는 생각을 자주 했다. 순진한 생각일 수도 있겠지만, 이 책이 여러 분야의 학자들을 자극하여 치즈의 역사를 재구성하고 해석하는 학제간 연구 팀을 꾸릴 수 있는 계기가 되었으면 하는 바람이다. 아직 해야 할 일이 많으니, 거기서 얼마나 재미있는 일들을 도모할 수 있을까.

차 례

프롤로그

오늘날 각양각색의 치즈에 대해 제대로 이해하려면 수많은 치즈 장인 집단이 독자적인 제품을 개발하기까지의 머나먼 역사적 맥락을 탐구해야 한다. 전통 치즈 가운데 역사를 지니지 않은 것은 없기 때문이다. 치즈 장인의 세계를 관찰하고 치즈의 과학과 기술에 대한 기본 원리에 집중해보면 치즈 장인들이 세상에 어떻게 반응했으며, 또 당대 환경에서 어떻게 고유한 특성을 갖춰내었는지를 이해할 수 있다. 따라서 이 책의 첫째 목표는 치즈 장인들이 다채로운 치즈를 개발하게 된 환경적 요인을 과학적 기술과 역사적 분석으로써 살펴보는 것이다.

　한편 모든 치즈의 역사를 하나로 아우르는 커다란 흐름의 서사가 있다. 이 책은 치즈의 발견에서부터 지금까지 이어지는 9000년에 걸친 그 이야기에 대해서도 소개하고자 한다. 물론 그 과정은 조각의 절반이 분실된 거대한 지그소 퍼즐을 맞추는 작업과 비슷하다. 또한 이 책에서 다루지 않는 치즈 생산지도 많다. 이는 중요하지 않아서가 아니라 치즈 생산과 관련한 그 지역의 역사를 재구성하는 데 필요한 고고학적, 역사적, 인류학적 연구가 덜 되어 있거나 자료가 미흡하기 때문이다.

그럼에도 불구하고 우리는 지구상의 다른 어느 종과도 구별되는 '인류'라는 종의 탄생 시점부터 현재에 이르기까지 굴곡진 여정을 살펴볼 것이다. 특히 선사 시대부터 고대, 중세, 르네상스, 현대에 이르기까지 서양 문명의 정체성이 형성되는 결정적인 시기들을 짚어볼 것이다. 그 시기가 다양한 치즈의 탄생에, 그리고 치즈 장인의 삶에 영향을 끼쳤기 때문이다. 이와 같이 치즈의 역사와 서양 문명사가 만나는 교차로들을 탐구하는 것이 이 책의 두 번째 목표다.

각종 전통 치즈는 수 세기에 걸쳐 여러 국면에서 형태를 갖추었고, 다른 전통 식품과 마찬가지로 그 사회 문화에 영향을 끼쳤다. 따라서 오랜 치즈 역사를 지닌 지역, 특히 유럽 남부와 중부에는 치즈와 전통 식품의 흔적이 지금까지도 잘 간직되어 있다. 이는 미국과 뚜렷한 대조를 이룬다. 미국의 치즈 역사는 훨씬 더 짧을 뿐만 아니라, 식품과 농업에 대한 미국인의 경험은 전반적으로 유럽인과 전혀 다르다. 역사의 차이에서 비롯된 이런 식문화의 간극은 1994년 이후, 즉 관세무역일반협정GATT에 따른 세계무역기구WTO의 설립으로 현대적인 세계 무역 체계가 형성된 이후 미국과 유럽연합이 끊임없이 갈등을 빚어온 원인이기도 하다.

지식재산권(전통적인 제품 이름을 사용하거나 지킬 권리 등), 식품안전 규정(치즈 생산에 비살균 우유를 사용하는 행위에 대한 규정 등), 유전자 변형 식품GMO, 우유 및 식육 생산 과정의 호르몬 사용, 가까운 미래에 나타날 동물 복제 등의 최첨단 영농 및 식품가공 기법에 대한 정책과 관련하여 미국과 유럽연합은 무역협상 및 WTO 제소 등으로 분쟁을 벌여왔다. 미국과 유럽의 산업 지도자와 무역협상 전문가들이 이처럼 식품 체계를 다르게 보는 이유는 무엇이며, 어쩌다가 지금의 첨예한 분쟁 상태에까지 이르게 되었을까? 이 책의 최종 목표는 치즈의 역사라는 렌즈를 통해 미국과 유럽의 식문화가 서로 다른 방향으로 갈라지면서 대조적인 식품 체계를 낳게 된 경위를 살펴보는 것이다.

1장

서남아시아와
고대 치즈의
기원

아담이 그의 아내 하와와 동침하매 하와가 임신하여 가인을 낳고 이르되
내가 여호와로 말미암아 득남하였다 하니라.
그가 또 가인의 아우 아벨을 낳았는데 아벨은 양 치는 자였고
가인은 농사하는 자였더라. _「창세기」 4장 1~2절

성경은 인류의 기원을 서술하면서 아벨이 양을 치고 가인은 농사를 지었다고 했다. 이 부분은 간과하기 쉬운 흥미로운 사실을 전하고 있다. 여타 종과 전혀 다른 종인 (신의 형상을 따라 만들어진) 인류의 등장을 작물 경작과 목축 그리고 농사 활동에 적합한 환경의 출현과 관련지은 것이다. 이러한 「창세기」의 서술이 허황하게 들릴 수도 있겠지만 꼭 그렇지만도 않다. 농경은 1만1000년 전 서남아시아에서 발원했으며, 이는 가인과 아벨이 살던 시대 및 지역과 거의 일치한다. 또한 인구수가 눈에 띄게 증가하면서 여타 동물 종과는 전혀 다른 길로 들어선 시기와 농경이 시작된 시기도 일치한다.(Cauvin 2000) 치즈의 기원은 거의 농경의 시작점까지 거슬러 올라간다. 따라서 우리의 치즈 기행도 인류 역사의 발상기부터 시작된다.

구석기 시대의 시작

유전 분석에 따르면, 해부학적 의미의 현생 인류가 '호모 사피엔스'라는 별개의 종으로서 등장한 시기는 아프리카에 '기반 개체군'이 살던 때로부터 약 20만 년의 세월이 지난 무렵으로 추정된다.(Bogucki 1999) 이 기반 집단은 야생동물을 사냥하고 물고기를 잡고 야생식물을 채집하며 살았다. 이들은 계절에 따라 식량을 찾아 끊임없이 이동했다. 무리를 이루어 살았으며 내부적으로 식품 및 자원이 공유되는 느슨한 공동체를 이루었을 것이다. 이러한 방식은 무리 가운데 한 개인이나 소수 집단이 자원을 점유하는 것을 막기 위한 공유의 윤리로 제도화되었다.(Bogucki 1999) 물론 이들의 생활상을 보여주는 유물은 제한적이다. 끊임없이 이동하며 원시적인 생활을 했기 때문에 고고학적 기록으로 남을 만한 산물을 생산할 수 없었던 것이다. 이들이 바로 구석기인이다. 거의 20만 년 동안 구석기인에게서는 창의성과 혁신성, 지적 성취, 사회의 복잡성, 예술적 감각, 영적 인식 측면에서 인간으로서의 잠재력이 거의 발현되지 않았다.

약 1만1000년 전을 기점으로 이전까지만 해도 지구 기후는 인류에게 안정적이고 우호적이지 않았다. 약 3만5000년 전부터 시작되어 기원전 1만8000년 즈음에 정점을 찍었던 마지막 빙하기에는 북반구의 상당 부분이 빙하층으로 덮여 있었으며, 지구 전체가 오늘날보다 훨씬 더 춥고 건조하여 농사에 적합하지 않았다. 이후 빙하가 물러나면서 전 지역의 기온은 큰 폭으로 변동했고, 간혹 온난하고 습한 시기도 있었지만 지금보다 더 춥고 건조한 기후가 이어졌다. 불안정한 기후 환경은 기원전 9500년경까지 이어졌고 인류가 농사를 시작할 만한 조건은 그때까지도

마련되지 않았다.(Bellwood 2005; Barker 2006)

약 1만7000년 전부터 후빙기의 지구온난화가 시작되자 지중해 지역에서는 덥고 건조한 여름과 춥고 습한 겨울을 보이는 날씨 패턴이 간헐적으로 나타났고, 차츰 세월이 흐르면서 안정적인 기후로 자리 잡았다. 그와 함께 밀·호밀·보리와 같은 야생 곡류, 완두콩·강낭콩·렌즈콩 등의 콩류가 이 '지중해' 기후에 적응하여 생장하기 시작했다. 이후 요르단강 계곡부터 북쪽의 시리아 내륙 지역, 즉 현대의 터키 동남부에 이르는 광범위한 지역에 야생 곡류 군락지가 형성되었다.

기원전 1만2000년경에 이르자 수렵채집인 개체군이 야생 곡류와 콩류, 열매를 채집하기 위해 이 지역에 간헐적인 (때에 따라서는 상시 거주하는) 계절 취락을 형성했다.(Bellwood 2005) 이들 나투프인Natufian은 식물 채집에 점점 의존하게 되었고, 이주하는 횟수가 줄어들면서 기초적인 예술을 꽃피우기도 했다. 이윽고 무리가 아닌 가족 단위로 주거 및 사교 활동을 펼치는 문화적 변화도 나타나기 시작했다.(Barker 2006; Cauvin 2000) 인류 역사에서 이는 중대해 보이지 않을 수 있으나 구석기 시대만 떼어놓고 보면 대단히 중요한 문화적 변화다. 그런 의미에서 '중석기 시대'라는 용어를 사용하여 나투프인을 선대의 구석기인이나 후대의 신석기인과 구별하기도 한다. 그러나 기원전 1만1000년과 9500년 사이에 도래한 극단적인 기후변화로 인해 이들은 사실상 사라지고 만다.(Barker 2006)

신석기 혁명

기원전 9500년경 유난히 빠르고 심한 지구온난화가 발생하면서 두 세대 만에 연평균 기온이 섭씨 7도나 상승했다. 이어서 2000년 동안 기온은 느린 속도로 꾸준히 상승하여 약 1만 년 전의 사람들이 누리던 기후와 비슷한 조건이 만들어졌다. 더욱 주목할 만한 사실은 이 온난화 이후 기후가 크게 안정되어 간헐적인 기온 변동을 제외하면 전 세계적으로 비교적 따뜻하고 습한 기후가 지속되었다는 점이다. 이로써 날씨와 계절의 변화를 예측할 수 있게 되었고, 인간의 생활에 적합하면서도 식물 경작이 가능한 환경이 조성되어 농경 문화의 물꼬가 열렸다. 이런 변화는 시기상 인류 발달의 새로운 단계, 즉 신석기인의 출현과도 맞아떨어졌다.(Bellwood 2005)

경작이란 수확기에 채집하여 보관해둔 씨앗을 다음 성숙기에 앞서 뿌리고 그 작물을 가꾸어 수확하는 행위를 말한다. 작물화란 바람직한 특성을 지닌 특정 유전 계통의 작물을 선별하고 심는 행위이며, 마찬가지로 가축화란 특정 유전 계통의 동물을 교배하고 사육하는 행위를 말한다. 경작, 작물화, 가축화의 습득은 인류 발전에 결정적인 역할을 했다. 이 기술을 통해 식물성 및 동물성 식량을 생산하는 지구의 능력을 인류가 활용할 수 있게 되었기 때문이다. 상대적으로 풍부하고 안정적인 식량 공급이 가능해지면서 인류는 좋은 쪽으로든 나쁜 쪽으로든 이전과 다른 삶을 영위할 자유를 얻었다. 성경에 빗대 표현하자면, 가인과 아벨은 경작과 목축에 어마어마한 힘이 내재되어 있음을 아직 모르고 있었다.

고고학 기록에 따르면 기원전 9000년에서 기원전 8500년 사이에 '비

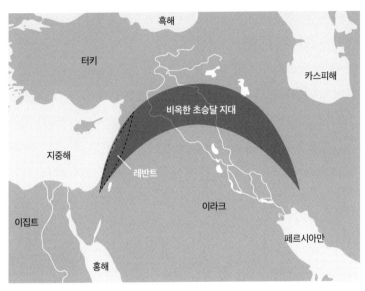

농경과 신석기 혁명은 기원전 9000년경 서남아시아의 비옥한 초승달 지대에서 처음 시작되었다. 신석기 시대의 발달은 이 초승달 지대의 서쪽 다리를 따라 위치했던 레반트 지역(점선 표시)에서 특히 두드러졌다.

옥한 초승달 지대'에서 작물화가 이루어졌다는 증거가 분명하다.(Barker 2006; Lev-Yadun et al. 2000; Simmons 2007) 비옥한 초승달 지대란 레반트Levant[소아시아와 고대 시리아 지방의 지중해 연안 남부—옮긴이]의 요르단강 계곡에서 레바논과 시리아의 내륙 지역으로 북상하여 아나톨리아반도 동남부(현대의 터키)와 이라크 북부를 거쳐 이란 서부의 자그로스산맥 구릉지대를 따라 유프라테스강과 티그리스강의 충적 평야와 나란히 동남쪽으로 내려가는 땅을 가리키는 말로, 비교적 물이 풍부한 지역이었다.

비옥한 초승달 지대에 정착한 신석기인들이 밭작물을 경작하면서부터 인근 산지에 서식하던 염소와 양이 자연스레 출몰했을 것이다. 무리 지어 다니는 습성이 있는 염소와 양들이 농경지에 자주 나타나면서부터 주민들은 고기와 가죽, 섬유 등의 동물성 산물을 지속적으로 확보할 수 있게 되었다. 특히 염소는 산속의 동굴 같은 좁은 공간을 선호하여 가축화에 적합했다. 그다음엔 양을 길들이게 되었으니, 작물화와 경작이 시작된 직후인 기원전 8500년경 아나톨리아 서남부와 이란 서부의 자그로스산맥 기슭에서 양을 친 흔적이 확인된 것도 그리 놀라운 일은 아니다.(Barker 2006; Hole 1989, 1996)

그로부터 다소 시간이 흐른 기원전 7000년경 아나톨리아 중부(현대의 터키)에서 가축화의 가장 앞선 증거가 나타났다.(Cauvin 2000) 이 무렵에는 작물 경작과 염소 및 양 목축을 바탕으로 하는 혼합농업이 레반트 지역을 넘어 서쪽으로는 키프로스섬과 크레타섬, 동쪽으로는 이라크와 이란, 북쪽으로는 아나톨리아반도까지 널리 퍼져 있었다. 또한 이들 지역에서는 식량 생산량이 늘어나고 정착 생활로 인해 출산 간격과 영아 및 노인 사망률이 줄어들면서 인구가 큰 폭으로 증가하고 있었다.(Bellwood 2005)

기원전 9500년에서 기원전 7000년 사이의 혼합농업 발달과 빠른 인구 증가는 신석기라는 획기적인 변화를 꽃피워냈다.(Bellwood 2005) 취락 규모는 더 커졌고 사람들은 한곳에 정착하여 살기 시작했다. 또한 방이 여러 개인 격자 구조의 건축 혁신을 일궈냈는데, 이는 구세계 주택 건축의 주된 양식으로 자리 잡았다. 또한 이 시대에는 돌을 정교하게 가공하고 연마하여 만든 각종 도구가 등장했다. 돌을 다듬지 않은 채 도구로 사용하던 과거와의 큰 차이점이다. 무엇보다 중요한 변화는 예술적 표현을 통한 영적 인식이 싹트기 시작했다는 점이다. 신을 형상화한 점토상이나 신전 같은 건물 등 종교적 상징물이 널리 나타났다는 게 그 증거다.(Cauvin 2000; Banning 2003) 이런 변화는 호모 사피엔스라는 종을 여타 종과 명확히 구별해준다. 기계적으로 먹고 번식하는 생물이나 다를 바 없던 인류가 이 시기에 비로소 크게 도약한 것이다. 성경의 표현을 빌리자면 인간이 "하나님의 형상대로" 만들어졌다고 할 수 있겠다.

인류는 경작과 작물화 및 가축화와 더불어 영구적인 가옥과 취락을 형성한 신석기 시대에 비약적인 기술 발전을 이루었고, 이로써 자연과의 관계에도 근본적인 변화가 일어났다. 자연 세계에 반응하던 지금까지의 수준을 넘어 자연에 유의미한 통제력을 행사하기 시작한 것이다. 영성의 발견은 더욱 큰 의미가 있다. 인간이 세계에 대하여 자기 존재의식을 지니게 되면서 세상을 변화시킬 잠재력을 기르기 시작한 것이다. 얼마 지나지 않아 초창기의 종교 의례에서 치즈가 중요한 요소로 자리하게 된 사실에 비추어볼 때 이러한 인류의 영적 발달은 낙농업이나 치즈 생산과도 관계가 깊다. 역사적으로도 서양 문명과 치즈의 역사를 아우르는 영적 맥락은 빈번히 확인될 뿐만 아니라 오늘날까지도 긴밀하게 얽혀 있다.

낙농업과 치즈의 탄생

기원전 7000년 직후의 유적에서 치즈 생산에 맞아떨어지는 두 가지 조건이 확인되었다. 먹고 남은 동물 젖이 있었고, 젖을 짜서 보관하고 응고시킨 다음 응유凝乳와 액체 유청乳淸으로 분리하기에 적합한 그릇이 발견된 것이다. 기원전 7000년경에 비옥한 초승달 지대 전역에서 양과 염소의 가축화가 널리 이루어지긴 했지만 뼈 표본의 연령 및 암수 분포로 판단할 때 당시에는 젖이 아닌 고기를 얻기 위해 가축을 길렀던 것으로 보인다.(Barker 2006) 새끼를 낳아 젖을 먹이는 기간이 아니면 거의 젖이 분비되지 않는 야생 염소와 양을 젖 생산용 품종으로 개량하기까지는 몇 세대에 걸친 선택적 육종 과정이 있었을 것이다. 그리고 가축의 젖을 짤 때 젖 분비를 촉진하기 위해 동물들을 구슬리는 요령도 익혀야 했을 것이다.(Sherratt 1981)

목축의 초점이 고기 생산에서 젖 생산으로 옮겨졌다는 최초의 결정적 증거는 기원전 6500년경 아나톨리아 서부에서 확인되었다. 가축 뼈의 분포와 토기 파편에 묻은 유지방의 잔재가 그것이다.(Evershed et al. 2008) 이 무렵 레반트 전역에 거주 인구가 급증하면서 토양 고갈, 개간과 침식 등의 광범위한 환경 훼손이 이 지역 공동체들의 생존을 위협하게 되었다. 방목과 젖 생산으로 초점이 이동한 것은 이런 고난에 대한 대응이었을 가능성이 높다.(Bellwood 2005)

흉작으로 인한 굶주림 끝에 사람들은 경작하기에는 적합하지 않은 땅이지만 양과 염소가 풀을 뜯기에 충분한 주변 초지를 활용하는 지혜를 얻었다.(Zarins 1990) 이를 계기로 사람들은 새로운 방목지를 찾아 이동하기 시작했고, 얼마 지나지 않아 대규모 이주가 일어나 아나톨리아 서북부에도 정착 인구가 생겨났다. 마르마라해의 비옥한 해안을 따라 정착한 사람들은 염소와 양 대신 소를 방목하기 시작했고, 이때 처음으로 젖 생산이 시작된 것으로 보인다.(Evershed et al. 2008)

신석기인이 젖을 채취하게 된 이유는 유아와 아동에게 먹이기 위해서였을 것이다. 왜일까? 젖은 성인보다는 유아와 아동에게 유용하기 때문이다. 유당의 함유량이 높은 젖을 소화하려면 위장관에 락타아제라는 효소가 있어야 하는데, 인간을 포함한 모든 포유동물의 새끼는 어미의 젖을 소화하기 위한 락타아제를 자체적으로 분비한다. 그러나 대체로 젖을 떼고 나면 락타아제 분비가 점차 감소된다. 따라서 성인 인간이 우유를 마시면 소화되지 않은 유당이 장의 미생물을 자극하여 설사나 팽만감 또는 속이 부글거리는 등의 부작용이 발생하곤 한다.

물론 오늘날에는 성인기까지 유당 내성을 유지하는 사람들(그중에서도 북유럽 혈통)이 많다. 오랜 세월을 거치면서 성인기까지 락타아제를 분비하는(따라서 유당을 소화하는) 능력을 지니도록 유전적으로 진화했기 때문이다. 최근의 유전 연구에 따르면 성인의 락타아제 분비 능력은 기원전 5500년경에 일반화되었으며, 이 유전적인 변화는 서남아시아에서 발칸반도 북부와 유럽 중부로 이주한 신석기인에게서 처음 형성되었다.(Itan et al. 2009) 그러므로 아나톨리아 지역에서 처음으로 동물 젖을 채집하기 시작한 기원전 7000~기원전 6500년경에는 성인의 유당불내증이 보편적이었을 것이며, 성인은 좀처럼 동물의 젖을 마시지 않았을 가능성이 높다. 그러나 서남아시아에서 낙농업이 시작된 지 얼마 안 되어 치즈와 버터를 만드는 방법이 발명되었기 때문에 성인도 젖의 영양을 섭취할 수 있게 되었다.

치즈 생산의 결정적인 시기는 기원전 7000~기원전 6500년으로, 인류가 음식 재료를 불에 가열하는 기술을 창안하여 토기와 도기의 신석기 시대를 열었던 시기다. 인류에게 토기는 식량의 저장, 가공, 수송과 전반적인 조리 능력 측면에서 큰 걸음을 내딛게 해준 발명품이다.

토기의 등장과 함께 낙농업의 비중이 높아지자 남은 젖을 단지에 담아 보관할 수 있게 되었다. 따뜻한 기후에서 보관된 젖은 자연적으로 박테리아에 의한 젖산 작용으로 발효되어 응고되었다. 당대의 방목민은 응고 상태의 젖을 저으면 고체인 응유와 액체인 유청으로 분리된다는 사실을 금세 발견했을 테고, 곧이어 성인이 적당량의 응유를 섭취하면 생젖을 마셨을 때의 증상들이 나타나지 않는다는 사실까지도 알아냈을 것이다. 그 이유는 젖 속의 락토오스 대부분이 발효되어 젖산으로 변하거나 우유가 응고되면서 유청과 함께 빠져나가기 때문이다. 즉 치즈의 락토오스 함량은 액체 상태인 젖의 락토오스 함량보다 훨씬 더 낮기 때문에 락타아제가 없는 성인도 치즈를 무난히 소화할 수 있다.

이 사실을 깨달은 신석기 시대의 방목인들은 응유를 유청에서 걸러내는 효율적인 방법을 찾아내고 싶었을 테고, 당시의 신기술인 토기에서 혁신적인 해결책을 발견했다. 바로 구멍이 숭숭 뚫린 토기를 체로 활용한 것으로, 신석기 지층에서 이러한 용도의 그릇 파편이 다수 출토되었다.(Banning 1998; Bogucki 1984; Ellison 1984) 이 토기는 체뿐만 아니라 다른 여러 용도로도 쓰였을 것이다. 화로용 또는 꿀을 거를 때나 맥주 양조를 위한 거름용 그릇으로, 나아가 분젠 버너와 비슷한 가열 도구로도 쓰였을 것으로 학자들은 추측하고 있다.(Banning 1998; Bogucki 1984, 1988; Wood 2007) 그러나 근동 지역에 이어 유럽에서도 구멍이 숭숭 뚫린 토기의 등장 시기와 낙농업이 시작된 시기가 겹치며, 오늘날에도 치즈를 만들 때 도자기 체를 사용한다는 민족지학적 기록을 종합해보면 이 체의 주된 용도는 치즈 생산이었음이 거의 확실해진다. 실제로 유럽 중부에서는 20세기 초까지도 전통적인 산酸 응고 치즈를 만들 때 도자기 체를 사용하고 있었다.(Bogucki 1984) 풀을 엮어 만든 바구니로 응유를 유청에서 분리했을 수도 있지만 이를 뒷받침하는 명확한 증거는 없다. 보존성이 약한 재료의 특성상 고고학적 기록으로 남아 있을 가능성이 희박하기 때문이다.

이처럼 인간이 가축의 젖을 먹게 되고 토기를 만들어 활용하면서 (또는 바구니 짜는 기술을 습득하면서) 산 응고 치즈가 생산되기 시작됐다. 낙농이 시작된 지 얼마 지나지 않아 비옥한 초승달 지대 전역에서 치즈(와 버터) 생산이 일반화된 것을 보면, 젖 가공이 엄청난 가치를 창출하여 경쟁우위를 확보했음을 알 수 있다. 기원전 6500~기원전 6000년의 고고학적 지층에서 발견된 토기 파편의 잔류 유기물(특히 지질)은 이 시기의 토기가 유제품 보관에 널리 사용되었다는 사실을 확인해준다. 또한 이 유기물의 특성으로 미루어볼 때 미가공 원유가 아니라 치즈, 버터, 기ghee(버터기름) 등의 가공 유제품이었을 것이다.(Evershed et al. 2008)

최초의 신석기 치즈는 어땠을까? 정확히 알아낼 수는 없겠지만 오늘날 근동 지역에서 생산되는 전통 치즈인 최켈레크Çökelek 따위와 비슷한 부드러운 산 응고 치즈였을 가능성이 높다.(Kamber 2008a) 신석기 시대 사람들은 젖에 산과 열이 가해지면 응고가 발생한다는 사실을 우연히 발견했을 것이다. 이것이 바로 리코타 종류 치즈 생산의 기본 원리다. 토기의 등장으로 액체를 가열할 수 있게 되자 사람들은 온갖 재료를 가지고 새로운 조리 기법을 실험했다. 토기에 보이는 열분해로 인한 잔류 유기물(즉, 강한 가열로 생겨난 잔류 유기물)과 검댕이 그 증거다.(Evershed et al. 2008; Barker 2006) 그들은 부분적으로 상한 젖 또는 치즈 생산 후에 남은 유청을 가열하는 과정에서 젖 단백질의 응고를 유발하는 산도와 온도의 조합을 알아냈을 테고, 그럼으로써 오늘날까지도 근동 지역에서 널리 생산되는 산/열 응고 치즈를 발견했을 것이다.(Kamber 2008a)

산 응고 치즈와 산/열 응고 치즈는 수분 함량이 매우 높기 때문에 미생물에 의한 분해가 억제되지 않아 빨리 상한다. 서남아시아의 더운 기후에서는 이런 현상이 한층 두드러진다. 따라서 현대의 근동 지역에서 그러하듯, 초기에는 치즈를 만들자마자 먹었을 가능성이 높다. 그러나 이렇게 상하기 쉬운 치즈도 소금을 뿌리고 밀폐 용기에 담은 뒤 고온을 피하면 장기간 보존할 수 있다. 예를 들어 터키에서는 지금도 최켈레크, 로르Lor 등의 전통적인 산 응고 치즈와 산/열 응고 치즈를 단지에 넣고 땅속에 묻는 식으로 열기를 차단함으로써 숙성 보존한다.(Kamber 2008a) 이로 미루어보면 기원전 6500년의 토기 파편에 남아 있는 치즈 잔류물 역시 현대와 마찬가지로 밀폐 단지에 넣어 보존한 산 응고 치즈 또는 산/열 응고 치즈일 가능성이 있다. 현대 터키에서처럼 부드러운 치즈를 보관하고 숙성시킬 때 동물 가죽으로 만든 자루를 사용했을 수도 있지만,(Kamber 2008a) 토기보다 더 부패하기 쉬운 이런 형태의 포장이 당시에 사용되었다는 고고학적 기록은 아직 없다. 지금도 근동 지역에서 널리 사용되고 있는, 신선한 응유를 보존하는 또 하나의 방법은 햇볕에 말리는 것이다. 햇볕에 건조한 치즈는 수프에 갈아 넣기 좋을 정도로 안정적이고 단단하다. 신석기 이후 시대의 지층에서 내부 표면이 거칠고 크기가 작은 거름용 토기가 나왔는데, 당시에 치즈용 강판으로 사용되었을 가능성이 있다.(Ellison 1984)

그렇다면 레닛 응고 치즈는 어떨까? 신석기 시대 사람들은 제조 과정이 좀더 복잡한 이런 방식도 실험했을까? 확실히 알아낼 도리는 없지만, 인간이 동물의 젖을 짜기 시작한 지 얼마 지나지 않아서 동물성 레닛rennet(새끼 염소와 새끼 양, 송아지의 위장에 존재하는 물질)을 이용하여 젖을 응고시키는 기술이 창안됐을 것이다. 아마도 그들은 젖을 떼기 전에 죽은 새끼 염소와 양, 송아지의 위장에서 응고 상태의 젖을 발견했을 테고, 위장과 젖의 응고, 치즈 응유의 논리적 관계에 대해서도 궁리하게 되었을 것이다. 즉 새끼 동물의 위장에서 굳은 젖을 채취하여 갓 짜낸 젖에 넣어보는 식으로 레닛 응고를 실험했을 것이다. 실제로 이런 방식은 고대 잉글랜드와 아메리카에서 18세기까지 수행된 것으로 알려져 있다. 어느 시점에 이르러서는 위장 물질 자체를 젖에 추가하게 됐고, 더 농도 짙은 응고 효소 덕분에 치즈 만들기가 수월해졌을 것이다. 위장의 응고 효과를 인식한 후로는 위장을 소금에 절여 보존해놓고 사용하는 관습이 생겨났을 것이고, 결국 안정적이고 지속적으로 레닛을 확보하는 단계에 이르렀을 것이다.

레닛 응고의 발견에 대해서는 다른 가설이 있다. 유목민이 먼 길을 떠나기 전에 염소나 양(또는 그 외의 포유동물)의 위장으로 만든 자루에 갓 짜낸 젖을 채웠고, 목을 축이려다가 굳어 있는 젖을 발견했다는 설이다. 하지만 이 추론은 신빙성이 낮아 보인다. 그러기 위해서는 성인 유목민이 동물 젖을 분해시키는 유당 내성을 지니고 있었다는 전제가 필요하기 때문이다. 앞서 살펴보았듯이, 성인에게 유당 내성이 생기게 된 것은 신석기인이 젖을 짜고 치즈와 버터를 생산하기 시작한 지 최소한 1000년이 지나서였다. 시기적으로 치즈 및 버터의 생산이 성인의 젖 섭취보다 한참 앞설 뿐만 아니라 유당불내증으로 인해 낙농 문화가 훨씬 빨리 퍼질 수 있었다는 해석에 많은 학자가 동의하고 있다.(Evershed et al. 2008) 다시 말해 신석기인 공동체에서 낙농이 자리를 잡고 유전자 선택을 통해 점차 성인에게 유당 내성이 생긴 것은 바로 치즈 및 버터 생산 덕분이라고 할 수 있다. 유목민이 길 위에서 젖을 마시면서 다녔다면 그로부터 1000년 전에 이미 치즈 및 버터 생산이 활발하게 이루어졌어야 하며, 그랬다면 레닛 응고는 진작 발견되었어야 한다. 물론 예의 유목민이 아기에게 먹이기 위해 위장으로 만든 자루에 젖을 담았다면 이야기가 다르다. 어쨌든 이것은 모두 추측일 뿐이며 레닛 응고를 뒷받침하는 결정적인 증거는 한참 후에야 등장하게 된다.

요약하자면 기원전 제7000년기에 이루어진 치즈 생산은 신석기인에게 대단히 중요한 진보였다. 영양가 높은 동물 젖 가공품을 아이와 어른 모두 섭취할 수 있고 저장까지 가능해졌기 때문이다. 또한 이 시기는 인구 증가와 환경 훼손으로 인해 비옥한 초승달 지대의 농업 체계가 무너지고 있을 때였다. 이후 치즈의 가치를 제대로 인식한 사람들이 수 세기에 걸쳐 이동하게 되는데 어디에 정착하든 치즈 만드는 방법은 계속 전파되었다.

신석기 시대의 대이동

근동 지역에서 방목과 젖 생산이 중요해지기 시작할 무렵 인구 증가와 환경 훼손에 직면한 사람들은 비옥한 초승달 지대를 떠나 사방으로 대이동을 시작했다. 동남쪽으로 내려가 티그리스강과 유프라테스강 남쪽 유역의 메소포타미아 저지대에 정착한 이들이 바로 우바이드인이다. 기원전 6000년경 우바이드인은 관개 농경을 바탕으로 새로운 문화를 수립하여 메소포타미아 문명의 기반을 다졌다. 서남쪽으로 내려간 사람들은 시나이반도를 거쳐 기원전 5000년경 이집트에 도착했고, 나일강 유역에서도 관개 농경을 바탕으로 새로운 문명을 일으켰다. 동쪽으로 떠난 사람들은 이란, 아프가니스탄, 파키스탄을 차례로 지나 기원전 6500년경에 파키스탄과 인도 사이의 인더스강 유역에 도착했다. 이곳

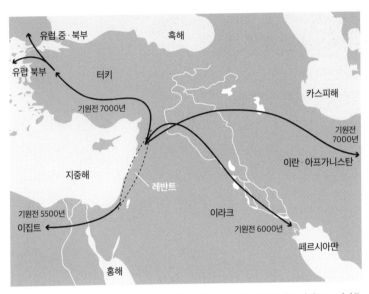

레반트와 비옥한 초승달 지대의 인구 증가와 환경 훼손으로 인해, 신석기인은 사방으로 대이동을 시작했다. 이들은 낙농과 치즈 생산을 포함하는 혼합농업이라는 생활양식을 이주 지역으로 가져갔다.

에서는 훗날 위대한 하라파 문명이 꽃을 피운다. 이와 함께 치즈 생산도 메소포타미아 문명과 이집트 문명, 하라파 문명의 중요한 요소로 자리 잡았다.

　마지막으로, 북쪽과 서쪽으로 이동한 사람들은 두 갈래로 나뉜다. 한 갈래는 터키를 거쳐 트라키아와 발칸반도에 이른 다음, 도나우강과 라인강을 따라 북쪽으로 이동하여 기원전 4500년경에 북해와 잉글랜드에 도달했다. 다른 한 갈래는 레반트 해안에서 뱃길로 그리스, 이탈리아, 프랑스, 스페인이 있는 지중해 북쪽 해안으로 이동했다. 동물 뼈와 토기 파편의 분포를 분석한 결과, 신석기 농경민은 이주한 모든 곳마다 혼합농업을 바탕으로 한 특유의 근동 문화를 전파했음을 알 수 있다. 물론 여기에는 젖 생산과 버터 및 치즈 생산기술이 포함되어 있다.(Copley et al. 2003, 2005a, b; Craig et al. 2005; Evershed 2005; Evershed et al. 2008; Spangenberg et al. 2006)

기원전 4500년경에는 근동 문화가 지중해 분지와 유럽 대부분, 중동 지역을 지배하고 인도 근방까지 영향력을 끼치기에 이른다. 치즈 문화의 관점에서 볼 때 이러한 변화는 신석기인의 이동에 따라 치즈 생산도 널리 확산되어 다종다양한 치즈 개발에 한 걸음 다가갔음을 의미한다.

2장

치즈, 종교
그리고
문명의 요람

여호와께서 마므레의 상수리나무들이 있는 곳에서 아브라함에게
나타나시니라. 날이 뜨거울 때에 그가 장막 문에 앉아 있다가 (…)
아브라함이 급히 장막으로 가서 사라에게 이르되
속히 고운 가루 세 스아를 가져다가 반죽하여 떡을 만들라 하고
아브라함이 또 가축 떼 있는 곳으로 달려가서
기름지고 좋은 송아지를 잡아 하인에게 주니 그가 급히 요리한지라.
아브라함이 엉긴 젖과 우유와 하인이 요리한 송아지를 가져다가
그들 앞에 차려놓고 나무 아래에 모셔 서매 그들이 먹으니라.
_「창세기」18장 1절, 6∼8절

「창세기」에 따르면 위대한 세 유일신교 유대교, 기독교, 이슬람교의 아버지인 유목민 아브라함은 기원전 제2000년기 초에 신의 계시를 받고 메소포타미아 남부 도시 우르를 떠나 레반트 남부 약속의 땅으로 이주했다. '문명의 요람' 메소포타미아는 시리아와 이라크를 지나 페르시아만으로 흐르는 티그리스강과 유프라테스강의 범람으로 형성된 충적 평야다. 그리고 위대한 도시 우르는 기원전 제3000년기에 메소포타미아 문명의 중심지로 우뚝 섰다.(Chavalas 2005) 전성기에는 무려 6만5000명의 인구가 거주한 것으로 추정되는 우르는 당시 세계 최대의 도시였을 것이다. 또한 사원의 서기들이 점토판에 쐐기문자로 남긴 장부를 살펴보면 우르는 치즈 및 버터 생산의 중심지이기도 하다.

우르를 떠난 아브라함은 가나안 땅, 즉 요르단강 서쪽의 강기슭 근처에 있던 헤브론에 정착했다. 「창세기」 18장에서 아브라함이 자신의 집을 찾은 세 손님이 여호와와 두 천사라는 사실을 문득 깨닫고 허둥지둥하던 곳이 바로 헤브론이었다. 이렇게 귀한 손님에게 예를 갖추어 대접하려면 어떻게 해야 할까? 다급한 상황에서도 아브라함은 침착하게 갓 구운 빵, 연한 송아지 고기, 엉긴 젖(생치즈), 우유 따위로 연회를 준비했다. 이 대목에서 흥미로운 점은 당시 아브라함의 고향인 메소포타미아 지역에 거주하는 성인들이 유당 내성을 지니고 있었고 동물 젖이 귀한 음료로 취급되었다는 사실이다. 메소포타미아 남부에서 출토된 고고학 유물을 살펴보면 메소포타미아 사회의 유목민뿐만 아니라 왕족이나 상류층도 소와 염소, 양의 젖을 음용했음을 짐작할 수 있기 때문이다.(Bottéro 2004; Limet 1987)

치즈 역사를 연구하는 입장에서 더욱 흥미로운 점은 여호와를 위한 연회에 아브라함이 엉긴 젖, 즉 생치즈를 바쳤다는 것이다. 이것이 예배의 의미로 치즈를 바친 최초의 기록은 아니다. 그로부터 1000여 년 전에 이미 치즈는 메소포타미아의 종교활동에 필수적인 요소로 쓰이고 있었다. 실제로 기원전 제3000년기에 메소포타미아 전역의 사원에서는 치즈와 버터를 매일 제물로 바치는 의례가 일반적이었다. 이런 제의를 수반한 종교 관념 체계는 인류 최초의 문명을 탄생케 하는 데 주요한 역할을 했으며, 그 문명은 근동 지역에서 싹튼 여러 문명뿐만 아니라 그리스와 로마에도 영향을 끼쳤다.(Kramer 1969) 놀랍게도 종교의 신화 및 의례 체계에서 치즈는 처음부터 불가결한 요소였다. 그리고 그 종교를 바탕으로 위대한 문명이 도미노처럼 연달아 등장함으로써 궁극적으로 서양 문화의 기틀을 이루었다.

레반트 사람들의 대이동이 전개된 이후로 다시 돌아가보자. 그 어지러운 시대에 세계 최초의 문명들이 탄생하며, 파란만장한 이야기 속에서 치즈가 한몫을 톡톡히 해내기 때문이다.

메소포타미아의 번영

기원전 제6000년기에 티그리스강과 유프라테스강을 따라 남쪽으로 이동한 신석기인들은 북쪽의 할라프와 남쪽의 우바이드에 정착했다.(Bogucki 1999) 북쪽의 고원 지대는 강우량이 충분하여 관개를 하지 않아도 농사를 지을 수 있었고, 신석기 시대에 선조들이 그랬듯이 소규모 농업 공동체를 구축했다. 반면 남쪽(지금의 이라크 남부)에 정착한 우바이드인 공동체들은 사막이나 다름없는 환경에서 전적으로 소규모 관개 체계에 의존하여 작물을 재배했다.

우바이드인의 마을은 약 1500년에 걸쳐 서서히 성장했으나 여전히 작은 시골 공동체에 지나지 않았다. 그러나 기원전 제4000년기 초반에 이르러 인류사의 "도시 혁명"이라 불리는 놀랄 만한 변화가 나타났다.(Chavalas 2005) 세계 최초의 문명인 수메르 문명이 탄생하고, 크고 복잡한 도시들이 급속히 번성하여 독립적인 도시국가로 발달한 것이다. 우루크를 필두로 하는 이 신생 도시국가들은 정교하고 중앙집권적인 통치 및 행정 체계를 세웠으며, 그로 인해 사회경제적 계층이 분화되었고 기술과 건축이 크게 발전했다. 모두를 아우르는 종교 관념과 공동 예배라는 혁명이 일어났고, 매우 효과적인 의사소통 수단인 '문자'가 만들어졌다.

수메르 문명은 여러 시대를 거쳐 거의 2000년간 이어졌으며, 뒤이어 나타난 메소포타미아 문명(옛 바빌로니아, 아시리아, 신바빌로니아)은 물론 이집트, 히타이트, 나아가 그리스 및 로마 문명에까지 영향을 끼쳤다.(Kramer 1963b, 1969) 인간 사회의 비약적인 발전이 왜 하필이면 남부 이라크의 혹독한 환경에서 가장 먼저 일어났을까 하는 의문은 "풀리지 않은 고대의 수수께끼 중 가장 흥미로운" 축에 든다.(Foster and Foster 2009) 그럼에도 불구하고 최근 고고학과 인류학의 성과로 이 중차대한 시기가 새삼 학계의 조명을 받게 되면서 우리의 치즈 역사 여행과도 관련 있는 흥미로운 가설이 등장했다.

　도시 혁명과 수메르 문명의 번영은 또 다른 혁명의 결과물이었다. "부산물 혁명"이라 부르는 이 혁명은 기원전 제5000년기에 시작되어 기원전 제4000년기에 절정에 달했다.(Sherratt 1983, 1981) 이 시기에 가축의 혁신적인 용도를 발견한 인류는 밭을 갈고 짐을 나르고 털과 젖을 집약적으로 생산하는 데 가축을 활용하기 시작했다. 이 지혜는 메소포타미아에서 시작되어 근동 지역으로, 다시 유럽으로 빠르게 퍼졌다. 부산물 혁명의 결정적인 요소는 쟁기의 발명이었다. 티그리스강과 유프라테스강이 페르시아만으로 흘러드는 메소포타미아 남부 삼각주의 습지대는 소가 서식하기에 적합한 곳으로, 우바이드인이 맨 처음 쟁기를 발명하여 황소의 끄는 힘을 활용한 것으로 보인다. 이렇듯 집약적인 관개와 쟁기 사용을 계기로 괭이만 가지고 농사짓던 시대와는 비교할 수 없을 만큼 넓은 면적을 경작하게 되었다. 이로써 우바이드인은 유프라테스강 기슭에서의 집약적 경작을 통해 생산성을 향상시키면서 1000년 이상 번영했다. 곳곳에서 발견된 공동 농산물 창고는 당시에 작물이 잉여 생산되었음을 입증해준다.

　우바이드 문명이 점차 면적을 넓히기 시작한 기원전 제5000년기에는 수확이 끝난 밭이나 지력을 회복하기 위해 놀려둔 휴경지에 양과 염소를 방목했는데 가축들이 배설한 분뇨는 농지를 기름지게 해주었다. 메소포타미아 범람지대 외곽에서도 오래전부터 방목이 이루어졌으며(Zarins 1990) 동쪽 자그로스산맥의 계곡에서 특히 활발했다.(Flannery

1965) 유프라테스강 유역의 충적 평야 주변에서 염소와 양의 방목이 집중화되면서부터는 (특히 양의 방목이 늘었다) 경작지를 활용하는 규모를 넘어서게 되었다. 작물이 한창 자라는 기간에도 가축에게 풀을 뜯길 땅이 필요해지자 우바이드인은 이목移牧[계절에 따라 가축을 이동시키는 것—옮긴이]을 생각해냈다. 즉 주변 황무지와 자그로스산맥에 드문드문 형성된 목초지로 동물들을 몰고 갔다가 수확이 끝난 뒤에 충적 평야로 돌아오는 방식이었다.(Flannery 1965; Pollock 1999) 이목으로 양 방목은 더욱 활발해졌고, 그에 따라 양모 생산량을 비롯하여 직물 제조, 젖 생산, 치즈 및 버터, 기를 통한 젖 보존의 비중도 한층 커졌다.(Sherratt 1981, 1983) 버터를 녹인 다음 물과 단백질을 걸러낸 '기'는 보존성이 높은 정제 버터기름으로, 치즈 생산과 체계적인 이목이 긴밀하게 연계된 최초의 사례일 것이다. 이런 관계는 치즈 생산의 역사를 통틀어 자주 등장한다.

우바이드 문화에서 눈에 띄는 또 하나의 발전은 바로 마을 사원의 등장이다. 사원은 공동체에서 종교의 중심 역할을 하는 공중 건물이다. 이전까지만 해도 신석기 시대 근동 지역의 주된 종교적 활동은 (비록 일반적이었다고는 해도) 가족 단위로 신단神壇을 모시는 수준에 머물러 있었다. 그러나 우바이드 도시 에리두에서는 기원전 5000년 이후 1500년 동안 같은 자리에 총 18개의 사원이 연속으로 세워졌다.(Dickin 2007) 사원은 시간이 지날수록 점점 크고 정교해졌으며, 기원전 제5000년기 말기부터는 경제적으로도 중요한 기능을 맡았다. 공동 창고의 운영과 잉여 곡물의 재배를 감독했을 뿐만 아니라 경작지와 목초지가 넓어지면서 축적되기 시작한 모직물의 생산까지도 감독하기에 이른 것이다. 우바이드인들은 이렇게 생산한 잉여 모직물을 멀리 떨어진 공동체와 물물교

환했다. 맞바꾸는 품목은 대체로 건설에 쓰이는 목재와 석재, 도구의 날
카로운 날 또는 장신구에 쓰이는 귀한 재료인 흑요석 등이었다. 기원전
제6000년기로 추정되는 시기에 아나톨리아에서 처음 등장한, 망치로
두드려서 주조한 구리 또한 수요가 높은 도구 재료였다. 같은 시기에 메
소포타미아 남부에서 황소나 당나귀가 끄는 바퀴 달린 수레가 처음 등
장했으며, 사람을 태우거나 짐을 나르는 데 가축(당나귀, 말)이 이용되기
시작했다.(Sherratt 1983) 물품과 사람을 효율적으로 수송할 수 있게 되
자 우바이드의 교역망도 넓어졌다.

　이와 같이 관개와 쟁기 농사를 통해 잉여 작물과 양모를 생산하는
인구가 늘어나고 동물을 활용한 장거리 교역이 활발해졌으며, 공동체
사원과 공동의 종교 관념이 꽃을 피웠다. 그러다가 기원전 제4000년
기에 접어들자 이 모든 변화가 맞물리면서 거대 도시 우루크는 인류사
의 새로운 국면을 맞이했다. 수만 명의 사람이 우루크와 (훗날 대도시로
성장할) 몇몇 소도시로 몰리면서 메소포타미아 남부 충적 평야의 인구
가 폭증한 것이다.(Bogucki 1999; Yoffee 1995) 이후 기원전 제4000년
기 후반, 시골에 살던 인구의 상당수를 흡수한 이 도시들 가운데 5개의
대도시가 두각을 드러냈다. 바로 우루크, 에리두, 우르, 니푸르, 키시였으
며, 그중에서 우루크가 압도적이었다. 이들은 인류 최초의 본격적인 도
시, 아니 도시국가로서 수메르 문명의 탄생을 예고했다.

　1000년이 넘도록 작은 규모(약 1만 제곱미터 미만)를 유지했던 우바
이드와 달리 우루크는 성으로 둘러싸인 약 2.5제곱킬로미터 내에 최대
4만 명이 거주하는 대도시로 급성장했다.(McMahon 2005) 우루크에는
두 개의 대규모 사원이 우뚝 솟아 있었는데, 그중 하나는 하늘의 신인
안An을 섬기는 사원이었고 나머지 하나는 천상의 여신인 이난나Inanna

를 섬기는 사원이었다. 두 사원은 주변 건물보다 훨씬 더 높아서 몇 킬로미터 밖 평원에서도 보일 정도였다고 한다.(Foster and Foster 2009) 우루크 사회는 고도로 발달한 경제와 중앙집권적 통치 및 행정, 계층적 사회 구조를 이루고 있었다. 세속적인 지배 계급이 사원의 위계 조직과 긴밀히 결탁하여 도시를 통치했으며, 도시뿐만 아니라 교외 지역에서도 대량의 농산물을 제물로 징수하는 등 권력을 행사했다. 지배 계급과 사제들이 광범위한 지역을 장악하여 우루크를 양적 질적으로 성장시킨 경위에 대해서는 지금까지도 학계의 논쟁거리로 남아 있다. 그러나 지배 계급이 민간의 환심을 사서 도시국가에 복속시키는 과정에서 공통의 종교 관념과 압도적인 사원 건축물이 중요한 역할을 했으리라는 점은 널리 인정되었다.(Liverani 2005) 이후 근동 각지의 여러 문명에서 이와 같은 종교적 권력 기반이 차용된 것으로 볼 때, 우루크 시대에 비롯된 종교적 신화와 의례, 사원 건축물은 우루크의 자매 격인 수메르 도시국가들의 중앙집권 통치를 받쳐주는 기반이었다고 할 수 있다.

치즈를 좋아하는 천상의 여신, 이난나

우루크 다신교의 중심에는 샛별(금성) 천상의 여신, 이난나가 자리하고 있다. 이난나는 다산과 성애의 여신이자 계절과 수확의 여신으로서 잉여 농산물을 보관하는 공동 창고의 수호신이기도 했다.(De Shong Meador 2000; Kramer 1969, 1972) 그러한 의미에서 논란의 여지는 있지만 이난나는 수메르의 신 가운데 인간 생활에 가장 밀접한 신이라 할 수 있다. 우루크의 지배 계급과 사제들이 전례 없이 막강한 권력을 누릴 수 있었던 것은 그들이 부분적으로나마 이난나와 밀접한 관계를 유지하여 여신의 은총과 가호를 받아낼 수 있는 존재로 여겨졌기 때문일 것이다. 왕과 이난나의 돈독한 관계를 강조하기 위해 이난나 신화와 의식이 제도화되었고, 이러한 문화는 기원전 제3000년기 메소포타미아를 지배한 수메르와 아카드 왕조까지 전해졌다. 기원전 2300~기원전 2100년경의 우르 제3왕조에 이르러서는 이러한 내용이 쐐기문자 점토판에 기록되었으며, 그중 상당수가 발굴되고 해독되었다.(Kramer 1963a)

기록으로 남은 신화 내용 가운데 이난나의 성스러운 결혼식에 얽힌 대목이 있다. 이난나는 인간 배우자를 선택하는 문제를 놓고 쌍둥이인 태양신 우투와 갈등을 빚는다.(Kramer 1969) 우투는 이난나가 양치기인 두무지와 결혼하기를 바라지만, 이난나는 젖과 크림을 바치겠다는 두무지보다는 곡물을 바칠 수 있는 농부 엔킴두에게 끌렸다. 그러자 두무지는 이난나에게 찾아가 왜 농부를 더 좋아하느냐고 따져 묻고는 농부가 가진 빵과 콩, 대추 따위의 산물과 자신이 가진 젖, 발효시킨 젖(요구르트), 휘저은 젖(버터 또는 기), 꿀 치즈, 작은 치즈 따위의 산물을 비교하며 열변을 토한다. 마지막으로 자기에게는 크림과 젖이 넘쳐나기 때문에 잉여분만으로도 경쟁 상대인 농부를 먹여 살릴 수 있다고 자랑한다.(Kramer 1969) 그런 두무지에게 설득된 이난나는 양치기와 결혼하기로 한다.

다른 신화에서 이난나는 신랑 두무지를 '땅의 신'으로 임명하고, 두무지는 우루크의 왕이 된다. 그리고 부부 사이에는 모종의 거래가 성사된다. 왕이 풍부하고 신선한 젖과 크림, 치즈를 바치면 그 대가로 여신은 왕의 창고를 지키고 번성하게 해주기로 한 것이다.(Kramer 1969)

이것이 두무지·이난나 숭배의 시작이었다. 이후 2000년이 넘는 세월 동안 이 숭배 의식은 여러 형태로 변화하면서 메소포타미아에 영향을 끼쳤다. 그중 중요한 의례는 성스러운 결혼식으로, 매년 초 군주가 이난나의 대리자인 여사제와 결혼하는 형식으로 치러졌을 것이다.(Kramer 1969) 이로써 우루크의 왕은 이난나의 남편 두무지가 되어 새해에 이난나의 축복을 약속받게 되었다. 물론 천상의 여신에게 치즈와 크림(실제로는 버터와 기였다)을 넉넉히 바침으로써 두무지의 의무를 충실히 이행해야 했다. 매년 여신과 첫날밤을 치르는 왕의 존재는 신에 가까운 신분이었다. 이난나를 만족시키면 수확기에 축복을 받는다는 관념은 백성을 설득시키기에 충분한 것으로, 왕과 지배 계급의 뜻에 스스로 복종하도록 만들었을 것이다.(Liverani 2005) 이와 같이 이난나로부터 전례 없는 권위와 특권을 부여받은 우루크 지배 계급은 세계의 불가사의로 꼽힐 만한 도시국가를 건설하기에 이르렀으며, 이 구조를 모방하는 도시들이 속속 생겨났다.

결혼을 통해 이난나의 은총을 확보한다는 개념은 매우 매력적이었을 것이다. 그리하여 니푸르, 우르, 이신 등의 수메르 도시에서도 성스러운 결혼식을 거행하기 시작했다. 각각 도시마다 수호신이 따로 있었지만 이난나에게도 가호와 번영을 빌었던 것이다.(De Shong Meador 2000; Kramer 1969; Reisman 1973) 시간이 지나면서 이 의식은 도시와 시기에 따라 다양해졌다. 기원전 2300년경 아카드 왕조가 우르를 지배할 당시에는 성스러운 결혼식에 이난나의 부모이자 달의 신인 나나와 닌갈이 등장하기도 한다. 우르의 왕은 나나를 대리하고 사원의 대여사제가 닌갈을 대리하여 매년 결혼식을 거행함으로써 땅이 비옥하기를 기원한 것이다.(De Shong Meador 2000) 닌갈은 딸인 이난나와 마찬가지로 치즈와 버터를 제물로 요구했다. 그밖에 닌기르수와 바브, 난세와 닌다르가 성스러운 결혼 의식에 등장하기도 했다.(Selz 2008) 두무지·이난나 숭배는 셈족의 아카드 왕조에 이르러 탐무즈·이슈타르 숭배로 변화되었고, 이들에 대한 의식은 기독교 시대까지 지속됐다. 이슈타르 신의 명칭은 레반트 지역에서 '아스타르테'로 바뀌었는데, 구약에 묘사된 그녀는 이스라엘인은 물론이거니와 현왕 솔로몬까지 유혹한 악명 높은 성애와 다산의 여신이다. 페니키아인 역시 아스타르테를 섬겼고, 기원전 900년경 그리스인은 이 숭배 문화를 받아들여 '아프로디테'라는 이름의 사랑과 다산의 여신을 섬기기 시작했다.(Sansone 2009) 이난나는 이처럼 시공을 넘나들며 막대한 영향을 끼쳤다.

이난나가 양치기 두무지를 배우자로 택하고 양의 젖을 요구한 이후 고위 사제들은 매일 치즈와 버터를 제물로 바치기 시작했다. 이는 우루크의 경제권 확장과 이후 메소포타미아 문명에 지대한 영향을 끼쳤다. 사원에서는 이난나에게 치즈와 버터를 지속적으로 공급하기 위해 양 생산을 통제해야 했고, 그 과정에서 양모 생산까지 관리하게 된 것이다.(Liverani 2005) 양모 생산량은 기원전 4000년에서 기원전 3500년 사이에 일어난 육종 혁신의 결과물이었다. 이전에 양의 털은 길고 거친 조모粗毛라는 털이었는데 이것으로는 직물을 짜기가 불가능했다.(Anthony 2007) 부드러운 털을 지닌 양의 등장으로 고급 모직물을 얻게 된 우루크는 양모의 엄청난 가능성을 활용하기 시작했다. 즉 질 좋은 직물이 귀한 품목으로 유명세를 떨치면서 멀리 떨어져 있는 지역과 교역망을 구축할 수 있게 된 것이다.

양 떼와 직물 생산의 여러 단계를 그린 우루크 문장紋章에 이난나의 상징이 포함된 것을 볼 때 기원전 제4000년기에는 사원이 양모 및 직물 생산을 장악한 듯하다.(Algaze 2008) 우루크 시대에는 사원의 관리아래 양과 염소의 육종이 확대됐고, 약 5000~6000명의 일꾼이 모직물 생산에 종사함으로써 우루크와 그 자매 도시국가는 막대한 부를 이루었다.(Algaze 2008; Liverani 2005) 이는 지배 계급이 이난나 신화를 이용하여 교묘하게 양 생산을 장악한 결과로 볼 수 있다. 이난나에게 바칠 치즈와 버터를 관리한다는 구실을 내세워 양모 생산의 통제력을 굳힌 것이다.

우루크가 쇠퇴한 이후에도 한동안 메소포타미아에서는 대량의 모직물 생산이 계속되었다. 나중에는 국영 직물 제조 시설에서 수백만 마리의 양을 치고 약 5만~6만 명의 일꾼을 고용하는 단계에 이르렀다.(Algaze 2008) 결과적으로 모직물은 기원전 제4000~기원전 제3000년기에 수메르 문명의 경제적인 원동력이었으며, 이난나 여신은 양젖으로 만든 치즈와 버터 제물을 바치도록 요구함으로써 경제 성장을 촉진시킨 셈이다.

이난나에게 치즈와 버터, 기타 농산물을 제물로 바치는 과정, 즉 유통 단계에서 문자가 발달하기도 했다. 기원전 제4000년기에 제의의 규모와 빈도가 증가하자 우루크의 사원도 크게 확장됐다. 매일 제물을 바치고 의례를 치르려면 유제품을 비롯한 농산물을 끊임없이 들여와야 했고, 그에 따라 창고가 넓어지고 관리 업무도 복잡해진 것이다. 처음에는 점토 물표物標를 사용해서 물품의 재고를 관리했다. 이 물표 하나는 한 단위 물품을 의미하는데, 점토로 빚은 공에 물표를 넣어 봉인한 다음 돌로 된 패로 공식 도장을 찍었다. 물품을 보관하던 사원의 창고나 용기도 점토로 봉인하는 경우가 많았다. 이러한 봉인은 점토가 마르기 전에 돌로 된 패를 찍거나 무늬가 새겨진 원기둥 형태의 돌을 굴려 도장을 찍는 식으로, 안에 든 내용물을 표시하는 동시에 조작을 방지할

기원전 3300~기원전 3000년경 우루크 시대의 원기둥 도장(오른쪽)과 점토 봉인(왼쪽). 이난나의 성스러운 암양에게 먹이를 주는 사제가 새겨져 있다. 이난나의 상징(두건을 늘어뜨린 갈대 다발)이 봉인에 세 번 나타난다.(출처: 대영박물관)

수 있었다. 우루크의 이난나 사원 주변에서 이난나의 상징이 새겨진 도장이 대량으로 발굴됐다.

점점 늘어나는 농산물을 관리하기가 힘들어지자 사원 관리자들은 물표를 이용하기보다는 점토판에 물품의 종류와 수량을 표시하는 편이 낫다고 판단한 것으로 보인다.(Dickin 2007) 이로써 축축한 점토판에 기호를 새겨서 나타내는 회계 방식이 발명되었다. 이것이 발전하여 세계 최초의 문자인 수메르 쐐기문자로 거듭난다.(Kramer 1963a) 쐐기문자의 원형을 보여주는 증거 중 가장 앞선 것은 우루크의 이난나 사원 인근에서 발견된, 기원전 3300년경에 제작된 것으로 추정되는 점토판 그림문자다.(Bogucki 1999) 우루크의 사원과 몇몇 발굴 현장에서는 기원전 제3000년기로 추정되는 점토판이 약 5800점이나 출토됐다.(Foster and Foster 2009)

이난나 사원을 관리하던 사제들이 남긴 장부는 놀라울 만큼 복잡하다. 우선 쐐기문자의 원형이 새겨진 우루크의 점토판 중에는 이난나 사원에 유제품을 공급하는 양·염소·소 떼에 대한 연간 보고서가 담겨 있다.(Green 1980) 이난나의 성스러운 가축들은 전문적인 목부牧夫에게 맡겨졌고, 목부는 연말마다 가축의 마릿수를 적은 장부를 사원에 제출한 것으로 보인다. 이 점토판에는 성체 동물의 마릿수와 새끼의 마릿수가 암수로 나뉘어 기록되어 있고, 당해에 생산된 유제품의 양도 기록되어 있다.

그후로는 목부(염소치기, 소치기)를 고용하는 계약이 고대 근동 지역의 관행으로 자리 잡았다. 보통 목부는 매년 사원에 배달해야 할 치즈와 버터의 양을 할당받았다.(Finkelstein 1968; Gelb 1967; Gomi 1980) (당시에 존재하던 문서의 일부에 불과할) 이난나 사원에서 출토된 수많은 도장과 점토판을 보면 이난나에게 치즈와 유제품을 공급하는 일이 사업의 형태로 성장했음을 알 수 있다. 문자는 이처럼 성장하는 사원의 제국을 관리하는 데 편리한 수단이었다. 그 외의 수메르 도시국가들도 우루크의 방식대로 사원에 들어오는 양젖, 염소젖, 소젖 제품에 대해 방대한 회계 장부를 남겼다.(Green 1980; Gomi 1980; Martin et al. 2001)

우르의 수호신이자 이난나의 어머니인 닌갈 여신의 사원에서도 기원전 제3000년기 말의 제물 내역이 상세히 기록된 장부가 출토됐다.(Figulla 1953) 훨씬 방대했을 사원의 기록 중 남아 있는 총 67개의 쐐기문자 점토판은 약 100년간의 내용을 담고 있다. 예를 들어 사제들이 매일 닌갈, 이난나 등의 신에게 바칠 제물을 사원 창고에서 꺼낸 내역이 기록되어 있다. 모든 점토판에 공통적으로 기록된 것은 버터(또는 기), 치즈, 대추 등 세 가지 물품이었고 가끔 젖, 좋은 기름, 윤활유가 포함되었다. 사제들은 매일 29~54리터의 버터와 치즈를 제물로 바쳤으며 그

메소포타미아 남부 텔알우바이드에서 출토된 기원전 2500년경의 역청 석회 양각을 본뜬 것. 오른쪽에서는 한 남자가 소 두 마리의 젖을 짜고 있고 왼쪽에서는 사제들이 젖을 가공하여 유제품(버터 또는 치즈)을 만들고 있다.(출처: 대영박물관)

양은 100년 동안 거의 변함없었다. 이 기록은 이난나 외에 다른 신들도 매일 치즈와 버터를 제물로 받았다는 사실을 입증한다는 점에서 또 다른 의미가 있다.

목축과 치즈 생산은 전문 목부가 담당했지만 일부 수메르 사원에서는 직접 젖을 짜고 치즈를 만들었을 가능성도 있다. 알우바이드라는 도시의 닌쿠르사긴 여신 사원에서 출토된 기원전 2500년경의 석회 모자이크 프리즈[건물의 내외벽에 장식 목적으로 두르던 띠—옮긴이]가 그 증거다.(Woolley and Moorey 1982) 이 프리즈에는 갈대로 지은 축사의 입구 한쪽에서 한 남자가 소의 젖을 짜고 있고 송아지 두 마리가 문으로 들어오는 장면이 묘사되어 있다. 문 반대쪽에는 사제복인 듯한 옷을 입은 남자들이 있는데, 한 남자는 앉아서 커다랗고 목이 좁은 항아리를 흔들

고 있고 나머지 두 남자는 깔때기나 체로 보이는 물체를 용기에 걸쳐놓고 액체를 붓고 있다. 학자들은 이 모습을 치즈 또는 버터를 만드는 과정을 묘사한 것으로 해석한다. 후자로 보는 입장에서는, 커다란 항아리가 교반기처럼 젖이나 크림을 휘저어 버터를 만드는 기능을 하며 체는 액체인 버터밀크에서 버터 알갱이를 걸러내는 기능을 한다고 분석한다. 그러나 이 항아리의 크기를 보면 의문이 생긴다. 안 그래도 크고 무거운 항아리에 크림을 반쯤 채운 채 교반이 일어날 만큼 강하게 흔들 수 있을까.

이 장면이 실제로 버터 생산 과정을 묘사한 것이라면, 그림 속 항아리는 대량의 소젖을 담아 크림을 분리하는 용도로 쓰였을 가능성이 높다. 분리가 이루어진 후에는 프리즈 장식에서처럼 항아리를 기울여서 표면에 떠오른 크림을 작은 용기에 옮겨 담아 교반했을 것이다. 그런 뒤 깔때기(체)를 사용해 액체 버터밀크에서 버터 알갱이를 걸러냈을 것이다. 또 다른 가설은, 이 항아리에 담긴 소젖을 하룻밤 정도 두어 산 응고를 일으켰다는 것이다. 그런 다음 항아리를 흔들어 산 응유를 깨뜨리고, 응유/유청 혼합물을 체에 걸러 응유와 유청을 분리했을 것이다. 사실이 어떻든 간에 치즈와 버터를 좋아하는 신들 덕분에 사원에서 수준 높은 유제품 가공이 이루어졌음을 이 프리즈는 말해주고 있다.

메소포타미아의 치즈는 어땠을까? 기원전 2100~기원전 2000년의 우르 제3왕조에서는 수메르어 문헌을 당시 인근 지역의 공용어인 아카드어로 번역하는 필경사들을 위해 수메르어와 아카드어 어휘를 모아 사전으로 편찬했다. 그중 한 권에 약 800개의 어휘가 수록된 식품 항목이 있는데, 치즈를 나타내는 용어만 18~20개가량이었다.(Bottéro 1985) 정확도가 높은 번역어로는 치즈, 생치즈, 꿀 치즈, 겨자맛 치즈, 맛이 진한 치즈, 톡 쏘는 치즈, 둥근 치즈, 크고 작은 치즈, 흰 치즈 등이 있다.(Bottéro 2004; Jacobsen 1983; Limet 1987; Owen and Young 1971) 이 용어들 가운데 일부는 허브나 꿀 따위의 양념으로 조미한 생치즈를 가리키는 것으로 보인다.

사원 기록에 버터와 치즈를 같은 양 또는 거의 같은 양으로 생산했다는 언급이 잦은 점을 보면 보통은 일정량의 젖으로 두 가지를 동시에 만든 것으로 보인다.(Gelb 1967; Gomi 1980) 소젖의 경우 가장 간단한 방법은 젖에서 크림을 분리해낸 다음 교반하여 버터를 만드는 것이다. 그리고 크림을 떠내고 남은 탈지유를 버터밀크와 함께 발효시키면 산 응고 생치즈가 만들어진다. 이는 오늘날 터키의 전통 치즈인 최켈레크를 만드는 방법과도 비슷하다.(Kamber 2008a) 텔알우바이드 프리즈에 묘

사된 장면은 이 가설에 잘 들어맞는다. 또는 크림을 떠내고 남은 발효
탈지유를 가열해서 끓이면 산/열 응고(리코타) 치즈를 만들 수 있었다.
이것은 현대 터키에서 전통 기법으로 만드는 에리디크Eridik 치즈와 비
슷하다.(Kamber and Terzi 2008)

양젖과 염소젖은 소젖처럼 크림이 분리되지 않으므로 앞서 소개한 방
법을 사용하지 않았을 것이다. 이 경우는 오늘날 로르, 민치Minzi 따위
의 근동 지역 치즈를 제조하는 과정과 비슷했을 것으로 보인다.(Kamber
2008b; Kamber and Terzi 2008) 전통적으로 이런 치즈를 만들 때는 우
선 젖을 발효시켜 요구르트를 만든다. 그다음 요구르트를 교반하여 버
터를 만들고, 버터를 걸러내고 남은 액체(버터밀크)를 가마솥에 옮겨 끓
인다. 그러면 버터밀크 속의 카세인과 유청 단백질이 산/열 응고를 거쳐
리코타Ricotta와 비슷한 질감으로 변한다.

이런 치즈 생산 기법은 신석기 시대에 개발된 것으로, 신석기인으로
부터 우바이드 및 수메르 문화로 전해졌을 것이다. 메소포타미아 곳곳
의 발굴 현장에서 출토된, 치즈 응유를 유청으로부터(또는 버터 알갱이를
버터밀크로부터) 분리시키는 깔때기와 구멍 뚫린 토기가 그러한 경로를
말해준다.(Ellison 1984)

대부분의 사원 장부에는 치즈와 버터가 실라sila 단위로 표기되어 있
다. 1실라는 약 1리터로, 입구가 넓게 벌어진 토기 한 사발에 해당하는
부피다. 이 사발은 우루크 시대 이후로 메소포타미아 전역에서 대량생
산되었다.(Ellison 1981, 1984) 그렇다면 치즈와 버터를 실라 사발에 담아
점토로 밀봉하여 보관했을 가능성도 있다. 한편 사원에서는 니두nidu라
는 용기 단위로 치즈를 운반했다는 점토판 기록도 있는데, 아마도 이 용
기는 토기 단지였을 것이다.(Martin et al. 2001) 앞서 살펴보았듯이, 오늘

날 터키에서 전통 기법으로 산 응고 및 산/열 응고 치즈를 만들 때도 토기 단지가 사용되고 있다.(Kamber 2008a)

메소포타미아 치즈는 신과 여신을 위한 성스러운 음식이었을 뿐만 아니라 인간들도 즐겨 먹는 식품이었다. 예컨대 수메르의 도시에서 종교적 노동에 종사하는 사람들이 배급받던 식량에 간혹 치즈가 포함되어 있었다.(Ellison 1981) 또한 왕궁의 식품 목록에 흰 치즈 그리고 버터와 흰 치즈가 들어간 과일 케이크가 포함되었다는 사실을 통해 지배 계급도 치즈를 즐겼음을 알 수 있다.(Limet 1987) 보테로(Bottéro 2004)에 따르면, 산 응고 치즈를 말려두었다가 필요에 따라 허브로 간을 하여 요리에 사용하기도 했다. 흥미롭게도 메소포타미아 상인들의 쐐기문자 거래 기록에는 치즈가 거의 등장하지 않는다. 이에 대해 몇몇 학자는 유제품이 잘 상하기 때문에 상인들이 취급하지 않았을 것으로 결론짓기도 했다.(Gelb 1967) 따라서 치즈와 기타 유제품은 주로 도시에 사는 지배 계급과 사원 노동자 그리고 시골에 사는 목축업자들의 특권으로, 널리 도시 사람들까지 향유하지는 못했을 것이다.

메소포타미아 쐐기문자 문헌에 나오는 치즈는 대부분 산 응고 또는 산/열 응고 생치즈다.(Bottéro 1985; Gelb 1967) 하지만 수메르어-아카드어 사전에 나오는 "흰 치즈"라는 어휘는 의문스럽다. 흰 치즈란 레닛 응고 치즈를 가리키는 것일까? 현대에 흰 치즈라고 하면 대개 근동 및 발칸 지역에서 널리 생산하는 전통적인 레닛 응고 염지鹽漬 치즈를 가리키며, 색깔이 하얘서 그렇게 불린다. 전통적인 흰 치즈 중에 가장 널리 알려진 것은 페타Feta 치즈다. 안타깝게도 수메르의 흰 치즈가 레닛 응고 치즈인지, 오늘날 생산되는 전통적인 염지 치즈와 비슷한지는 판단하기 어렵다. 산 응고 치즈나 산/열 응고 치즈도 흰색이었을 것이므로 그중 하나였을 수도 있다.

이난나의 남편인 두무지의 죽음을 애도하는 수메르의 시에서도 레닛 응고 치즈가 생산됐을 가능성을 엿볼 수 있다.(Jacobsen 1983) 이 시는 두무지의 어머니가 양치기였던 아들의 삶을 추모한 비가悲歌로, 두무지가 (매년 양과 염소를 사막 변두리의 목초지로 몰고 가는) 이목의 전통에 따라 우루크에서 양 떼를 몰고 사막으로 가는 장면 그리고 사막에서 봄의 분만기를 지내고 버터와 치즈를 만드는 장면이 있다. (두무지는 유제품 가공 능력을 내세워 이난나를 신부로 맞이했다고 앞서 소개한 바 있다.)

흥미롭게도 이 시에서 두무지는 두 가지 치즈를 만들었는데, 바로 "그의 앞에 산더미처럼 쌓여 있던 작은 치즈"와 "막대 위에 놓인 큰 치즈"다. 여기서 '막대'란 치즈의 양을 잴 때 사용하던 측정 도구였을 것이다. 치즈를 '크다'거나 '작다'고 표현하는 것은 '수드의 결혼'이라고 불리는 메소포타미아 신화에도 보인다.(Bottéro 2004) 크다는 표현으로 미루어볼 때 잘 뭉쳐지는 단단한 치즈였을 것이다. 또한 이는 산 또는 산/열 응고보다는 레닛 응고를 통해 얻기 쉽다는 특징이 있다. 조건만 적당하다면 레닛 응고 치즈는 (뛰어난 풍미와 질감은 말할 것도 없고) 매우 단단하고 오래가도록 만들 수 있다. 이러한 레닛 응고를 통한 생산 기술은 치즈의 역사에서도 매우 중요한 발명 중 하나다.

과연 수메르인은 레닛 응고를 통한 치즈 생산 기법을 완성했을까? 수메르 때에 이르면 동물성 레닛의 전통적인 출처인 새끼 양, 새끼 염소, 송아지도 많았고 무화과나무(무화과 수액 레닛의 출처)도 메소포타미아에서 널리 재배되었지만 한마디로 단정하기는 어렵다.(Ellison 1983) 레닛 사용의 최초의 증거는 그 이후 히타이트 시대를 맞이한 북쪽의 아나톨리아에서 등장하기 때문이다. 그에 대해서도 곧 살펴보겠지만, 북쪽으로 옮겨가기 전에 서쪽의 이집트와 나일강을 잠시 살펴본 뒤 동쪽으로 가서 오늘날 파키스탄과 인도를 구분하는 인더스강 계곡도 둘러보고자 한다. 두 지역은 우루크에 이어 위대한 문명이 탄생한 지역이기 때문이다.

이집트

신석기 시대 후반 레반트인의 대이동에서 남쪽으로 향한 사람들은 혹독한 시나이 사막을 지나 기원전 5500년경에 나일강 계곡에 도착했다.(Bellwood 2005) 추측하건대 간단한 치즈 생산 기법도 동반되었을 것이다. 그러나 사하라 북부 지역에서는 레반트인이 길들인 가축을 데려오기 3000년 전에 이미 소의 가축화가 이루어졌다는 증거가 확인되었다. 그 당시 사하라 북부 지역의 기후는 현재보다 훨씬 더 습했으며 방목에도 적합했다.(Barker 2006; Bellwood 2005) 기원전 3000년경 유목민들은 리비아 사막의 암각화에 목축의 증거를 남겼다. 암각화 중 일부에는 소의 젖을 짜는 모습과 유제품(치즈 응유일까?)이 들어 있는 자루를 시렁에 널어 말리는 장면이 있다.(Barker 2006; Simoons 1971) 따라서 아프리카 북부의 유목민들은 레반트 지역의 신석기인이 도착하기 전부터 동물 젖으로 치즈를 만드는 기술을 터득한 것으로 짐작된다.

메소포타미아가 이집트의 문화, 종교, 기술에 영향을 끼친 것은 명백하다.(Chadwick 2005) 하지만 메소포타미아가 기원전 제4000년기 말 이집트 문명의 발상에 어느 정도의 영향을 끼쳤는가에 대해서는 학자들 간에 의견이 분분하다.(Najovits 2003) 이집트가 흥성하게 된 계기가 무엇이든 간에 기원전 3000년경 상이집트(남쪽)와 하이집트(북쪽)는 나르메르왕에 의해 통일되어 본격적인 하나의 국가로 재편되었다.(Chadwick 2005) 메소포타미아 신화에서 수메르의 왕은 신으로부터 통치를 허락받았을 뿐 스스로를 신격화하지는 않은 반면, 메소포타미아를 수용했을 이집트 신화는 파라오를 신의 지위로 격상시켰다.

이집트 신화의 핵심적인 개념은 사후 세계와 부활이었다. 이집트 왕족은 사후 세계의 삶을 대비하기 위해 웅장한 무덤과 피라미드를 건설했고, 그 밖에 형편이 넉넉한 이들도 번듯한 무덤을 건설했다. 초기 이집트 무덤의 흥미로운 점은 망자가 사후 세계에서 먹을 어마어마한 양의 식량을 함께 묻었다는 것이다. 고고학계에 의해 무덤들이 발굴될 무렵 식량의 대부분은 이미 도굴로 인한 부패가 심각하여 분석이 불가능한 상태였다. 하지만 손상되지 않은 상태였던 제1왕조와 제2왕조 시대(기원전 3000년경)의 무덤 2기에서 고대 이집트에 치즈가 존재했다는 증거가 최초로 발견됐다.

사카라 3477호 고분은 왕이나 왕비의 무덤이 아닌 귀족 여인의 무덤이다. 이 무덤은 놀랍게도 1937년 발굴 당시까지 아무런 손상을 입지 않았다. 바닥에 쌓인 먼지 속에서 5000년 전의 장례 행렬이 남긴 발자국을 알아볼 수 있을 정도였다고 한다.(Emery 1962) 또한 석관 앞쪽 바닥에 펼쳐져 있던 27개의 토기, 설화 석고와 섬록암으로 만든 21개의 사발과 접시에는 조리된 코스 요리가 고스란히 담겨 있었다. 그중 토기로 된 세 개의 작은 병에 담긴 내용물에 대해 화학 분석을 실시했더니 잠정적으로 치즈라는 결론이 내려졌다. 그것이 치즈가 확실하다면, 오늘날 터키에서 토기 단지에 보관하는 방식의 전통 치즈인 쵀켈레크나 로르와 유사한 생치즈(산 응고 또는 산/열 응고)였을 가능성이 높다.(Kamber 2008a) 안타깝게도 고대 문헌으로는 이집트 치즈에 대해 알아내기 어려운 상황이다. 당시의 필경사들은 종이와 유사하며 손상되기 쉬운 소재인 파피루스에 기록을 했기 때문에 지금까지 온전한 채로 남아 있는 파피루스 문서는 거의 없다. 내구성이 강한 메소포타미아의 쐐기문자 점토판의 경우와 대조적이다.

좀더 빠른 시기의 제1왕조 호르아하 파라오의 무덤에 있던 두 개의 토기 병에도 치즈가 담겨 있었다.(Zaky and Iskander 1942) 하지만 1940년대 연구자들의 분석 기법이 비교적 허술했던 점을 고려하면, 에버셰드 등(Evershed et al. 2008)이 제시한 최신 기법으로 확인될 때까지는 이 결과 역시 사카라 3477호 고분의 결과와 마찬가지로 잠정적인 것으로 간주해야 한다. 그렇다 해도 이 병에 치즈가 담겨 있었다는 주장은 설득력이 있으며, 호르아하 무덤에 있던 병에 새겨진 히에로글리프 구절이 그러한 시각을 뒷받침한다. 그 구절은 한 병에는 상이집트의 치즈가 들어 있고 다른 병에는 하이집트의 치즈가 들어 있다는 내용으로 해석되었다.(Zaky and Iskander 1942) 기원전 3000년경 이루어진 상·하 왕국의 통일에 관한 정치적 함의가 담긴 문장인지는 추측에 맡길 수밖에 없다.(Dalby 2009)

비옥한 초승달 지대에서 성장한 메소포타미아 문명이 그러했듯이 기원전 제3000년기 초 이집트에서도 치즈 생산이 단단히 뿌리를 내린 것으로 보인다. 이때에는 낙농과 치즈 기술이 동쪽 멀리까지 전파되어 또다른 문명이 탄생될 인더스강 계곡에까지 도달했다.

인도 아대륙과 중국

비옥한 초승달 지대에서 시작된 신석기인과 목축 경제의 대이동은 신석기 후반 빠르게 동쪽으로 번져갔고, 기원전 제7000년기에는 인도 아대륙의 서쪽 관문인 인더스강 계곡에 당도했다.(Bellwood 2005) 이후 수천 년 동안 인더스 지역에서는 대규모 이주가 발생하지 않았다. 인더스 지역에서는 동시대에 서남아시아가 발전한 양상과 유사하게 토기 제작에 이어 구리와 청동을 사용하게 되었고, 농경과 목축에 의존하는 흐름을 보였다.(Singh 2008) 기원전 제3000년기 중반에 접어들면서부터는 드넓은 지역 여기저기에서 문화적 동질성을 띤 취락들이 생겨났다.(Sharma 2005) 그 취락들은 빠르게 도시로 성장했고, 그중 큰 도시는 규모와 인구 면에서 메소포타미아의 도시에 필적했다.(Singh 2008) 이처럼 파키스탄과 엇비슷한 면적의 지역에서 도시가 성장하고 문화적 통일이 이루어진 현상을 '인더스 문명'이라 하며, 당시의 대도시인 하라파의 이름을 따서 '하라파 문명'이라 부르기도 한다.

하라파 문명에는 기념비적인 사원이 존재하지 않았다. 이 점이 메소포타미아 문명과 하라파 문명의 극명한 차이점이다. 하라파에서는 메소포타미아에서만큼 종교활동이 제도적이지 않았고, 통치 체제와 경제 및 농업 체제에 끼치는 영향력도 약했다.(Sharma 2005) 실제로 인더스 문명은 구조적으로 메소포타미아나 이집트와는 전혀 달랐으며 정치 및 사회 조직 역시 여전히 수수께끼로 남아 있다.(Bogucki 1999)

이 시기의 인더스 사람들에게는 젖과 고기를 주고 쟁기를 끄는 소 또는 물소가 가장 중요한 가축이었지만 양과 염소를 기르기도 했다. 안타깝게도 하라파 문자는 아직 해독되지 않은 상태로, 돌 도장을 비롯한 각종 유물에 담겨 있는 4000점에 가까운 하라파 문헌도 베일에 싸여 있다.(Sharma 2005) 하라파인이 메소포타미아와 아라비아반도까지 진출하여 활발하게 교역을 했다는 사실(Sharma 2005)에 근거하여 그들이 건조 치즈를 토기 병에 담아 아라비아반도로 운송했을 것이라는 가설도 제시된 바 있다.(Potts 1993) 하지만 이 시기의 고고학적 지층에서 나온 (응유를 유청에서 거르거나 버터 멍울을 버터밀크에서 거를 때 사용했을지도 모를) 구멍 뚫린 토기 외에 하라파인이 치즈를 만들었음을 뒷받침하는 증거는 아직 없다.

인도 아대륙에서 치즈와 유제품을 만들었다는 최초의 명백한 증거는 힌두교의 성전인 베다 문헌에 있다. 베다는 기원전 1900년경 알려지지 않은 이유로 하라파 문명이 갑작스레 몰락한 이후, 즉 기원전 1500년경부터 스스로를 아리아인이라 밝힌 민족에 의해 몇 세기에 걸쳐 편찬되었다.(Singh 2008) 언어학적 증거를 비롯한 여러 근거에 따르면, 아리아인은 기원전 1500~기원전 1200년까지 이란 및 중남아시아에서 인더스강 계곡으로 수차례 이주한 것으로 보인다.(Sharma 2005) 베다 시대의 아리아인은 목축인이었으며 그중에서도 소 목축을 매우 중시했다. 점차 동쪽으로 영역을 확장한 이들은 인도 북부를 거쳐 갠지스강 상류의 분지까지 진출했고, 이곳에서 베다 경전을 편찬했다. 베다 경전을 보면 아리아인은 고대 인도에서 유제품의 가치를 끌어올리는 데 핵심적인 역할을 했음을 알 수 있다. 예컨대 베다 문헌 곳곳에 젖, 기, 응유(또는 생치즈)가 언급된 것으로 보아 유제품이 일상식품이었을 뿐만 아니라 종교 의식의 제물로도 쓰였음을 짐작할 수 있다.(Prakash 1961)

베다 경전에는 상한 젖을 조금 섞어서 젖을 응고시키는 과정이 실려 있는데,(Prakash 1961) 이는 오늘날 종균 배양물을 첨가하여 산 응고 생치즈를 만드는 방식과 비슷하다. 또한 특정 식물을 첨가하여 젖을 응고시키는 사례도 실려 있다. 앵무새나무 껍질, 쿠발라(대추나무) 열매 그리고 덩굴 식물이나 대추나무의 일종으로 보이나 버섯일 수도 있는 푸티카 등이다.(Achaya 1994; Kramrisch 1975; Prakash 1961) 이 식물들은 레닛과 유사한 효소를 지녔을 것이며, 그렇다면 베다 경전은 레닛 응고(효소) 치즈가 언급된 문헌 가운데 가장 앞선 시기의 것이다. 또한 베다에는 '다단바트dadhanvat'라는 음식이 두 종류 등장하는데, 하나는 구멍이 있고 하나는 구멍이 없다고 설명된 이것이 바로 치즈일 것으로 보인다.(Prakash 1961) 또 다른 대목에서는 젖을 끓여 응유를 만드는 내용이 있는데, 아마도 파니르paneer 치즈를 만들 때의 산/열 응고 가공을 설명한 것으로 보인다. 파니르는 인도 아대륙의 토착 치즈 가운데 오늘날까지 인도에서 생산되는 유일한 치즈로, 인도 전역에서 애용되고 있다.

베다 경전으로부터 몇 세기 이후 등장한 불교 문헌과 자이나교 문헌에도 인도인의 식생활에서 생치즈가 중요한 지위에 있었음을 재확인할 수 있으며, 한참 나중이지만 기원후 1200년에 발표된 문학작품에도 여전히 응유의 중요성이 강조되어 있다.(Prakash 1961) 이처럼 오래전부터 파니르와 같은 응유와 생치즈를 즐겨 먹었으면서도 인도에서 숙성(레닛 응고) 치즈가 만들어졌다는 증거는 이상할 정도로 찾아보기 어렵다. 세계에서 젖 생산량이 가장 많은 지역이자 낙농 및 치즈 생산의 역사 또한 가장 유구한 지역에 속하는 인도에서는 왜 숙성 치즈를 만들지 않았을까? 한마디로 단정할 순 없지만 인도 아대륙의 문화적 환경 때문에 토착 숙성 치즈의 개발에 필요한 '시행착오'가 쉽지 않았을 것이다. 우선 소를 신성시하여 죽이지 않는 풍습(베다 경전에서 처음 언급되고 나중에 힌두교에서도 받아들인 문화다)으로 인해 동물성 레닛을 발견할 기회를 얻지 못했을 것이다. 나아가 응유나 생치즈의 가치는 인정하되 동물 도살을 강하게 반대하는 불교와 자이나교의 가르침 때문에 훗날 인도에서는 채식주의 문화가 형성되었다.(Prakash 1961) 이러한 이유로 동물성 레닛을 응고 물질로 사용하지 못했을 것이다.

인도에서는 레닛과 유사한 식물성 응고제조차도 숙성 치즈를 만드는 데 쓰이지 못한 것으로 보인다. 기본적으로 음식을 일부러 '썩히는' 것과 다름없는 치즈 숙성 방식이 음식의 순수성을 중시하는 인도인의 관념에 어긋나기 때문일 것이다. 사고의 순수성은 곧 음식의 순수성에서 비롯한다는 관념의 뿌리는 베다 경전 시대로 거슬러 올라간다. 그러한 순수성이 인도 문화의 중심적인 신조로 자리 잡게 되었고 (지금까지도 남아 있는) 음식 조리와 식사에 관한 위생 관습이 생겨났다.(Prakash 1961) 예를 들어 베다 경전에서는 하룻밤을 넘긴 신선 식품이나 맛이 변한 식품, 두 번 조리한 식품은 섭취에 적합하지 않다고 했다. 머리카락이나 곤충이 들어간 식품, 발이나 옷자락 또는 개가 접촉한 식품도 마찬가지였다. 식품의 순수성을 그처럼 중시하는 문화적 풍토에서 (유럽인이 그처럼 좋아하는) 곰팡이와 구더기가 들끓고 악취까지 나는 치즈가 발달하기란 상상하기 어렵다. 게다가 연중 내내 지속되는 아열대의 열기와 계절풍으로 인해 철마다 우기가 반복되는 기후 환경에서 치즈의 '부패' 과정(즉 치즈 숙성)을 관리해야 하는 기술적 난제까지 고려할 때 인도에 숙성 치즈가 없는 것은 당연한 일일지도 모른다.

더 동쪽으로 중국 지역을 살펴보면, 치즈 생산은 물론이거니와 낙농업조차 지속적인 기반을 갖추지 못했다. 중국에서는 양쯔강과 황허강 사이의 지역에서 일찍이 농경이 시작되어 기원전 제7000년기에 이미 쌀과 기장을 재배했다.(Bellwood 2005) 이 광활하고 비옥하며 물이 풍부한 영토를 기반으로 인구가 빠르게 늘었으며, 중국 특유의 식문화가 발달했다. 따라서 인도에서 동남아시아 각지로 낙농 문화와 함께 힌두교 및 불교가 전파되던 기원전 제1000년기에는 이미 전통적인 식문화가 갖춰진 후였다. 중국인의 제사에 유제품이 쓰인 사례가 있긴 하지만 중국 요리에서 동물 젖과 유제품은 중요한 자리를 차지하지 못했다. 이는 낯선 외래 관습을 기피하는 보수적 문화의 영향으로 보인다.(Simoons 1991) 때로는 유구한 낙농 문화를 지닌 이웃나라인 티베트나 몽골의 영향으로 중국에서 유제품 사용이 활발한 시기도 있었는데, 기원후 13세기 몽골 제국 시대가 대표적이다.(Simoons 1991) 그러나 그 시기에 받아들인 유제품도 발효유 정도였을 뿐 버터와 치즈는 거의 쓰이지 않았다. 그러므로 이제 다시 서쪽으로 돌아가, 다채롭게 꽃을 피운 치즈 문화를 살펴보기로 한다.

3장

청동, 레닛
그리고
교역의 활성화

이새가 그의 아들 다윗에게 이르되 지금 네 형들을 위하여

이 볶은 곡식 한 에바와 이 빵 열 덩이를 가지고 진영으로 속히 가서

네 형들에게 주고 이 치즈 열 덩이를 가져다가 그들의 천부장에게 주고

네 형들의 안부를 살피고 증표를 가져오라. 그때에 사울과 그들과

이스라엘 모든 사람들은 엘라 골짜기에서 블레셋 사람들과 싸우는 중이더라.

_「사무엘상」 17장 17~19절

성서에 나오는 다윗과 골리앗의 이야기에 따르면, 이새는 사울왕의 군에 복무하는 세 아들의 안위가 걱정스러워 아들인 양치기 다윗을 형들에게 보냈다. 이때가 기원전 1025년경이었다. 다윗의 민족인 이스라엘인은 아브라함의 후손으로서 이때로부터 약 200년 전에 내륙의 구릉지인 가나안에 정착했고, 이들의 숙적인 블레셋 사람, 즉 필리스티아인은 해안의 평야에 정착했다. 그리스인은 이들을 '팔레스티네'인이라 불렀는데 당시의 명칭이 현재까지도 이 지역을 가리키는 말로 사용되고 있다. 필리스티아인은 본래 북쪽의 아나톨리아 서부에 살았으나, 지중해 전역을 뒤흔든 격변으로 히타이트 문명과 미케네 문명이 몰락하고 이집트 문명이 쇠락하는 기원전 1200년경 터전을 떠나 이곳으로 이주했다. 이 시기는 기원전 3200년부터 기원전 1200년까지 이어온 청동기 시대가 막을 내리던 무렵이었다.

아버지 이새는 다윗을 보내면서 세 형에게는 볶은 곡식과 갓 구운 빵 열 덩이를, 천부장에게는 존경과 응원의 표시로 치즈 열 덩이를 전달하도록 했다. 이 치즈 열 덩이에 대해 우리는 양젖으로 만든 치즈였을 것이라는 사실을 짐작할 수 있을 뿐이다. 다윗이 사는 베들레헴에서 사울의 군이 주둔하는 엘라 계곡까지는 16킬로미터가 넘는 거리였고, 다윗은 이 운명적인 날을 앞두고 짐을 당나귀에 실었을 것이다. 그렇다면 "자른 치즈 열 조각"으로도 번역할 수 있는 "치즈 열 덩이"는 험한 운반 과정에서 망가지지 않을 만큼 단단했을 테니, 레닛 응고 치즈였을 가능성이 높다.

당시에 북쪽의 아나톨리아에서는 레닛을 사용해 치즈를 만드는 관습이 확실히 뿌리를 내리고 있었으므로, 이곳에서부터 새로운 치즈 역사 기행을 떠나볼 작정이다. 당시는 이미 레반트 치즈의 장거리 교역이 이루어지던 시기이므로 팔레스타인 지역도 교역의 범주에 포함되었을 것이다. 이처럼 청동기 시대는 단단하고 쉽게 상하지 않는 레닛 응고 치즈의 생산이 무르익은 시기였다. 그리고 청동기 제작 기술의 발견과 발달을 계기로 교역이 한층 활발해지면서 서양 문명과 치즈의 역사에도 큰 변화가 나타난 시대이기도 하다.

아나톨리아의 번영

아나톨리아반도(현대의 터키)는 오랫동안 교역의 영향을 받았다. 아나톨리아 중부에 풍부한 유리질 화성암인 흑요석이 귀한 자원으로 여겨지면서 근동 전역에서 교역이 이루어지던 기원전 제7000년기가 그 시작이었다.(Sagona and Zimansky 2009) 아나톨리아는 구리 광석도 풍부하여, 이곳 사람들은 기원전 6000년경부터 산지에서 구리를 채굴하여 망치질로 판금을 만든 다음 길게 잘라내어 구슬, 반지, 장식물 등의 작은 물품을 만들었다. 이것이 동기銅器 시대, 즉 금석 병용기의 시작이었다. 이후 기원전 제4000년기 후반까지 아나톨리아 전역과 그 너머 지역을 아우르는 광범위한 구리 교역망이 형성되었다. 아나톨리아의 구리 가공술은 기원전 제5000년기에 비약적으로 발전했는데, 고온(섭씨 1083도 이상)에서 구리를 녹인 다음 여러 형태의 개방형 거푸집에 부어서 도끼나 끌 따위의 도구를 만들었다.

기원전 제4000년기, 아나톨리아의 장인들은 구리를 더 높은 온도에 녹이는 실험에 나섰다. 그 결과 구리 광석에 소량 존재하는 비소나 주석 등의 금속 불순물을 구리 원소와 융합시켜 합금하는 기법, 즉 제련製鍊을 터득했다. 합금은 새롭고 바람직한 속성을 지녔는데, 한 예로 구리와 주석의 합금은 강도와 탄성을 한층 높여주기 때문에 크고 복잡한 형태를 주조할 수 있었다.(Sagona and Zimansky 2009) 기원전 제4000년기 후반으로 접어들면서 아나톨리아 구리 장인들은 구리와 주석을 최적의 비율인 10대 1로 조율하여 튼튼하고 유용한 합금인 청동을 탄생시켰다. 이로써 시작된 청동기 시대는 2000년 동안 지속되었으며, 장인들은 아나톨리아 지역의 금과 은을 이용한 야금 기술도 완성시켜나가고 있었다.

아나톨리아에서 야금 기술이 발전하던 무렵 메소포타미아의 우루크에서는 도시 규모가 빠르게 확장되고 있었고, 더욱 복잡한 문명의 동력이 되는 원재료와 기타 물품을 먼 곳으로부터 조달받고 있었다. 우루크에서 가장 필요로 한 자원은 주로 의례 용품과 사원, 궁전, 사제, 군주를 장식하는 데 쓸 금·은·구리·청동이었다.(Sagona and Zimansky 2009) 동기와 청동기는 집약적인 관개와 쟁기 기반의 농업 체계를 유지하고 금속 무기를 갖추는 데 필요한 재료였다. 그 외에 이념적인 목적도 있었다. 이에 따라 우루크는 북쪽으로 아나톨리아 남부까지 아우르는 광범위한 교역망을 구축하게 되었는데, 기원전 3800~기원전 3100년에 이르는 이 시기를 우루크의 확장기라 일컫는다. 우루크는 천연자원이 부족하여 수출할 만한 상품이 별로 없었으나 그중에서 가장 주된 상품은 모직물이었다. 당시 아나톨리아 일대에서 모직물에 대한 수요가 계속 증가하자 2장에서 살펴보았듯이 사원이 주도하는 대규모 직물 공장이 생겨났다. 이로써 기원전 제3000년기에 우루크는 메소포타미아 남부 경제를 지배할 수 있었다.

메소포타미아는 아나톨리아에 지대한 영향을 주었다. 기원전 제4000년기에 쟁기와 바퀴는 메소포타미아에서 북쪽의 아나톨리아로, 서쪽의 에게해로 빠르게 전파되어 집약적인 농업과 도시 문명의 기반을 마련했다. 중앙집권적인 메소포타미아의 종교 및 행정 시스템 역시 아나톨리아 문화에 영향을 주어 500년간 아나톨리아를 지배한 히타이트 문명을 빚어냈다. 치즈는 이 문화 전파가 낳은 수많은 결과물 중 하나로, 히타이트 종교 의식에서 신에게 바치는 제물로 쓰였다.

우루크와의 교역을 계기로 기원전 제4000년기 말에는 에게해 해안에 이르는 광범위한 아나톨리아 교역망이 발달했다.(Şahoğlu 2005) 아나톨리아는 에게해의 제도뿐만 아니라 그리스 본토와도 밀접한 문화적 경제적 관계를 형성했고, 이 관계는 청동기 시대가 끝나도록 지속되어 고대 그리스 문명의 탄생에 영향을 끼쳤다. 다만 해상 교역은 태동기 수준으로, 에게해 제도와 아나톨리아 해안에서 노를 젓는 작은 배에 물자를 실어 옮기는 식이었다. 반면 남쪽의 이집트에서는 범선의 등장으로 혁신적인 해상 무역이 전개되었는데, 기원전 제2000년기 말에 이르자 지중해와 에게해 전역에 범선이 보급되어 세계 최대의 교역지를 형성했다. 아나톨리아의 금속은 에게해 전역에서 수출용 '환금 작물'로 널리 재배되는 포도주, 올리브 향유 그리고 직물과 거래되었다. 기원전 제2000년기 초에는 교역으로 부를 축적한 아나톨리아에 첫 제국이 등장하여 200년 가까이 이 지역을 호령하다가 기원전 1800년경 내란으로 몰락했다. 한편 아나톨리아 중부에 위치한 하투샤에서는 향후 500년이나 지속되는 위대한 문명을 건설할 신흥 세력이 때를 기다리고 있었다.

히타이트 문명

히타이트 제국은 방대한 영토에도 불구하고 수도인 하투샤에서 중앙집권적으로 국가를 통치하고 운영했다. 하투샤는 요새로 둘러싸인 대도시로, 전성기에는 면적이 1.65제곱킬로미터에 달했을 만큼 고대 세계에서 가장 크고 위풍당당한 도시였다. 히타이트의 왕들은 총독에게 권력을 이양하여 제국 내 여러 구역으로 나뉜 도시를 다스렸으며(Bryce 2005) 제국의 종교 중심지이기도 한 하투샤에서 민족을 대표하는 대사제로서 제례의식을 주관했다. 그런 만큼 이 도시에는 30여 개의 사원과 왕궁 그리고 각종 행정 건물이 자리하고 있었다.(Beckman 1989) 메소포타미아의 사원처럼 주요 신들을 모시는 큰 사원에는 제물용 음식과 물품을 보관하는 대형 창고가 있고, 도시 외곽에는 사원 활동을 뒷받침하는 광활한 농지가 있었다. 이와 같이 사원은 히타이트 경제의 핵심 요소였다.(Beckman 1989) 히타이트인은 정기적으로 의식과 축제를 거행했으며 주요 신들에게는 매일 빵과 포도주를 바쳤다. 또한 신의 개입이 필요하거나 신의 은총을 받아야 할 경우에는 정성껏 제의를 치렀다. 사원

서기들은 이런 제의 거행에 관한 지시를 쐐기문자 점토판에 상세히 기록했으며, 그중 상당수가 출토되고 해독되었다.

쐐기문자 기록을 보면, 대부분의 제의에서 치즈는 필수적인 제물로 사용된 것이 분명하다.(Beckman 2005) 예컨대 가뭄이 들어 샘이 마르면 히타이트인은 (샘의 바닥으로 사라져버린) 날씨의 신에게 비와 함께 돌아와 달라는 의식을 치르면서 여러 제물과 함께 치즈를 바쳤다.(Bier 1976) 태양신, 태양의 여신, 폭풍의 신을 달래는 의식에서도 치즈가 제물로 쓰였다.(Goetze 1971; Hoffner 1998; Wright 1986) 화가 나면 역병을 몰고 오는 저승의 신 산다스에게도 치즈를 포함한 제물을 바쳐 달랬다.(Mastrocinque 2007; Schwartz 1938) 그들은 성스러운 제의 구덩이에 치즈 따위의 식품을 두면 죽은 사람의 영혼을 잠시 저승에서 불러낼 수 있다고 믿었다. 성경 「사무엘상」 28장 13~14절에서 사울왕이 엔도르의 여인을 찾아가서 자신의 목숨과 왕국을 구하고자 헛되이 사무엘의 영혼을 불러내는 장면이 그러한 경우일 것이다. 이런 의식은 히타이트인이 레반트로 이주할 때 전파되었을 것이다.(Hoffner 1967)

히타이트의 쐐기문자 기록에서 치즈는 다양한 속성을 나타내는 수식어와 함께 언급되고 있다. 그 예로는 작은 치즈, 큰 치즈, 바스러뜨린 치즈, 닦거나 (긁거나 문질러서) 손질한 치즈, 숙성시킨 군인 치즈 등이다.(Carter 1985; Hoffner 1966) 마지막 두 수식어가 특히 흥미롭다. 이미 레닛 응고를 사용해 새롭고 혁신적인 치즈를 만들고 있었음을 암시하기 때문이다. 예를 들어 "닦은 치즈"라고 표현된 맥락을 살펴보면 치즈의 표면을 반복 마찰로 닦거나 씻어냈으리라는 추측이 가능하다.(Carter 1985) 이는 오늘날 경성硬性 외피 치즈를 만들 때 숙성 과정에서 표면의 미생물 증식을 방지하기 위해 표면을 마찰하여 갈아내는 방식과 비숫해 보인다. 히타이트인이 실제로 경성 외피 치즈를 만들었다면 틀림없이 레닛 응고를 사용했을 것이며, 그렇다면 청동기 시대에 치즈 생산 기술이 진보했다고 볼 수 있다. 마찬가지로 "숙성시킨 군인 치즈"라는 표현은 단단하고 장기간 보관이 가능해서 군용 식량으로 적합한 경성 외피 치즈를 가리키는 것으로 보인다. 이런 치즈를 만드는 데도 레닛 응고가 필수적이므로 역시 치즈 생산의 역사에서 중요한 사건이다. 물론 성서에 나오는 다윗과 골리앗의 이야기가 치즈를 군용 식량으로 사용한 최초의 사례는 아니며 최후의 사례도 아니다. 서양의 역사를 통틀어 육군과 해군에서는 치즈를 군용 식량으로 배급한 경우가 흔했다. 단단하고 밀도 높은 경성 외피 치즈는 배급 용도로 이상적이며 군인들에게 에너지와 필수 영양소를 공급하기 때문이다.

사실 히타이트 문헌에서 치즈에 관한 수식어를 해석하기란 극히 어려운 일로, 아직 의미가 불확실한 용어도 많다. 더욱이 이 문헌에는 하티어, 후르리어, 루비아어, 수메르어, 아카드어 등 당대의 여러 언어에서 빌려 쓴 용어가 있기 때문에 해석이 까다로울 수밖에 없다. 예컨대 브랜다이스 대학의 학자인 해리 호프너는 치즈를 제물로 태워 바치는 제의 절차를 설명한 히타이트 서판에서 치즈를 나타내는 히타이트어 단어 "GA.KIN.AG"와 치즈에 대한 수식어 "GA-PA-AN"을 해석하기까지의 길고 복잡한 과정을 설명한 적이 있다.

그는 GA.KIN.AG GA-PA-AN을 들고 [위로?] 그것을 돌려서(?) 분리하고 불 위에 올린다.(Hoffner 1966)

"GA-PA-AN"라는 수식어의 기호는 히타이트어가 아니다. 따라서 호프너는 복잡한 소거 과정을 거쳐 가까스로 "GA-PA-AN"이 아카드어라는 결론을 내렸다. 그다음 가능성이 있는 아카드어 단어 열두 개를 하나하나 따져본 결과 두 개의 후보가 남겨졌다. 첫 번째는 "GA-PA-AN"이 '가프누'라는 명사를 발음대로 표기한 것이라는 해석이다. 가프누란 무화과, 석류, 사과 또는 포도 등의 열매 맺는 식물을 가리키는 단어이므로 "GA.KIN.AG GA-PA-AN"은 '무화과나무의 치즈' 또는 '포도 덩굴의 치즈'로 해석할 수 있다. 하지만 호프너는 이 해석을 터무니없다고 봤다. 다른 가능성은 "GA-PA-AN"을 '가브누'라는 단어의 변형인 '가반'으로 읽을 수 있다는 것이다. 호프너는 이 단어가 치즈의 모양을 가리키는 것이라는 데 더 비중을 두고 있지만 치즈 학자라면 '무화과나무의 치즈'라는 입장을 쉽게 포기하지 못할 것이다. 무화과 수액은 최소한 기원전 제1000년기부터 지중해 지역에서 치즈 응고제로 사용됐기 때문이다. 즉 히타이트인이 무화과 수액으로 만든 치즈를 지칭할 때 이 용어 (GA.KIN.AG GA-PA-AN)를 사용했으리라는 가정도 터무니없는 건 아니다. 게다가 터키와 근동 지역에서 전통 생치즈를 만들 때 포도즙으로 가미하는 점을 고려하면 '포도 덩굴의 치즈'라는 해석도 가능하다. 안타깝게도 이 용어를 비롯하여 히타이트 서판에 (마찬가지로 메소포타미아의 수메르 점토판까지) 기록된 치즈 관련 용어는 끝내 명확히 파악할 수 없을지도 모른다.

흥미롭게도 히타이트 문헌에는 치즈뿐만 아니라 레닛(즉 반추동물 위장 내벽을 말려 젖을 응고시킬 때 쓰던 것)도 언급되어 있는데, 치즈나 다른 음식과 함께 레닛도 제물로 바쳐진 듯하다.(Güterbock 1968; Hoffner 1995, 1998) 논란의 공간을 열어둔다 해도, 기원전 1400년경의 것으로 추정되는 히타이트 문헌은 레닛 응고 치즈 생산의 가장 앞선 직접적인 증거라 할 수 있다. 치즈의 해상 교역이 이 시기에 시작되어 점점 활발해진 이유도 레닛 응고 기술의 발달로 치즈의 보존성이 좋아졌기 때문일 것이다. 시리아 해안에 자리한 히타이트의 속국 우가리트에서 출토된 상업 기록이 이를 증명한다. 우가리트는 남쪽으로는 레반트 남부, 동쪽으로는 메소포타미아, 북쪽으로는 아나톨리아로 갈 수 있는 육상 교역의 전략 요충지였다. 또한 레반트 남부와 이집트, 에게해 제도와 그리스, 아나톨리아로 통하는 해상 교역의 중심지기도 했다.(Sherratt and Sherratt 1991) 기원전 제2000년기 말 우가리트가 히타이트의 지배를 받고 있는 동안 히타이트 행정관들은 육로와 해로로 이 도시를 통과하는 물품 내역을 기록했고, 이 방대한 양의 쐐기문자 점토판에는 레반트 남부의 도시 아슈도드(현대의 이스라엘)에서 치즈를 받았다는 기록이 담겨 있다. 기원전 약 1200년경의 것으로 추정되는 이 점토판은 치즈의 장거리 해상 교역이 이루어졌음을 보여주는 최초의 직접적인 증거다.

이것은 치즈의 역사에서 또 하나의 대사건이다. 청동기 시대 후반에 가나안의 치즈 장인들이 장거리 해상 운송에 견딜 수 있는 치즈를 완성했음을 의미하는 동시에, 그에 적합한 용기와 보관 시설이 갖춰졌음을 의미하기 때문이다. 치즈는 당시 레반트 해안 지역의 시장에서 '수지 맞는' 품목이 될 정도로 '고급' 치즈에 대한 수요가 컸음이 분명하다. 다시 말해 당시 치즈는 메소포타미아, 아나톨리아, 그리스와 에게해 제도, 이집트를 연결하는 방대한 교역망에서 모직물과 포도주, 올리브유, 청동, 기타 귀금속과 나란히 귀한 품목으로 평가받았다는 뜻이다. 그렇다면 우가리트의 점토판에 기록된 가나안 치즈는 청동기 시대의 치즈 교역 가운데 빙산의 일각이었을 가능성이 농후하다.

기원전 제2000년기에는 어떤 치즈가 해상으로 운송되었을까? 우선

3장 청동, 레닛 그리고 교역의 활성화

치즈는 위험한 바닷길로 운송되는 만큼 (고유한 특성과 높은 품질 때문에) 높은 가격에 팔렸을 것이다. 말린 과일(무화과, 석류), 포도주, 올리브유처럼 가치가 높고 부피가 작은 음식 또는 부피는 크지만 필수적인 곡물류가 아니라면 해상 운송의 고비용과 위험을 감수할 이유가 없다. 그런 점을 고려할 때 당시 대부분의 교역 물품이 그러하듯 해상 운송된 치즈는 상류층을 위한 사치품이었을 것이다. 또한 치즈는 청동기 시대의 선박 운송에 쓰이는 용기에도 적합했던 것으로 보인다. 난파선에서 나온 고고학적 증거와 우가리트 등의 항구에 남겨진 쐐기문자 교역 기록으로 볼 때 당시에는 음식과 기타 물품을 수송할 때 토기 항아리가 널리 쓰인 것을 알 수 있다.(Monroe 2007)

최초로 유기물의 해상 운송에 적합한 항아리를 만든 사람은 아마도 가나안 상인이었을 것이다. 가나안 항아리 또는 '암포라'로 불리는 이 항아리의 용량은 약 6~12리터로, 청동기 시대의 해상 운송에 널리 쓰였다.(Knapp 1991; Monroe 2007; Sherratt and Sherratt 1991) 도자기 파편의 잔류물 분석에 따르면, 기원전 제2000년기와 기원전 제1000년기에 해상으로 운송된 점토로 봉한 항아리에는 올리브유·포도주·꿀 등의 고급 액체 식품, 소금에 절인 생선, 소금물에 절인 올리브 등의 염장 고체 식품이 담겼다.(Bass 1991; Faust and Weiss 2005; Knapp 1991; Monroe 2007; Vidal 2006) 치즈의 경우 가나안 항아리에 담겨 운송된 직접적인 증거는 없지만, 세월이 흐른 뒤 기독교 시대에는 에게해 전역에서 흰 염지 치즈(페타 치즈와 비슷했다)를 항아리에 담아 운송하는 일이 흔했으며 심지어 19세기 말까지도 이러한 관행이 이어졌다.(Blitzer 1990) 실제로 20세기에 들어서야 염지 그리스 치즈를 운송할 때 도자기 항아리 대신 나무통과 금속 용기를 쓰기 시작했다.(Anifantakis 1991)

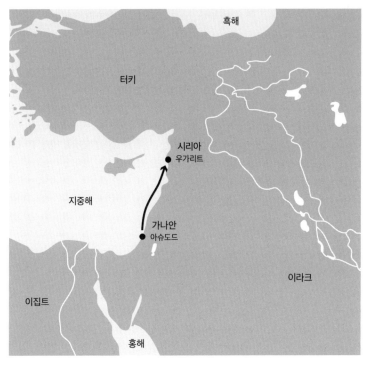

기록상 해상 무역을 통한 치즈 운송의 최초 사례는, 기원전 1200년경 가나안 해안에 있는 아슈도드와 시리아 해안에 있는 우가리트 사이에서 이루어진 것이다. 가나안인은 해상 운송에 적합한 형태의 점토 용기를 만들기도 했다. 이 가나안 특산의 점토 용기에 페타 치즈와 비슷한 염지 치즈를 담아 밀봉한 것이 가나안 치즈였을 것이다.

그리스에서는 20세기 후반에도 염지 치즈를 도자기 단지에 보관했으며, 어쩌면 지금까지도 이 방식이 남아 있을 수 있다.(Birmingham 1967)

이와 같이 청동기 시대에 우가리트 항구로 운송되던 가나안 치즈는 레닛 응고로 만든 흰 치즈(페타 치즈 따위)를 소금물과 함께 가나안 항아리에 넣고 점토로 밀봉했을 것이다. 이 염지 치즈는 전통적으로 근동 지역, 지중해 동부, 에게해 전역에서 생산되었다. 간단히 만들 수 있으며 소금물에 담가 밀폐 보관하면 뜨겁고 건조한 지중해의 여름 기후에도 쉽게 상하거나 마르지 않는다. 흰 치즈를 소금물에 담가 보관하거나 보존하는 관습은 레닛 응고 치즈의 역사에서 이른 시기에 시작된 듯하다. (페타와 유사하게) 가열하거나 압착하지 않아 수분이 많고 산성을 띠는 흰 치즈에 소금을 뿌리면 염분 섞인 유청이 대량으로 흘러나오는 것을 보고 사람들은 곧바로 소금물의 보존 기능을 알아차렸을 것이다. 게다가 따뜻한 기온에 보관하는 경우 이 현상이 두드러진다. 이처럼 소금 뿌린 치즈를 가죽 자루나 도자기 단지에 넣어 밀봉하면 염분 섞인 유청이 흘러나와 소금물을 형성한다. 지금도 근동 지역에서는 이런 전통 기법으로 치즈가 생산되고 있다.(Kamber 2008b)

소금물을 따로 준비해서 치즈(그리고 고기와 생선)를 보존하는 방법을 기록으로 남긴 최초의 인물은 아마도 로마의 농학자 마르쿠스 포르키우스 카토일 것이다. 출처는 기원전 2세기의 획기적인 저작 『농업에 관하여De Agri Cultura』로, 일찌감치 그러한 치즈 관리가 이루어지고 있었을 가능성이 높다.(Brehaut 1933) 10세기경 농업에 관한 글들을 모은 『게오포니카Geoponica』에도 바닷물이나 소금물을 이용해서 치즈를 보존한다는 언급이 있는데, 그 내용은 훨씬 앞선 자료에 근거하고 있으며 그중 일부는 헬레니즘 시대(기원전 3세기경)보다도 앞서 있다.(Owen 1805) 『게오포니카』에서 소금물에 담가 보관하면 흰색이 변하지 않는다고 설명한 치즈는 흰색의 산 응고 치즈나 페타 치즈가 분명해 보인다.

이러한 근거를 종합하면, 가나안에서 우가리트로 수출한 치즈 중에는 소금물에 보관한 페타 유의 치즈가 포함되었을 것이다. 그렇다면 염지 치즈의 염분과 수분 함량이 동물 레닛에 존재하는 유지방 분해 효소인 리파아제를 자극하여 톡 쏘는 풍미와 냄새를 자아낸다는 점에 주목할 필요가 있다. 즉 청동기 시대 사람들도 현대인과 다름없이 페타 치즈 특유의 톡 쏘는 풍미를 좋아했으며, 상류층은 장거리 운송비용을 치를 만한 가치가 있다고 여긴 듯하다.

가나안인은 부피가 큰 곡물 따위의 고체 식품을 운송할 때는 주로 직물 자루를 사용했다.(Monroe 2007) 그렇다면 작고 단단하며 외피가 건조한 종류의 치즈도 자루(또는 튼튼하게 엮은 바구니)에 담아 운송했을 것이다. 이런 치즈는 주로 갈아서 사용하는 것으로, 페코리노 바뇰레세 Pecorino Bagnolese와 카프리노 다스프로몬테Caprino d'Aspromonte와 같이 현대 이탈리아에서 생산되는 전통 페코리노 치즈나 카프리노 치즈와도 비슷하다. 지중해 북부에서는 흔히 작고 외피가 있는 숙성 치즈를 생산했지만 고온 저습한 근동 지역에서는 치즈가 지나치게 마르는 경향이 있기 때문에 생산하기가 쉽지 않다. 우가리트로 운송되던 작고 단단한 치즈는 동시대 히타이트의 "숙성시킨 군인 치즈"와 비슷했을 가능성도 있으나 이는 순전히 추측에 지나지 않는다. 하지만 지중해 지역에서 치즈 강판이 등장했고 이후 철기 시대에는 매우 흔해진 점을 고려하면 청동기 시대부터 작고 단단한 레닛 응고 치즈가 확산되었을 것으로 보인다.(Ridgway 1997)

히타이트 세계에서 레닛 응고 치즈는 비중 있는 식품이었다. 기원전 1400년경 히타이트 왕 아르누완다가 아나톨리아 서부에 있는 속국의 통치자 마두와타에게 보낸 편지에서 이 사실을 알 수 있다.(Bryce 2005) 마두와타의 민족은 아타르시야인이 이끄는 침략군에게 쫓겨 터전을 잃은 상태였다. 이때 아르누완다가 마두와타의 백성에게 피난처를 마련해주고 살아가는 데 필요한 생필품을 제공했다. 마두와타에게 보낸 편지에 아르누완다는 그의 백성을 위해 자신이 조치한 일들을 이렇게 열거하고 있다.

태양의 아버지(히타이트 왕 아르누완다를 가리키는 말)가 그대로부터 아
타르시야인을 내쫓아주었듯이, 태양의 아버지는 그대 마두와타를 그대
의 여자와 아이들, 군대와 전차, 전사들을 받아들이고 전차 세 대를 주었
나니─옥수수와 옥수수 종자 등 모든 것을 풍부하게 주었으며 또한 맥
주와 포도주, 맥아와 맥아빵, 레닛과 치즈 등 모든 것을 풍부하게 주었노
라.(Wainwright 1959, pp.202~203)

보다시피 아르누완다가 마두와타와 그 백성에게 하사한 생필품 중에
레닛과 치즈가 있다. 빵과 맥주, 포도주에 견줄 만큼 레닛 응고 치즈가
아나톨리아인의 식생활 문화에 깊이 파고들었음을 알 수 있다.

마두와타 이야기는 이 지역에 미케네인의 영향이 점점 깊어진 정황을
담고 있어 더욱 흥미롭다. 아타르시야인의 본거지인 아히야와 왕국은
아나톨리아 서북부의 에게해 해안에 자리한 미케네 식민지라는 게 학
계의 중론이기 때문이다.(Knapp 1991) 이는 당시 동쪽 문명과 서쪽 문
명이 충돌을 일으키게 된 배경, 즉 히타이트와 서쪽의 위대한 에게 문명
사이의 고조된 긴장 관계를 말해주는 최초의 증거 중 하나다. 몇 세기
후 호메로스는 트로이 전쟁을 묘사하면서 이 충돌을 인류 역사에 남겨
놓았다.

미노스 문명과 미케네 문명

메소포타미아에서 시작된 쟁기 혁명은 아나톨리아를 지나 기원전 제 3000년기에 크레타섬과 그리스 본토에 상륙했다.(Halstead 1981) 메소포타미아와 아나톨리아가 그러했듯 쟁기 사용으로 저지대의 경작지 면적이 넓어졌고, 그루터기가 남은 밭이나 휴경지에서 양이나 염소를 칠 수 있는 조건이 마련됐다. 또한 이곳에서도 작물 생장기에 가축 떼를 산지로 이동시키는 이목으로 저지대 목초지를 최대한 활용하게 됐다. 이 시기의 고고학적 지층에서 동물 군집(즉, 동물 뼈 분포)에 변화가 보인 데다 구멍 뚫린 토기 파편이 나타난 것으로 보아 젖 생산과 치즈 생산이 활발해졌음을 알 수 있다.(Barker 2006) 이러한 경작과 목축의 집약화로 인해 인구가 크게 늘면서 크레타와 그리스 본토에서 새로운 문명이 꽃을 피웠다.

'미노스 문명'이라고도 하는 크레타 문명이 먼저 탄생했다. 기원전 제 2000년기 초에는 고고학자들이 '궁전'이라 일컫는 대규모의 행정 및 종교 건물이 크레타를 지배했는데, 그 대표적인 것이 크노소스 궁전이다. 넓은 창고와 공방을 갖춘 이 거대 건물은 메소포타미아와 아나톨리아의 영향을 받은 흔적이 역력하다. 즉 창고와 공방은 궁전에서 운영하는 대규모의 재분배 경제에 기여하며 사원의 예배와도 관계가 있다.(Neils 2008; Sansone 2009) 미노스인은 점토판에 쐐기문자로 기록을 하던 근동 지역의 기법을 차용하여, 선형문자 A라는 문자를 만들어냈다. 또한 메소포타미아인과 마찬가지로 양모 생산과 직물 제조를 위해 대규모의 양 목축을 제도화했다.(Halstead 1996; Wallace 2003)

그러나 크레타에서 치즈와 버터를 생산한 고고학적 증거는 제한적이다. 그마저도 신석기 시대의 이주민들이 수천 년 전에 크레타로 가져온 소규모의 혼합농업에 기초한 수준에 그치고 있다. 사원 의례에 치즈와 버터를 사용한 증거가 발견되지 않은 점으로 보아 크레타에서는 양모 산업에 대규모의 유제품 가공을 연계하여 종교활동을 후원하지는 않았던 것 같다. 그러나 미노스의 '선형문자 A'는 아직 해독되지 못한 상태라 메소포타미아의 수메르인이나 아카드인, 아나톨리아의 히타이트인에 비해 미노스인에 대해 밝혀진 사실이 훨씬 더 적다는 점을 감안해야 한다.(Neils 2008) 한편 미노스 문화의 종교 관습을 조금이나마 엿볼 수 있는 사료가 인근의 섬인 케오스에서 발굴됐다. 남자들이 제물을 들고 행진하는 종교 의례를 묘사한 프레스코화로, 아브라모비츠(Abramovitz 1980)에 따르면 그중 한 남자가 들고 있는 장대에 매달린 것이 치즈 자루로 보이지만 잠정적인 추측에 지나지 않는다.

미노스 문명은 기원전 제2000년기 초에 잠시 번성했으나 곧 군사력이 강한 미케네 문명에 복속되었다. 그리스 본토에서 융성했으며 호메로스가 '아카이아인'이라 칭한 미케네인은 미노스 문화에서 많은 것을 차용했다. 무엇보다도 미노스의 '선형문자 A'를 변형한 새 문자체계인 '선형문자 B'를 만들었는데 이것이 훗날 고대 그리스 문자로 발전했다.(Sansone 2009) 이들은 본토에 궁전 중심의 경제를 확립하고, 미노스인처럼 집약적인 양 목축과 직물용 양모를 생산했으며, 올리브유와 포도주를 대량 생산하여 수출했다. 실제로 이집트, 레반트, 아나톨리아 서쪽 해안과의 교역은 미케네의 경제와 문화를 발전시키는 원동력이었다.(Cline 2007)

오늘날 미노스보다 미케네에 대한 정보가 더 풍부한 이유는 '선형문자 B'가 해독되었고, 미케네 시대 궁전의 행정을 기록한 수천 장의 쐐기문자 점토판이 발견되었기 때문이다.(Sansone 2009) 이 점토판 기록에 따르면 미케네인은 훗날 고대 그리스의 판테온을 이루는 대다수의 신을 섬겼으며, 종교활동의 중추였던 궁전의 성소에서는 포세이돈과 여러 신에게 음식을 바친 뒤 연회를 열었던 것으로 보인다.(Brown 1960; Lupack 2007; Palaima 2004) 이는 메소포타미아와 동시대의 아나톨리아 히타이트에서 확인된 종교 관습과도 비슷하다.

이와 같이 이난나 사원에서 포세이돈의 성소에 이르기까지 동쪽과 서쪽, 메소포타미아와 그리스 사이의 지역에는 강한 문화적 연속성이 존재했다. 영적 표현의 수단으로 치즈를 사용하는 관습도 그중의 한 예다. 근동 지역에서 2000년간 그랬듯이, 청동기 시대 에게해에서 치즈는 두 가지 역할을 수행했다. 즉 소박한 시골 사람들이 주식으로 먹는 음식인 동시에 사원 의례와 지배층의 연회에 사용되는 고급 음식이기도 했던 것이다.(Palmer 1994) 미케네 치즈의 특성에 대한 자료는 전무하지만, 히타이트와 밀접하게 접촉했으므로 설령 그 전에는 레닛 응고 치즈 생산 기술이 없었다 하더라도 히타이트에서 전수되었을 것이다. 에게해 지역에서 숙성 레닛 치즈를 먹었다는 간접적인 증거는 기원전 10세기경이 되어서야 청동 치즈 강판의 형태로 나타났다.(Ridgway 1997)

기원전 1200년경 미케네 문명이 파국을 맞으면서 그리스 본토에는 역사학자들이 '그리스 암흑기'라 부르는 혼돈의 시기가 찾아온다. 하지만 미케네의 신들과 치즈 문화는 사라지지 않고 남아, 몇 세기 후에 그리스 헬레니즘 문화의 중요한 요소로 자리 잡는다.

북쪽의 유럽

메소포타미아, 아나톨리아, 이집트, 에게해에서 연이어 위대한 문명이 등장하여 자원과 영토 경쟁을 벌이던 무렵 북쪽 유럽은 신석기 시대 근동에서 유래한 소규모 혼합농업에 의지하고 있었다. 그러나 아나톨리아가 청동기로 들어서기 직전 유럽에서는 치즈 생산과 연관된 큰 변화가 일어났다. 일찍이 기원전 제7000년기에 이주민들은 경작, 목축, 낙농 기술을 가지고 유럽에 들어왔다.(Craig et al. 2005) 그러나 당시 유럽은 숲이 울창했기 때문에 목초지를 조성하려면 돌 도구로 숲을 개간해야 했고, 이에 따라 방목과 낙농은 소규모로 이루어졌다.

상황이 변화된 것은 대서양 기후가 아한대 기후 시기로 접어들기 시작한 기원전 제4000년기부터로, 유럽 대륙의 겨울은 더 춥고 건조해지고 여름은 더 더워졌다.(Barker 2006) 초반에는 기후 변동이 극심하여, 유럽 중부는 2000년 만에 가장 추운 겨울을 맞았다.(Anthony 2007) 그 결과 정착지와 경작지를 끼고 있는 강 유역은 홍수가 잦았고 늦봄 서리도 심해서 작물 생장기가 짧아졌다. 이런 변화는 신석기 시대의 농업 사회에 큰 부담을 안겨주었다. 식량 부족과 기근을 이겨내기 위해 지속적인 식량원이 될 만한 작물을 찾아야 했다. 몇몇 지역은 위기 상황에 직면하기도 했는데, 루마니아의 도나우강 하류에서는 수많은 취락이 불태워지거나 버려지기도 했다. 거의 같은 시기에 기후변화로 위기를 맞은 방목 집단은 흑해와 카스피해 북쪽의 스텝 지대를 떠나 도나우강 하류 지역으로 이동했다.(Anthony 2007)

하지만 아한대 기후로 인한 '광명'도 있었다. 날씨가 추워지자 유럽 중부를 빽빽이 뒤덮었던 숲이 예전처럼 무성하게 번성하지 못하게 되었고,

이에 따라 일부 지역의 숲이 듬성해지기 시작한 것이다.(Barker 1985) 이러한 기후변화는 유럽 문화에 장기적인 영향을 끼쳤다. 그 무렵 또는 직전에 황소가 쟁기를 끄는 메소포타미아의 농사 기법이 유럽에 전해져 북쪽의 스칸디나비아까지 퍼져 있었다. 숲이 듬성해진 이후 겨울 기온은 차츰 온난해졌고, 쟁기 덕분에 정착민들은 숲을 개간하기가 훨씬 수월해졌다. 특히 유럽 중부에서는 휴경지가 늘어나고 수확 후의 그루터기 밭이 많아지면서, 기원전 제4000년기 후반에는 목축의 중심이 낙농으로 이동하기 시작했다.(Sheratt 1983) 알프스산맥 북쪽에서는 이미 집약적인 낙농이 시작되었다.

흥미로운 점은 겨울의 혹한이 유럽의 고산 지역에 끼친 변화다. 고산 지역의 수목한계선(수목이 울창하게 자랄 수 있는 자생지의 경계선)은 그 지역의 기후와 동적 평형 관계를 이루기 때문에 기후변화에 매우 민감한 반응을 나타낸다.(Tinner and Kaltenrieder 2005) 이에 따라 기원전 3500~기원전 2500년에 대서양 기후가 아한대 기후로 넘어가면서 한랭화가 두드러지자 유럽 고산 지역의 수목한계선이 전반적으로 300미터가량이나 낮아진 것이다.(Greenfield 1988; Tinner and Theurillat 2003) 이는 고산대와 아고산대가 비교적 덜 울창해졌고 그만큼 가축에게 풀을 뜯기기에 적합한 땅이 넓어졌음을 뜻한다.(Barker 1985; Greenfield 1988) 고지대의 숲이 물러난 결과 산지에서 방목과 낙농을 생업으로 삼는 인구가 크게 늘어났다. 이는 취락의 분포와 농업을 통한 생계유지 전략의 큰 변화였다.

이 시기 발칸반도의 가축 뼈 분포도 눈에 띄게 달라졌다. 이는 염소와 양의 방목이 증가하고 그 부산물인 젖과 털의 비중이 커졌다는 증거다. 또한 숲이 물러나면서 형성된 고원을 목초지로 활용하는 이목 전략

도 이 무렵에 시작되어(Greenfield 1988) 오늘날까지 발칸반도 농업의
특성으로 이어졌다.

스위스 국경의 북쪽에서는 기원전 제6000년기에 신석기 농경 사회
가 자리 잡았으나, 스위스의 고원과 고산 지역에서 농업이 시작된 것은
기원전 제4000년기였다.(Wehrli et al. 2007) 도나우강 유역 저지대에 정
착했던 신석기 농부들이 기후변화로 이주한 결과인지, 아니면 토착 구
석기인이 인근의 신석기인에게서 농경 기술을 전수받은 것인지에 대해
서는 아직 논쟁 중이다.(Barker 2006; Sauter 1976) 어찌됐든 기원전 제
4000년기에 스위스의 호숫가와 산지의 계곡에서 농업이 시작되자 여름
에는 고지대의 탁 트인 목초지로 소와 양, 염소를 몰고 올라가서 풀을
뜯기는 관습이 자리 잡았다.(Barker 1985; Wehrli et al. 2007) 평원과 강
어귀에서 밭을 경작하면서 이목과 낙농을 병행하는 방식은 험한 산지
에서 살아가기 위한 효과적인 생존 전략이었다.

유럽 중부 고지대에 살던 농부들은 산림을 목초지로 개간하여 가축
에게 풀을 뜯기면 수목한계선을 더 낮출 수 있다는 사실을 깨달았다.
실제로 스위스의 고원과 알프스 지역에서 발견된 기원전 2500년 이후
의 꽃가루 및 식물 화석을 관찰한 결과, 인간이 수목한계선의 고도와
분포에 영향을 끼쳤다는 증거가 나타났다.(Finsinger and Tinner 2007;
Heiri et al. 2006)

초기에 고산 지역에는 건초를 만들 만한 초원이 조성되어 있지 않았
기 때문에 겨울철에는 주변 숲에서 잔가지와 나뭇잎을 주워다 가축에
게 먹였다.(Rasmussen 1990) 기원전 제2000년기 말에 이르러 집중적으
로 삼림이 개간되면서 초원이 형성되자 나뭇잎 대신 건초가 겨울 사료
로 쓰이기 시작했다. 그러나 20세기까지도 스위스에서는 나뭇잎 사료를

건초 사료의 보완재로 사용했다.(Rasmussen 1990) 이와 같이 기원전 제 4000년기에서 기원전 제3000년기로 넘어가는 시기에 여름에는 이목 낙농을 하고 겨울에는 가축을 우리에서 사육하는 전통적인 농업 모델이 등장했다.(Barker 1985) 알프스 너머 이탈리아 북부의 아고산대 지역에서도 더딘 속도로 유사한 변화가 일어나고 있었다. 이로써 기원전 제 3000년기 전반에 소와 양을 중심으로 하는 낙농이 알프스 지역에 확고하게 자리를 잡았다.(Barker 1985; Wick and Tinner 1997)

이 시대의 토기와 잔류 유기물 분석에 따르면, 스위스와 이탈리아 북부에서는 낙농을 시작한 시기에 바로 치즈 생산도 시작된 것으로 보인다.(Barker 1985) 고산 지역의 농업 모델이 성공을 거두자 기원전 제 2000년기에는 스위스와 이탈리아의 아고산대 지역에서 더욱 활성화되었다.(Sauter 1976) 남쪽의 이탈리아 중부에서도 아펜니노산맥을 따라 이목과 치즈 생산이 이루어졌다.(Barker 1985) 결국 유럽 전역의 고산 지대에서 이목 낙농과 치즈 생산이 일반적인 생활양식으로 자리 잡게 되었으며 산지 특유의 환경에 적합한 기법으로 다채로운 고산 치즈가 탄생하기 시작했다.

당시의 고고학적 지층에서 출토된 도자기 체와 치즈 생산 도구로부터 얻은 정보 외에는 유럽 중부의 초기 고산 치즈에 대해 알려진 게 별로 없다. 하지만 로마 군대가 알프스 지역을 지나 유럽 중부로 진군하던 기원전 제1000년기 말, 유럽 중부 전역은 이미 치즈 생산 기법이 상당히 발전해 있었다. 이곳에 거주하는 켈트족 사회에는 낙농 및 치즈 생산 문화가 뿌리를 내린 상태로 이후 유럽 대륙 전역으로 퍼져 나갔다.

청동기 시대의 종말

기원전 제2000년기에 근동과 에게해 지역에서 시작된 청동기 시대는 기원전 1200년경 극적으로 막을 내렸다. 이전에도 아나톨리아의 금속 장인들이 철을 제련하긴 했지만 기술이 좋지 않아서 청동기의 발전 속도를 따라잡지 못했다. 그러나 실험을 거듭한 끝에 담금질과 침탄浸炭으로 강철을 만드는 방법을 알아내자 청동기는 거의 무용지물이 되었다.(Muhly et al. 1985) 철기 시대의 씨앗이 뿌려진 셈이다. 아나톨리아와 주변 지역에는 구리 및 주석 광석보다 철광석이 훨씬 더 풍부했기 때문에 곧 청동보다 우월하고 값싼 철기 도구와 무기가 대량 생산되었다.(Muhly et al. 1985)

또한 이 시기(기원전 1900년경)에 폰투스 및 카스피해의 스텝 지대를 비롯한 근동 지역에선 최고의 무기인 말과 전차가 등장했다.(Anthony 2007) 최근의 연구 결과에 따르면, 최초로 말 위에 올라타거나 마구를 씌워 쟁기를 끌게 하고 젖을 짠 종족은 기원전 3500년경의 보타이인이었다. 이들은 카스피해의 서북쪽으로 펼쳐진 스텝 지대(현대의 카자흐스탄)에 살았으며, 주로 말에게서 고기와 젖, 각종 동물성 부산물을 얻어 생활했다.(Outram et al. 2009) 이 시기의 동물 뼈 분포를 살펴보면 보타이인은 흥미롭게도 반추동물(염소, 양, 소)을 가축화하지 않은 것으로 나타났다. 즉 3000여 년 전에 반추동물로 낙농을 시작한 근동 문화권에 비해 이들은 매우 늦게 가축을 치기 시작한 대신 말의 젖을 활용하는 방법을 깨우쳤다.

한편 이곳으로부터 서쪽, 즉 흑해와 카스피해 사이의 북쪽에 펼쳐진 스텝 지대에는 목축 민족이 거주하고 있었다. 이들은 신석기 시대에 아나톨리아를 떠나 발칸반도, 도나우강 하류를 거쳐 폰투스 및 카스피해의 스텝으로 흘러들어 소와 양과 염소를 치던 민족이었다. 그러나 보타이인으로부터 말 길들이는 법을 배운 그들은 전차를 발명하여 무시 못할 세력으로 성장하게 되었다.(Anthony 2007)

기원전 제2000년기 초에는 폰투스 및 카스피해의 스텝 지역에서 발달한 말과 전차가 근동 및 에게해 지역으로 전파되면서 지배 계층과 피지배 계층의 역학관계에 변화가 일어났다. 전차가 상징하는 무시무시한 위력과 특권으로 인해 전사 귀족이 득세하면서 지배 계층과 평민 사이의 격차가 커졌고, 사회경제적 환경은 더욱 냉혹해져 빈민이 증가하기 시작한 것이다. 이어서 근동 및 에게해 지역 문명의 바탕을 이루던 사회 구조와 경제 체제가 해체되기 시작했다.(Liverani 2005; Schon 2007)

이에 더해 기원전 제2000년기 말에는 지중해 지역의 기후가 급격히 건조해졌고, 여러 해 이어진 가뭄으로 흉년과 기근에 시달리던 빈민들이 대거 이동한 것으로 보인다.(Liverani 2005) 히타이트 아나톨리아와 그 속국이었던 우가리트에서 출토된 쐐기문자 기록에도, 기근이 들어 이집트에 긴히 곡물 지원을 요청했다는 내용과 함께 사회 불안과 혼란에 대한 내용이 담겨 있다.(Wainwright 1959, 1961) 한편 당시 미케네의 쐐기문자 기록에는 그리스의 해안 경비를 위해 군을 동원했다는 기록이 있다. 바닷길로 쳐들어오는 적을 막기 위해서였을 것이다.(Neils 2008) 실제로 기원전 12세기 초에는 적의 침략을 받아 미케네의 궁전과 문명이 철저히 유린당하고 미케네인은 사방으로 흩어졌다. 이 사건은 지중해 지역은 물론 북쪽 유럽에도 영향을 주었다.

미케네인이 북쪽의 도나우강 하류로 이주했을 가능성도 있지만 결정적인 증거는 아직 나타나지 않았다. 미케네 문명이 몰락하던 무렵 폰투스 스텝의 기마 목축인도 (아마도 기후변화로 인해) 서쪽으로 이동하며 세력권을 확장하기 시작했다. 이들도 도나우강 하류로 이동했을 가능성이 있지만 역시나 결정적인 증거는 없다. 그럼에도 이 시기에 도나우강 하류에 격변이 일어나고 새로운 문화가 유입됐던 것만큼은 분명하다. 이런 변화는 이후 서쪽의 유럽 중부에서 새로운 사회질서가 세워지는 데 영향을 주었다.(Austria, Switzerland, eastern France) 그 무렵 언어와 정체성을 확립하기 시작하던 켈트족이 혼돈 속에서 두각을 드러내기 시작했다.(Cunliffe 1997) 역사의 무대에 새롭게 등장한 켈트족이 유럽에 널리 퍼지면서 치즈를 활발하게 생산하기 시작했고, 수많은 유럽 치즈의 발달을 촉진시켰다.

에게해 지역으로 다시 돌아가보자. 미케네 난민들은 아나톨리아 해안에서 피신해온 빈민들과 세를 합쳐 아나톨리아와 레반트 지역에서 노략질을 일삼았을 뿐만 아니라 북쪽으로는 트로이, 남쪽으로는 가나안 남부 지역에 파괴의 흔적을 남겼다. 몇 세기 후 호메로스(『일리아스Ilias』)와 베르길리우스(『아이네이스Aeneis』)는 트로이 전쟁을 묘사함으로써 이 격동의 시대를 회상한다. 하지만 트로이 전쟁은 2세기 동안 이어진 전쟁과 재앙, 이주의 역사에서 단편적인 사건에 불과하다.(Wainwright 1959) 이집트조차 침략군으로부터 무사하지 못했다. 이집트의 필경사들은 메르넵타 치하의 기원전 1219년, 그리고 람세스 3세 치하의 기원전 1162년에 "바다 사람들"[해상 민족, 바다 민족 등으로 번역되기도 한다—옮긴이]의 침략에 대한 상세한 기록을 남겨놓았다.(Wainwright 1961)

"바다 사람들"이란 굶주리고 가난한 사람들이 느슨하게 결속을 이룬 집단이었을 것이다. 대부분은 아나톨리아 해안 출신이었겠지만 에게해 제도와 그리스 본토 출신의 약탈 민족도 합류했을 것이다.(Wainwright

1959, 1961) 이들은 아나톨리아를 휩쓴 다음 히타이트 제국의 수도인 하투샤로 향했고, 결국 하투샤 문명은 미케네 문명처럼 철저하게 파괴되어 몰락하고 말았다. 그다음에는 남쪽의 레반트로 나아가 수많은 도시를 파괴하다가 이집트군과 대적했는데, 두 번에 걸쳐 패퇴한다.(Wainwright 1959, 1961) 이집트는 승리를 거두긴 했지만 무리한 전투의 여파로 쇠락하여 지역의 초강대국이라는 지위를 회복할 수 없었다.

"바다 사람들"이 이집트 침략에 실패한 사건은 치즈 생산의 역사에도 간접적으로 영향을 끼쳤다. "바다 사람들"을 구성하던 여러 집단 중에서 이집트 필경사들이 셰켈레시, 테레시, 셰르덴이라 칭한 민족들은 이집트 군에 패배한 후 서쪽으로 항해하여 시칠리아와 이탈리아, 사르데냐에 정착했을 가능성이 있다.(Wainwright 1959, 1961) 그러나 그들이 지중해 서부로 이동했다는 설은 주로 고대 문헌에 따른 것으로, 이를 뒷받침하는 고고학적 증거는 불완전하며 이 가설을 인정하지 않는 학자도 많다.

거의 확실한 사실은 청동기 시대 말에 지중해 동부나 에게해의 문화적인 영향이 지중해 서부에서 뚜렷하게 나타났다는 점이다. 이는 동부 민족이 시칠리아, 이탈리아, 사르데냐에 제한적으로나마 정착한 시기와 일치한다.(Cunliffe 1997; Le Glay et al. 2009) 그렇다면 기원전 제2000년 기 말에는 동쪽의 레닛 응고를 이용한 치즈 지식이 다른 문화 요소와 함께 서쪽으로 전해지면서, 지중해 서부에 존재하던 토착 치즈 문화에 새로운 활력을 불어넣었을 가능성이 있다. 기원전 제1000년기에 이탈리아와 시칠리아에서 숙성 레닛 응고 치즈가 활발히 생산된 것은 우연이 아닐 수도 있다.

마지막으로, 아나톨리아 출신의 "바다 사람들" 중에는 필리스티아인이 있었다. 그들은 두 번째 이집트 침략에 실패하기 직전인 기원전

1185년경 가나안의 해안 평원에 정착했다.(Barako 2000; Stone 1995) 필리스티아인은 지중해 지역의 전략 지역인 아슈켈론과 아슈도드 등의 항구를 통해 넓은 교역망을 구축함으로써 500년 넘도록 가나안에서 번영을 구가했다. 이후 이스라엘인이 나타나 필리스티아인의 영토 확장을 저지하기 시작했다. 이스라엘인은 사울왕과 다윗왕, 그 아들인 솔로몬왕의 통치 아래 필리스티아인의 숙적이 되었다. 당시 사울왕의 군대에 치즈를 전달한 양치기 다윗이 바로 다윗왕이다. 필리스티아의 전사 골리앗을 팔맷돌로 쓰러뜨려 전세를 뒤바꾼 영웅이 마침내 이스라엘 최고의 왕이 된 것이다. 그리고 1000년 후에는 다윗의 혈통으로부터 서양 문명과 치즈의 역사에 가장 지대한 영향을 끼친 목수의 아들이 태어난다.

4장

그리스와 치즈,
지중해의 기적

주의 손으로 나를 빚으셨으며 만드셨는데 이제 나를 멸하시나이다.

기억하옵소서, 주께서 내 몸 지으시기를 흙을 뭉치듯 하셨거늘

다시 나를 티끌로 돌려보내려 하시나이까.

주께서 나를 젖과 같이 쏟으셨으며 엉긴 젖처럼 엉기게 하지 아니하셨나이까.

피부와 살을 내게 입히시며 뼈와 힘줄로 나를 엮으시고

생명과 은혜를 내게 주시고 나를 보살피심으로 내 영을 지키셨나이다. (…)

주께서 나를 태에서 나오게 하셨음은 어찌함이니이까.

그러지 아니하셨더라면 내가 기운이 끊어져

아무 눈에도 보이지 아니하였을 것이라.

__「욥기」10장 8~12절, 18절

성서 「욥기」의 주인공은 인간의 고통이라는 보편적인 문제를 가장 심오한 고대문학적 표현으로 드러내고 있다. 욥은 흠잡을 데 없이 바르게 살아왔으나 건강과 더불어 모든 것을 잃었다. 이에 욥은 삶에 절망하고 만다. 욥은 젖의 응고와 치즈 생산의 심상에 빗대어 주를 향해 왜 자신을 창조했느냐며 혼란과 좌절을 표현한다.

　「욥기」가 언제 쓰였는지는 정확히 알 수 없지만(대부분은 기원전 2000~기원전 500년 사이일 것으로 추정한다) 젖의 응고와 치즈 생산에 인간의 잉태와 출산을 비유한 사례는 이뿐만이 아니다. 가장 위대한 그리스 철학자이자 박물학자였던 아리스토텔레스도 레닛 응고와 치즈 생산의 원리에 비추어 인간의 잉태와 태아의 발달에 대한 가설을 수립했다. 욥과 아리스토텔레스의 이러한 비유는 초기 기독교가 형성되는 로마 시대에 다시 언급되기도 했다. 그리고 중세를 지나 현대에 이르기까지도 여러 치즈 장인과 종교계 인물은 신비주의, 민화, 전통을 통해 젖 응고와 인간의 잉태라는 수수께끼를 이해하려 했다. 심지어 전통 기법의 치즈 생산이 사실상 사라져버린 20세기의 미국과 기타 지역에서도 치즈 생산을 출산에 비유한 장인들이 있었다.

이야기가 너무 앞서갔다. 욥은 곤경을 겪고 나서 전보다 더욱 위대한 지위를 누리게 되었다. 호메로스의 글을 보면, 미케네 시절의 영광을 모조리 잃어버린 기원전 9세기의 그리스는 욥과 비슷한 좌절감을 맛보았던 것 같다. 하지만 욥과 마찬가지로 그리스는 부흥에 성공하여, 아리스토텔레스 시대인 기원전 4세기 무렵 다시금 위대한 문명으로 거듭나게 된다. 청동기 시대가 몰락하고 암흑기가 닥치기 전에 그리스가 누리던 지위와는 비교할 수 없는 수준이었다. 다시금 광범위한 교역망이 살아났고, 당시 페니키아가 그랬듯이 먼 지역에도 교역 식민지를 건설하여 번영을 이뤘다. 이 그리스 시대에 치즈의 해상 교역도 전성기를 맞는다. 물론 그리스의 부흥은 경제 부문에 그치지 않았다. 종교를 중심으로 한 그리스 문화가 마치 전염병 번지듯 지중해 전역에 전파되어 더욱 높고 깊은 문명의 발전을 이룬 것이다. 그리고 근동 문명에서 그랬듯이, 이번에도 치즈는 그리스의 종교활동과 의례에서 중요한 역할을 한다.

그리스 문명의 부흥

기원전 1200년경 청동기 시대가 끝나면서 미케네 문명은 그리스 본토와 에게해 제도에서 흔적도 없이 사라졌다. 이로부터 수백 년간 소위 그리스 암흑기가 지속되었다. 그동안 궁전 중심의 중앙집권 사회가 몰락하고 '선형문자 B'에 대한 지식도 사라지고 해상 교역은 중단되었다. 많은 사람이 도시를 떠나 인구가 급격히 감소했으며, 남아 있는 사람들은 작고 외딴 취락생활을 영위했다. 교역용 환금 작물(특히 양모, 올리브유, 포도주) 중심의 농업은 신석기 시대 수준의 소규모 혼합농업으로 쇠퇴했다.(Cherry 1988; Sansone 2009; Wallace 2003)

이 암흑기에 관한 문헌도 존재하지 않기 때문에 이 시대 그리스인의 생활에 대해서는 알려진 사실이 별로 없다. 확실한 것은 사람들이 에게해에서 동쪽의 아나톨리아 해안과 키프로스섬으로 이동하기 시작하면서 기원전 12~기원전 11세기 무렵 소아시아에 그리스인 공동체가 형성되었다는 것이다.(Sansone 2009) 이러한 그리스인 디아스포라로 인해 해양 민족인 그리스인이 해상 교역을 재개하는 원동력이 되었을 것이다.

기원전 1000년경에는 철 제련 기술이 키프로스섬을 통해 그리스에 도착했다.(당시에 기술은 아나톨리아를 넘어 레반트에 도착한 상태였다.) 그리스에는 철광석이 풍부했기 때문에 곧 철제 도구 및 무기 생산이 번성하여 교역이 늘기 시작했고, 이를 계기로 그리스 본토와 에게해 제도의 경제가 활발해졌다.(Sansone 2009) 그후 200년에 걸쳐 여러 그리스인 공동체가 지중해 지역 곳곳에 교역 거점을 수립하기 시작했다. 그 결과 그리스와 소아시아·근동 지역, 특히 페니키아와의 교류가 활발해졌다.

페니키아인은 오늘날의 레바논 지역인 레반트 해안에 거주하던 가나안 민족의 일파다. 청동기 시대 말 "바다 사람들"에 의해 레반트 해안 지역의 도시들이 철저히 파괴된 직후, 이들은 주요 항구도시를 재건하기 시작했다. 오래전부터 레반트 해안은 동쪽과 서쪽, 즉 메소포타미아와 이집트, 훗날에는 히타이트 아나톨리아와 에게해 문명의 교역로를 연결하는 교차로였다. 그러나 청동기 시대 후반에 지중해 교역망이 무너지고 이집트가 쇠락하면서 정치 및 상업 권력에 공백이 생겼고, 기원전 제1000년기 초에는 페니키아와 남쪽의 필리스티아가 공격적으로 이 공백을 채우려 했다.(Sommer 2007)

초기에 페니키아는 이웃나라인 필리스티아와 치열하게 경쟁해야 했다. 그런데 필리스티아가 다윗 치하 이스라엘의 저항에 부딪혀 확장에 제동이 걸리자 페니키아가 우위를 차지하기에 이르렀다.(Aubet 2001) 그 결과 페니키아 도시인 티레가 헤게모니를 장악하여 지중해 전역에 교역 식민지를 건설했는데, 그중에서 가장 중요한 식민지는 기원전 814년에 북아프리카 해안에 위치한 카르타고였다. 페니키아가 메소포타미아의 아시리아 제국과 지중해 지역 사이에서 교역 중개자 역할을 담당하는 가운데 기원전 6세기에 이르러 메소포타미아 남부에서 새로운 세력이 등장했다. 다름 아닌 아시리아를 압도하고 서쪽의 레반트로 진군한 네부카드네자르 치하의 신바빌로니아 제국이었다. 바빌로니아군은 기원전 585~기원전 572년까지 13년 동안 티레에서 공성전을 펼쳐 도시를 철저하게 파괴했다. 그러나 많은 티레인은 카르타고로 피신함으로써 카르타고가 서쪽의 새로운 페니키아 수도로 기능했다.

한편 그리스에서는 기원전 8세기 무렵 도시의 번영과 대대적인 인구 증가가 맞물려, 평지보다 산지가 많은 지형의 한정된 농업 자원으로는 수요를 충당할 수 없게 되었다. 이에 인구 증가의 압박을 완화하기 위해 곡물 수입이 요구되었고, 페니키아와의 지중해 교역 경쟁이 점점 치열해졌다. 이후 그리스는 3세기 동안 전례 없이 넓은 영토를 확장했다. 그 결과 동쪽의 흑해에서 북아프리카, 시칠리아, 이탈리아 남부, 프랑스를 거쳐 서쪽의 스페인까지 점령했다. 그 식민지는 수백 개에 달했으며 그중에는 카타니아와 시라쿠사(시칠리아), 마르세유(프랑스)처럼 대도시로 발전하여 치즈 교역의 중심지로 성장한 도시도 많았다.

교역을 확장하면서 페니키아와 끊임없이 충돌하는 과정에서 그리스는 페니키아의 문자를 차용하여 그리스어를 표현했으며, 기원전 8세기에는 이를 변형한 그리스 문자를 완성했다. 그 외에도 그리스는 페니키아와의 접촉을 통해 근동 문화 및 종교적 요소를 흡수했다. 이 시기, 즉 기원전 8세기 중반에서 기원전 7세기 중반까지를 그리스 문명의 '동방화 시대'라 한다. 3000년 전 수메르의 이난나 여신에서 비롯하여 아스다롯, 아스타르테, 이슈타르 등의 여러 이름을 지닌 셈족의 다산 및 성애의 여신이 아프로디테라는 이름으로 그리스 판테온에 들어선 것도 이때였다.(Sansone 2009) 이처럼 초기 그리스 신화는 놀라우리만치 근동 신화와 유사한 부분이 많다. 그러나 근동 문화가 그리스 문명에 끼친 가장 중요한 영향은 아마도 사회·정치·종교 조직의 단위로 자리 잡은 '폴리스'였을 것이다. 근동 지역 도시국가의 변형인 폴리스는 중심의 도시와 이를 부양하는 농업 지역으로 구성된 자치 구역이다.

폴리스의 정체성은 종교 의례와 수호신을 중심으로 형성됐다. 수호신에 대한 숭배의식이 개인의 생활은 물론 공적 생활을 지배했으며 공통의 이상과 의식이 공동체를 결속시켰다. 폴리스 내에 따로 조성된 성역, 즉 '사원'은 그리스 종교의 구심점이었다. 이곳에는 신의 성상(석상)을 갖춘 구조물과 제례의식을 거행하는 시설과 성찬이나 연회가 가능한 시설이 갖춰져 있었다.(Kearns 2010)

그리스 종교가 근동의 영향을 받은 흔적은 역력하지만 미케네 시대의 흔적 역시 뚜렷하다. 예컨대 '선형문자 B' 점토판에 등장하는 미케네의 신들이 그리스 판테온에 입성하여 주요 숭배의 대상으로 자리하고 있으며, 사원 구조 또한 미케네 궁전에 있던 성역과 비슷하다.(Neils 2008) 그러나 치즈 역사라는 맥락에서 무엇보다 중요한 것은 그리스의 종교활동에서 차지하는 치즈의 비중이다.

그리스 종교 속의 치즈

동물 희생의식은 그리스 종교의 핵심이었으며 사원 앞 광장에 마련된 제단에서 치러졌다. 제물은 각자의 능력껏 바치도록 했기 때문에 희생의 빈도와 동물의 종류는 개인의 재력에 따라 달랐다. 대부분의 폴리스 시민은 특별한 일이 있을 때만 희생 제물을 바치고 평소에는 매일 아침 저녁으로 핏기 없는 제물을 바쳤을 것이다. 하지만 그리스 사람들이 이 관습을 얼마나 충실하게 지켰는지는 불분명하다.(Kearns 2010) 핏기 없는 제물이란 사람들이 평소에 먹는 음식인 케이크, 과일, 빵, 때로는 치즈 등으로, 희생을 바치는 제단 옆에 마련된 탁자 또는 사원 내부의 탁자에 올려졌다.(Gill 1974)

1930년대에 아테네 아크로폴리스의 서북쪽 사면에서 흥미로운 대리석 명문銘文이 발굴됐다. 기원전 500년경 세워진 두 개의 기념비 또는 제단의 일부로 보이는 이 명문에는 엘레우시스 의식과 관련이 있는 여러 신에게 바치는 치즈와 보릿가루, 콩, 참깨, 올리브유, 꿀의 양이 상세히 적혀 있다. 이는 성역에서 치러지는 의식을 명문으로 표준화하여 영구적인 규정으로 확립하고자 한 것이다.(Jeffery 1948) 그리스의 성역 중에서 특히 유서가 깊은 아크로폴리스는 기원전 5세기 당시에도 오래된 역사적 공간으로 인식되고 있었다. 도시가 부유해지고 문화적 위상이 드높아지는 변화 속에서도 당시 아테네 사람들은 고대의 종교 전통을 보존하고자 노력한 것으로 보인다. 그런 관점에서 볼 때 고대로부터 의례의 중심에 있었던 치즈를 핏기 없는 제물로 바친 것에는 전통 보존의 의미가 담겨 있다고 할 수 있다.

비슷한 시기에(기원전 486년경), 그리스의 희극 시인 키오니데스는 디오스쿠로이(제우스의 쌍둥이 아들, 카스토르와 폴리데우케스)에게 음식을 바치는 아테네의 공공 의례를 묘사한 바 있다. 음식은 치즈, 보리 케이크, 잘 익은 올리브, 부추 등으로 간소하게 차렸는데 옛 아테네의 소박한 생활을 되새기는 뜻에서였다.(Gill 1974) 이를 통해서도 치즈가 일상생활과 종교활동에 중심을 차지하던 시절의 소박함을 기념하고자 한 아테네인의 문화를 확인할 수 있다.

수확의 여신인 데메테르에게도 핏기 없는 제물로 치즈를 바쳤다. 이는 스파르타 근처의 데메테르 성역에서 발견된 제문에서 확인되었다.(Jeffery 1948) 또한 숲과 언덕의 여신인 아르테미스를 섬기던 스파르타의 신전은 공공연히 벌어지는 치즈 절도 행각으로 유명했다. 4세기의 그리스 저술가 크세노폰에 따르면, 스파르타인은 남자아이들을 강인한 군인으로 키우기 위해 일부러 음식을 적게 먹였다고 한다. 그러면서 훈련의 차원에서 아이들이 주변 지역을 뒤져 맛있는 음식을 훔치는 행위를 용인하거나 권장하기까지 했다. 들키지 않고 음식을 훔친 아이는 칭찬을 받았던 반면, 훔치지 못하고 잡힌 아이는 심한 매질을 당했다. 핏기 없는 제물이 가득한 아르테미스 사원은 음식 약탈의 주된 목표였으며, 아이들 사이에서는 누가 더 빨리 사원에서 치즈를 훔치는가를 놓고 시합이 겨뤄지기도 했다.(Harley 1934)

때로 신들은 특정 종류의 치즈를 제물로 요구하기도 했다. 예를 들어 헬레니즘 시대(기원전 320~기원전 100)의 크레타에서는 신들의 어머니인 키벨레에게 핏기 없는 제물로 "여성 치즈"라는 종류를 바쳤다고 한다.(Halbherr 1897) 안타깝게도 이 "여성" 치즈가 그 외의 (남성?) 치즈와 어떻게 달랐는지는 알 도리가 없지만, 아마도 유방 형태의 케이크와 유사했을 것이다. 기원전 1세기의 그리스 지리학자인 스트라본도 신의 치즈 취향을 언급한 적이 있다. 그는 아테네에 있는 아테나 여사제들은 현지에서 만든 생치즈를 사용해선 안 되며 오로지 타지에서 생산된 치즈를 바쳐야 한다고 기록했다.(Cooley 1899) 곧 살펴보겠지만, 아테네만 수입 치즈를 선호한 것은 아니었다. 당시 그리스의 수입 치즈 시장은 매우 폭넓었다.

핏기 없는 제물의 핵심 품목인 치즈는 제물로 바치는 케이크의 재료로도 사용됐다. 케이크는 그리스인의 일상 음식인 동시에 핏기 없는 제물로 쓰였는데 신에 따라 좋아하는 케이크가 달랐다. 데메테르와 아폴로가 가장 좋아했던 것으로 보이는 플라쿠스plakous 또는 플라쿤타plakounta로 불리는 케이크는 꿀과 염소젖 또는 양젖 치즈를 페이스트리 반죽 사이에 켜켜이 쌓아 만든 것이다.(Brumfield 1997; Grandjouan et al. 1989) 밀가루, 치즈, 꿀로 만든 케이크인 프토이스phthois는 헤스티아, 제우스, 아폴로, 아스클레피오스에게 주로 바쳐졌다.(Brumfield 1997) 코린토스의 데메테르 성역에서는 플라쿠스를 비롯한 여러 종류의 케이크가 바쳐졌다. 이것은 점토로 만든 키 위에 점토로 만든 모형 케이크를 나란히 늘어놓은 것으로, 코린토스 성역에서는 기원전 6세기~기원전 2세기의 것으로 추정되는 점토 케이크 키가 수백 개나 발굴됐다. 제사를 드리러 온 사람들은 사원 앞에서 제구祭具를 판매하는 옹기장이들에게서 점토 모형을 구매하지 않았을까 싶다.

치즈와 그리스 종교의 관계를 살펴볼 때 치료의 신인 아스클레피오스가 특히 흥미롭다. 아스클레피오스에 대한 제의에서 치즈를 넣은 케이크를 바치는 관습이 특히 두드러지기 때문이다.(Kearns 2010) 이는 아스클레피오스의 배다른 형제이자 인간에게 치즈 생산을 가르쳐준 아리스타이오스 신에게 경의를 표하는 의미였을지도 모른다.(Harrod 1981)

더욱 흥미로운 것은 젖 응고와 치즈 생산이 아스클레피오스의 치료 의식으로 수반되었다는 점이다. 아스클레피오스는 치료의 신으로 숭상되기도 했지만 그리스와 로마 전역에 지정된 '아스클레피온Asclepion'이라 불리는 그의 성역은 치료소, 즉 고대의 병원과 같은 구실을 했다. 500년이 넘는 기간 동안 많은 병자가 지중해와 에게해 지역에 흩어져 있는 아스클레피오스의 성역을 찾았다.(Kearns 2010) 기적적인 치유의 힘을 지닌 성스러운 뱀이 성역을 상징하기 때문에 아스클레피오스는 항상 성스러운 뱀이 감겨 있는 지팡이를 든 모습으로 묘사되었다.(Bieber 1957) 오늘날 성스러운 치유의 뱀이 아스클레피오스의 지팡이에 감겨 있는 이미지는 의술과 의료의 보편적인 상징으로 굳어져 미국의학협회 등 의료기관의 로고에 흔히 사용되고 있다.

이것이 젖 응고와 치즈 생산과 무슨 관계가 있을까? 1930년대에 페르디난트 요세프 더 바엘러가 이끄는 미국고전학연구회 소속의 아테네 고고학 발굴단은 코린토스에 있던 아스클레피온 현장을 체계적으로 발굴했다.(de Waele 1933) 이 성역은 기원전 6세기에 건설되었고 기원전 4세기에 재건되었는데 현장에서 커다랗고 납작하며 주둥이가 달린 테라코타 대야가 발견되었다. 이런 대야는 종교 의식을 거행하는 과정에서 곡식을 가는 용도의 '절구'로 해석됐다.(사실 아직도 그렇다.) 그러나 더 바엘러는 이 유물이 스위스에서 전통적으로 사용하는 젖 대야/치즈조[자연 치즈의 제조 시 원료유를 담는 탱크—옮긴이]와 놀라우리만치 비슷하다는 점에 착안하여 젖을 응고시키는 용도의 대야 또는 치즈조라는 가능성을 타진했다.

더 바엘러의 가설은 40년 동안 거의 주목받지 못했다. 그러다가 1970년대 로저 에드워즈가 기존의 발굴 유물을 통해 코린토스의 도자기 역사를 재구성하는 연구를 전개하면서 이 테라코타 대야를 관찰했고, 더 바엘러의 가설을 다시 검토했다.(Edwards 1975) 용기를 자세히 관찰한 에드워즈는 곡식을 분쇄하는 용도라면 내부에 남아 있을 법한 마모의 흔적이 없다는 데 주목했다. 또한 손잡이와 주둥이의 독특한 모양도 고체보다는 액체에 적합해 보였다. 에드워즈는 이 대야가 곡식을 찧거나 가는 도구가 아니라 젖을 담는 대야나 치즈조라는 견해를 지지했다. 나아가 이런 종류의 용기를 홀모스holmos(절구를 뜻하는 고대 그리스어 단어)로 분류한 고고학 연구를 언급하면서 결론을 재고해야 한다고도 주장했다.(Edwards 1975) 이 주장은 그리스 고고학 발굴 가운데 지금까지 절구로 잘못 분류된 치즈조가 더 있을 가능성을 의미한다.

이 대야가 실제로 치즈조라면 왜 코린토스의 아스클레피오스 성역에 있었던 걸까? 크레타섬의 레베나에 있는 아스클레피온에서 발견된 기원전 1세기의 명문이 그 답이 될지도 모르겠다. 이 명문에는 아스클레피온의 '병원'에서 치료제를 만들 때 동물 젖을 이용한다는 언급이 담겨 있다.(Chaniotis 1999) 또한 트로이 전쟁을 그린 호메로스의 서사시 『일리아스』의 한 장면도 참고할 필요가 있다. 『일리아스』에서 그리스 신들은 아카이아나 트로이의 편을 들어 서로 싸운다. 이때 전쟁의 신 아레스는 전사 여신 아테나와 결투를 벌이다가 치명상을 입는다. 불멸의 존재로서 죽을 수도 없는 아레스는 절뚝거리며 아버지인 제우스에게 상처를 낫게 해달라고 간청한다. 제우스는 아들에게 한바탕 설교를 늘어놓고는 마지못해 의사인 파이안에게 아레스를 치료해주라고 지시한다. 호메로스는 파이안이 아레스의 상처를 치료하는 장면을 (무화과 수액을 사용한) 레닛 응고에 비유하여, 무화과 수액을 젖에 떨어뜨리고 휘저으면 금세 엉기듯이 아레스의 상처가 빠르게 나았다고 표현했다.(Fitzgerald 1989)

레닛 응고라는 신비로운 현상을 치료에 빗댄 호메로스의 비유는 그리스어에 깊이 뿌리를 내린 것으로 보인다. 상처의 치료를 뜻하는 그리스어 단어 중 하나는 젖이 굳고 엉기는 현상에 대한 함의를 지니고 있기 때문이다.(Morgan 1991) 호메로스의 서사시에 등장하는 파이안은 본래 아스클레피오스의 아버지인 아폴로와 동일시되었으나, 기원전 4세기에 이르러서는 아스클레피오스가 아폴로를 대신하여 그리스 신화에서 치료의 신으로 자리 잡았다. 아스클레피오스는 실제로 파이안이라는 이름으로도 흔히 불렸다.(Kearns 2010) 그리스 신화와 언어에서 레닛 응고와 치료가 이처럼 밀접한 의미를 지닌다면, 아스클레피오스(또는 파이안)의 성역에서도 상징적인 의미의 젖 응고 과정이 실제의 치료 의식에 포함되었을 가능성이 있다. 그리고 젖 응고 과정을 수반하는 제의가 그리스 세계에서 널리 행해졌다면 마모의 흔적이 없는 대야가 다른 아스클레피오스 성역에도 있었을 것이다. 그 가능성을 확인한 다음 대야의 유기 잔류물을 분석한다면 젖 응고가 아스클레피온의 치료 의식에서 실제로 중요한 역할을 했는지를 밝혀낼 수 있을 것이다.

일상생활과 상업활동 속의 치즈

종교 의례는 그리스인의 생활에 깊이 침투해 있었다. 그리스 세계를 대표하는 오락인 심포지엄symposium, 즉 주연酒宴에서도 신들에게 기도를 하고 술을 바칠 정도였다. 연회는 '데이프논deipnon'이라 불리는 간단한 식사로 시작하는데, 이때는 포도주 없이 음식만 차려진다. 음식을 물리고 손님들이 손을 씻으면 "두 번째 식탁"으로 포도주를 곁들인 디저트

코스가 차려졌다. 이때의 음식으로는 당과糖菓, 달걀, 견과, 생과와 건과, 치즈, 케이크 등이었으며, 케이크 중에서도 플라쿤타 또는 플라쿠스(염소젖이나 양젖 치즈, 꿀, 반죽을 켜켜이 발라 만든 케이크)가 특히 높이 평가되었다.(Grandjouan et al. 1989; Noussia 2001)

기원전 5세기의 철학자 겸 시인인 크세노파네스에 따르면, 중앙에 제단을 갖춘 성스러운 식탁을 방 한가운데 놓고 신들을 위한 케이크, 치즈, 꿀을 푸짐하게 올리고 포도주를 바친 다음 찬송과 기도를 올렸다고 한다. 이와 같이 그리스인의 삶에서 성과 속은 분리하기가 불가능한 것으로, 심포지엄에서도 치즈는 성과 속을 아우르는 요소였다. 크세노파네스의 이상적인 묘사에 따르면 기도가 끝난 뒤 본격적인 주연이 벌어지는데, 사람들은 절도 있게 술을 마시고 별미를 맛보며 고상한 대화를 나누고 연설을 들었다. 그러나 다른 그리스 저술가의 작품과 그리스 토기를 보면 심포지엄이 소란하거나 음란해지는 경우도 많았던 모양이다.

치즈는 시토스sitos(주식)과 옵손opson(반찬)으로 이루어지는 그리스인의 식생활에서 빼놓을 수 없는 요소였다. 시토스는 주식에 해당되는 메뉴로 보릿가루 따위의 곡물로 만든 죽이나 빵 또는 밀로 구운 케이크였다. 일반적으로 병아리콩이나 렌틸콩 등이 곁들여졌다. 그에 비해 양이 적은 옵손은 주로 양젖이나 염소젖으로 만든 치즈, 야생동물의 고기 등이었으며, 가끔 소금이나 초에 절인 생선이나 채소도 이에 포함되었다. 고기는 드물게 식탁에 올랐다.(Neils 2008; Wycherley 1956)

도시인 폴리스에 사는 사람들은 중앙에 위치한 아고라 광장에서 먹거리를 구했다. 아테네의 아고라 시장에는 생치즈를 파는 구역이 따로 있었으며,(Wycherley 1956) 이는 다른 폴리스에서도 마찬가지였다. 치즈는 도시 주변의 농업 지역에 사는 농부들이 공급했다. 후대에 아엘리아누스는 기원전 3세기경 아이스킬리데스의 저작을 언급하면서 그리스 아티카 해안의 케오스섬에서 치즈를 생산하는 농가에 대한 묘사를 소개했는데, 그리스 본토의 정황도 이와 비슷했을 것이다.

아이스킬리데스가 자신의 저작에서 말하길, 케오스섬은 토양이 극히 척박하여 목초지가 없기 때문에 농부 한 명이 양을 몇 마리밖에 소유하지 않는다. 그래서 나무개자리와 무화과 잎, 올리브 낙엽과 온갖 콩의 껍질을 양에게 먹였으며 심지어 양이 좋아하는 엉겅퀴를 일부러 심기도 했다. 이렇게 기른 양의 젖으로 '키트노스Cythnian'라는 최고급 치즈를 만들었다. 값은 1달란트(약 20킬로그램)에 90드라크마였다고 한다.

_아엘리아누스, 『동물의 특징에 대하여On the Characteristics of Animals』 제3권

이 내용은 특히 흥미롭다. 그리스 농업의 특징이었던 소규모 혼합농업 모델에서 양 목축과 치즈 생산이 차지하는 비중을 설명할 뿐만 아니라 치즈 생산의 상업성이 강조되어 있기 때문이다.(Hodkinson, 1988) 게다가 이 경우에 치즈 시장은 현지에 한정되지 않는다. 실제로 아이스킬리데스가 설명한 키트노스 치즈는 그리스 세계에서 유명했다. 이름에서 짐작할 수 있듯이 처음에는 에게해의 섬인 키트노스에서 생산되다가 점차 이웃 섬인 케오스와 그 외의 지역에서도 이와 비슷한 치즈를 만들어 키트노스라는 이름으로 유통된 것으로 보인다.

키트노스 치즈는 좋은 품질로 유명세를 얻으면서 널리 수출되었다.(Casson 1954; Migeotte 2009) 이와 비슷하게, 그리스의 레나이아섬(Casson 1954)과 아나톨리아 연안의 키오스섬도 치즈 수출로 유명했다. 원래 키오스는 포도주 생산지로 유명했지만 치즈까지 시리아의 그

리스 식민지로 수출한 것을 보면 치즈 품질 역시 세계 최고 수준이었던 것 같다. 시리아에서는 페니키아 상인들이 화물을 받아 수익성이 높은 이집트 시장으로 운송했다. 기원전 3세기의 이집트 파피루스 수입 기록에 따르면 이집트는 키오스 포도주와 치즈에 각각 33퍼센트, 25퍼센트의 수입세를 부과했지만 이집트 상류층은 세금 따위는 개의치 않았다.(Berlin 1997) 이와 같이 그리스에서는 일상생활에서 옵손으로 먹는 생치즈 이상의 식도락용 고급 치즈도 생산했다.

키오스섬에서 수출된 치즈가 어떤 종류였는지는 모르지만 호메로스의 걸작 『오디세이아Odysseia』를 통해 그 생산 방법을 조금이나마 엿볼 수 있다.(Fagles 1996) 호메로스가 서사시를 썼던 장소와 시기는 몇 가지 증거로 미루어볼 때 기원전 9세기경 아나톨리아 해안 지역이나 연안의 키오스섬이었을 것이다. 그렇다면 오디세우스가 시칠리아섬에서 키클롭스를 만나는 장면은 키오스섬의 치즈 생산 과정을 참고하여 쓰였을 것이다. 이야기에서 시칠리아섬에 도착한 영웅 오디세우스는 양과 염소가 우는 소리를 듣고 선원들과 함께 키클롭스가 숨어 사는 동굴을 찾아 나선다. 키클롭스는 동굴에 없었지만 모험가들은 잘 갖춰진 치즈 생산 시설을 보고 감탄한다. 대량의 치즈가 시렁에서 건조되고 있었고, 각종 용기에는 치즈를 만들고 남은 유청이 잘 보관되어 있었다.

괴물 키클롭스와 마주치고 싶지 않았던 오디세우스의 선원들은 새끼 염소, 새끼 양과 치즈를 훔쳐 배로 돌아가자고 하지만, 호기심 많고 무모한 오디세우스는 동굴에 숨어서 주인이 돌아올 때까지 기다리자고 설득한다. 그동안 그들은 키클롭스가 만든 치즈를 먹고 신들에게도 치즈를 제물로 바친다. 그리스 문화 발달의 초반기라 할 이 무렵(아마 기원전 9세기)에도 치즈를 신들에게 핏기 없는 제물로 바쳤다는 점이 흥미롭다.

결국 키클롭스는 동굴로 돌아와서 매일의 일과인 치즈 제작을 시작한다. 이 서술은 치즈 제작 과정을 글로 남긴 고대의 사례 중에서 매우 앞선 것이라고 하겠다. 키클롭스는 젖을 빠르게 응고시키는데, 이는 레닛 응고를 가리키는 것이 분명하다. 그리스어 문장의 뉘앙스로 보아, 그리고 호메로스가 『일리아스』에서 젖을 응고시키는 무화과 수액의 성질을 언급한 점으로 보아, 키클롭스는 아마 무화과 수액을 썼을 것이다.(Oldfather 1913) 무화과는 시칠리아와 소아시아 해안 지역의 토착종이므로 두 지역에서 손쉽게 레닛의 원료로 사용했을 것이다.(Zohary and Hopf 2000) 이 시기에 아나톨리아와 인근 지역에서는 동물 레닛을 흔히 사용하고 있었지만, 현존하는 그리스 문헌 가운데 동물 레닛을 사용한 치즈 생산이 처음 언급된 것은 기원전 350년경에 쓰인 아리스토텔레스의 『동물지History of Animals』다.

키클롭스가 치즈를 만드는 과정을 묘사한 호메로스의 글에 가열하는 대목은 없지만 이것이 압착 치즈였다는 점은 알 수 있다. 물론 고리버들 바구니는 압력을 버티는 데 한계가 있으므로 강하게 압착하지는 못했을 것이다. 호메로스는 키클롭스가 치즈에 소금을 첨가했는지도 언급하지 않았다. 이것은 호메로스의 실수였다 치고 소금을 치즈 표면에 문질렀으리라 가정한다면, 키클롭스는 작은 레닛 응고 치즈를 만들었을 것이다. 이것은 부피에 비해 표면적이 넓은 치즈였을 테니 너무 습하거나 건조하지 않은 환경에 보관하면 수분이 증발하면서 외피가 형성되었을 것이다. 즉 치즈가 가득 널려 있었다는 키클롭스 동굴 속은 수분 증발과 외피 형성에 알맞은 온도와 습도를 제공한 듯하다. 그 치즈는 수분 함량이 낮고 외피가 있어서 장기간 숙성이 가능한 페코리노나 카프리노 치즈였을 가능성이 크다. 이런 치즈는 현대에도 이탈리아에서 생산되는 페코리노 바뇰레세와 카프리노 다스프로몬테 등의 치즈와 공통점이 많다. 그게 아니라면, 키클롭스가 만든 치즈는 페코리노 바첼론Pecorino Baccellon처럼 생으로 먹었을 것이다. 둘 중 어느 쪽이든 『오디세이아』의 이 부분은 고대 문헌에서 레닛 응고 치즈 생산을 설명한 최초의 사례로 볼 수 있다.

호메로스가 『오디세이아』에서 묘사한 치즈 제작 과정이 키오스섬의 것인지 시칠리아섬의 것인지, 둘 다인지는 확실치 않다. 그보다는 그 시기에 숙성하거나 가루를 내기에 적합한 경성 외피 치즈를 만드는 기술이 존재했다는 점이 중요하다. 이후 몇 세기에 걸쳐 치즈 가루는 그리스 문화와 요리의 주요한 요소가 되었으며, 시칠리아는 치즈 가루로 유명세를 떨치게 되었다. 처음에 그것은 호메로스가 묘사한 것과 같은 작은 비가열 레닛 응고 치즈였을 것이며, 실제로 아리스토텔레스의 글에도 450그램 미만의 그와 같은 치즈가 등장한다.(Thompson 1907) 호메로스의 시대로부터 몇 세기가 지난 후 시칠리아섬과 이탈리아반도의 치즈 장인들은 치즈 생산 과정에 가열 단계를 추가하여 수분 함량이 낮은 응유를 만들기 시작했다. 그럼으로써 오늘날까지도 시칠리아에서 생산되고 있는 마이오르키노Maiorchino 치즈와 같이 더욱 커다란 숙성 외피 치즈를 만들 수 있게 되었다.(Campo and Licitra 2006)

기원전 8세기 그리스인은 시칠리아섬의 동쪽 해안에 식민지를 건설하기 시작했고, 그리스 식민지 개척자들은 시칠리아 전통 치즈의 가치를 알아보았다. 시칠리아에서는 최소한 기원전 제4000년기부터 치즈 생산이 이루어졌고(De Angelis 2000) 기원전 제2000년기 말에는 이탈리아 남부 또는 에게해와 아나톨리아에서 건너온 이주민들이 시칠리아에 새로운 치즈 기술을 전파했을 것이다.(Barker and Rasmussen 1998; Brea

치즈를 가는 여인의 조각상. 기원전 5세기 그리스에서 발굴된 것으로, 사발의 가장자리에 막자가 걸쳐 있고, 바닥에는 치즈가 있고 그 위에 칼이 놓여 있다.(사진: 보스턴 미술관)

1957; Holloway 1975; Procelli 1995; Trump 1965; Wainwright 1959, 1961)

기원전 5세기에는 시칠리아 동쪽 해안의 식민지에 그리스 토기가 수입되었고, 시칠리아 내륙 지방의 고원에서 생산되는 치즈나 기타 낙농 제품이 그리스로 수출되었다.(Finley 1968) '키클롭스의 치즈'인 페코리노와 카프리노 치즈는 단단해서 험한 해상 운송 과정에도 잘 변질되지 않고, 톡 쏘는 특유의 풍미가 있어 옵손으로 먹기에도 좋고 요리 재료로 갈아 넣기에도 좋기 때문에 수출용으로 적합했을 것이다.

기원전 5세기 말 시칠리아 치즈의 명성은 자자했다. 희극 시인인 헤르미포스는 수입 사치품이 흘러넘치는 아테네를 풍자한 글에서 시칠리아의 시라쿠사 지역에서 만든 치즈를 사치품 목록(이집트의 책, 시리아의 유향, 크레타의 사이프러스, 카르타고의 다채로운 카펫과 쿠션 등)에 포함시켰을 정도다.(Braund 1994) 시칠리아 치즈의 명성은 점점 높아져서 "시칠리아의 자랑"으로 불리기에 이르렀으며, 키트노스 치즈가 키트노스섬 외의 지역에서도 만들어진 것과 마찬가지로 타지에서도 시칠리아 치즈를 모방하기 시작했다.(Ehrenberg 1951)

희극 시인인 필레모와 안티파네스도 시칠리아 치즈의 수입에 대한 글을 남겼다. 아리스토파네스는 펠로폰네소스 전쟁 중에 시칠리아 원정을 그르친 죄로 논란의 중심에 섰던 아테네 장군 라케스를 풍자하면서, 시칠리아 치즈를 나눠 먹지 않고 혼자서 밤에 많이 먹은 죄로 고발당한 개의 재판 장면을 우스꽝스럽게 묘사했다.(Braund 1999) 고발당한 개를 변호하러 등장한 증인은 치즈 강판이었는데, 이는 시칠리아 식민지인 카타나(현대의 카타니아)를 대놓고 비유한 것이었다. 카타네 또는 카타나는 시칠리아 방언으로 강판을 뜻하기 때문이다.(Post 1932) 이와 같이 그리스 세계에서 시칠리아 하면 치즈, 그중에서도 강판에 갈아 만든 치즈 가루가 연상될 정도였다.

지중해에서 꽃피운 치즈 교역은 그리스 사회에서 '가진 자'와 '못 가진 자' 사이의 현실적인 격차를 반영하는 것이기도 했다. 희극 시인 티모클레스는 기원전 4세기의 아테네 시장이란 상류층에게는 더할 나위 없이 만족스러운 곳이지만 빈민에게는 끔찍하기 짝이 없는 곳이라는 서술로써 이 점을 인정했다. 상류층은 흑해에서 잡은 생선, 에게해 북부 타소스섬의 포도주, 코린토스만의 보이오티아에서 나는 장어·꿀·올리브, 아티케의 현지 농장에서 나는 신선한 채소, 갓 구운 빵과 케이크, 시칠리아 산 치즈 등을 시장에서 구할 수 있었다.(Lever 1954) 당시 시칠리아는 그리스에 수입 치즈를 공급하는 대표적인 지역이자 지중해 미식 문화의 중심지였다.(Rapp 1955)

기원전 4세기에 시칠리아는 막대한 부를 축적했으며 호화로운 요리를 앞세운 고상한 문화를 발달시켰다. 특히 시칠리아인인 미타이코스와 헤라클레이데스가 쓴 두 권의 요리책은 시칠리아 요리를 그리스 세계 전체에 전파하는 데 이바지했다. 여기에서 치즈는 공히 요리의 재료로 사용되었다. 헤라클레이데스는 아니스 씨, 치즈, 올리브유를 첨가한 네모난 빵 키보이 Kyboi('주사위'를 뜻하는 그리스어 단어)를 소개했다. 미타이코스는 치즈와 올리브유를 생선 소스로 사용한 요리를 선보였다.(Olson and Sens 2000) 기원전 4세기 말에 이런 치즈 소스가 널리(어쩌면 지나치게 많이) 유행하자, 시칠리아의 식도락가이자 '서양 미식의 아버지'로 불리는 아르케스트라토스는 치즈 소스를 무차별적으로 사용해 생선(과 일부 고기)의 맛을 죽이는 행위를 조롱했다. 또한 그런 소스는 질기고 질떨어지는 생선에나 어울릴 뿐이라면서, 전기가오리와 같은 생선은 치즈 가루를 약간만 곁들여 내는 것이 좋고 부드럽고 연한 최고급 생선은 치즈를 쓰지 않고 약간의 소금과 올리브유로만 조리해도 충분하다고 주장했다.(Rapp 1955)

시칠리아 출신 요리사는 그리스 세계 전체에서 인기가 높았다. 지중해 전역에서 요리에 관심 있는 사람들이 몰려들어 아르케스트라토스 등의 시칠리아 명인에게 요리를 배우기도 했다.(Rapp 1955) 이처럼 호화롭고 사치스러운 식문화가 만연하자 플라톤은 명저 『국가 Politeia』에서 아테네의 과한 식도락을 비판하며 단순한 시토스(보리와 밀로 만든 빵과 케이크)와 옵손(올리브, 치즈, 뿌리채소와 채소, 무화과, 콩 등)을 즐기던 과거를 그리워하기도 했다.

치즈 가루는 그리스 문화에서 특별한 재료로 취급되었던 모양이다. 호메로스의 『일리아스』를 보면, 네스토르가 전장에서 부상당한 마카온을 집으로 데려가자 노예인 헤카메데는 청동 강판에 간 염소젖 치즈와 보릿가루를 프람니아 포도주에 섞어 묘약을 만든다. 이 묘약은 즉시 마카온에게 회복 또는 치유 효과를 발휘한다. 이러한 장면은 기원전 9세기 그리스 전사들의 무덤에서 청동 치즈 강판이 발견된 사실을 떠올리게 한다.(Ridgway 1997; West 1988) 포도주에 치즈를 갈아 넣는 것은 그리스 전사들의 연회에서 중요한 의식이었을 것이다.(Sherratt 2004) 이러한 의식은 기원전 7세기 그리스가 이탈리아 남부에 식민지를 건설하면서 이탈리아로 넘어갔고, 이윽고 북쪽의 토스카나에서 남쪽의 캄파니아까지 이탈리아 서쪽 해안(티레니아 해안)에 위치한 군주들의 무덤에서 수많은 치즈 강판이 출토됐다.(Ridgway 1997)

이후 아테네와 그밖의 그리스 폴리스에서 열린 종교 축제에서도 고대 의식의 영향이 엿보인다. 아테나 여신을 기리기 위한 에포보스의 경주가 그러한데, 이 경주의 승자에게는 포도주와 꿀, 치즈 가루에 소량의 보릿가루와 올리브유를 섞어 만든 음료를 마실 권리가 주어졌다.(Ferguson 1938) 이와 같이 숙성시킨 페코리노나 카프리노에 가깝고 강판에 갈기 좋은 시칠리아 치즈가 그리스인에게 사랑받은 것은 그리 놀라운 일이 아니다.

수문장의 교체

기원전 4세기 말에 이르러 그리스의 전성기는 끝이 났다. 그리스 문화는 알렉산드로스 대왕의 정복 활동을 통해 인도까지 전해졌으나, 알렉산드로스가 죽고 나자 그의 제국은 곧 분열되고 말았다. 그리고 빠르게 위상을 높이던 서쪽의 로마가 그리스를 능가하기에 이른다.

한편 페르시아에서는 예언자 자라투스트라의 추종자인 '마기Magi'들이 그의 가르침을 설파하고 있었다. 로마 저술가 플리니우스에 따르면, 자라투스트라는 페르시아 사막에서 영적 깨달음을 구하는 20년 동안 치즈를 먹고 살았다. 그의 뒤를 이은 헌신적인 제자들, 즉 고귀한 마기들은 육류 섭취를 기피하고 치즈와 채소, 빵만 먹으며 생활했다.(Russell 1993) 귀한 황금과 유향, 몰약을 가지고(어쩌면 치즈도 넉넉히 가지고 있지 않았을까?) 하늘의 별에 의지하여 페르시아에서 레반트의 베들레헴까지 찾아온 동방박사 셋은 바로 이 조로아스터교의 고귀한 마기일지도 모른다. 그리고 이들이 만난 아기는 서양 문명과 치즈의 역사에 지대한 영향을 끼치게 된다.

5장

카이사르, 예수
그리고
체계적인 치즈 생산

그러므로 주께서 친히 징조를 너희에게 주실 것이라.

보라, 처녀가 잉태하여 아들을 낳을 것이요, 그의 이름을 임마누엘이라 하리라.

그가 악을 버리며 선을 택할 줄 알 때가 되면 엉긴 젖과 꿀을 먹을 것이라.

_「이사야」7장 14~15절

기원전 600년경 히브리인 예언자인 이사야는 놀라운 조언자, 전능하신 하나님, 영존하시는 아버지, 평강의 왕이라 불릴 메시아의 등장을 예언했다. 또한 그는 영원히 정의롭고 고결하게 다윗의 왕좌에 군림할 것이라 하였다. 그의 이름은 임마누엘일 것이며 2000년 전에 살았던 히브리인의 선조 아브라함처럼 엉긴 젖, 즉 생치즈를 먹을 것이라고도 했다. 기독교에서는 예수 그리스도가 이 예언 속 인물이라고 믿었다.

　이사야가 분열되고 침체된 이스라엘을 돌보던 무렵, 지중해 세계는 청동기 시대가 지난 뒤로 수백 년 지속되던 암흑기에서 벗어나 부흥을 맞이하고 있었다. 그리스는 식민지 건설을 통해 새로운 번영을 구가하며 지중해 세계의 문화적·지적 선도국으로 올라섰다. 그러나 세월이 흐르면서 그리스의 영광은 기울기 시작했고, 로마의 위세는 더욱 강해졌다. 예수 그리스도 시대에 이르러 지중해 지역을 확고히 장악한 로마는 그 규모와 지속성과 체계의 측면에서 전례 없는 제국을 건설해나가는 중이었다. 그리스도의 추종자들도 제국 건설을 꿈꾸었으나 로마 제국과는 그 성격이 전혀 달랐다. 운명의 장난이라 할지 신의 섭리라 할지, 훗날 로마와 기독교는 떼려야 뗄 수 없는 관계가 된다. 그리고 서양 문명에 깊은 영향을 끼치고 치즈 생산에도 지워지지 않을 흔적을 남긴다.

에트루리아 시대

로마 전설에 따르면, 기원전 750년 전쟁의 신 마르스(그리스의 아레스)의 쌍둥이 아들로서 늑대의 젖을 먹고 자란 로물루스와 레무스가 로마를 건설했다. 그러나 로마는 훨씬 앞선 시기에 급격히 성장하였으며, 이탈리아반도 전체의 문화적·경제적 풍경을 변화시킨 사건들이 있었다. 그 시기는 곡물 경작과 목축이 근동으로부터 이탈리아로 전해지던 기원전 5000년경의 신석기 시대로 거슬러 올라간다.(Potter 1979) 기원전 제4000년기에는 농경 문화의 변화로 인해 동물의 부산물을 중시하게 되었다. 이 시기의 고고학적 지층에서 치즈 제작의 증거로 볼 수 있는 도자기 체의 파편이 나왔으며, 변화된 동물 뼈의 분포를 통해 젖을 얻기 위해 양과 염소를 길렀음을 알 수 있다. 기원전 제3000년기에 치즈 생산과 동물 부산물의 중요성은 더욱 높아진다.(Barker 1981) 이 시기에 농경 취락은 이탈리아반도의 해안 저지대와 강 어귀에 집중되어 있었으며 그 수가 많지 않았다. 아펜니노산맥의 고지대는 숲이 울창했고, 계절에 따라 동물들을 산의 목초지로 몰고 가는 이목은 아직 이루어지지 않았다.(Barker and Rasmussen 1998)

기원전 제3000년기 후반에 이탈리아는 동기 시대, 즉 금석 병용기를 맞았다. 에트루리아(현대의 '토스카나'라는 이름의 기원)라고 하는 중서부 지역에 풍부한 구리, 주석, 철 등의 광물을 기반으로 야금술이 발달했고, 지역 경제의 주춧돌이 되어 문명의 발달을 촉진했다. 이 문명을 토대로 성장한 에트루리아의 지배층은 도자기, 금속 무기 등의 고급 물품을 부장하는 호화로운 장례 풍습의 자취를 남기기도 했다.(Barker 1981) 고급품을 좋아한 에트루리아 귀족의 취향에 힘입어 교역에 대한 관심도 점점 높아졌다.

이목과 젖 가열 용기

기원전 제2000년기 내내 이탈리아는 청동기 시대가 지속되었고, 이 시기에 몇 가지 의미 있는 변화가 일어났다. 첫째는 저지대의 인구가 크게 늘어나 취락이 증가한 현상에 따른 변화다. 즉 저지대 취락에서는 여전히 혼합농업을 유지하는 한편 아펜니노산맥 고지대를 이목에 활용하기 시작했다. 이에 따라 양치기는 늘어난 양과 염소 떼를 몰고 아펜니노산맥 고지대의 여름 야영지로 향했다가 가을이 되면 저지대의 취락으로 돌아왔다.(Potter 1979)

확정적인 사실은 아니지만, 아펜니노산맥에서 이목이 일반화된 데는 기원전 제2000년기에 이탈리아 삼림이 감소된 현상과 관련이 있을 수도 있다. 몇 가지 단서로 미루어 볼 때 그 시기에 기후가 건조해지면서 아펜니노산맥 고지대의 초원이 넓어진 듯하다.(Barker and Rasmussen 1998) 그리고 이 지역에 이목이 수용되면서부터는 이탈리아반도에만 존재한 것으로 보이는 '젖 가열 용기milk boiler'라는 토기가 널리 쓰이기 시작했다.(Potter 1979; Trump 1965)

젖 가열 용기란 산/열 응고(리코타) 치즈를 만들기 위해 젖을 고온으로 가열할 때 거품이 흘러넘치는 것을 막아주는 기발한 용기다. 오늘날 전통적인 방식의 리코타 치즈는 유청에 소량의 젖(유청 부피의 10~15퍼센트)을 추가해서 만든다. 전유나 부분 탈지유로도 리코타 치즈를 만들 수는 있지만, 가열 과정에서 거품이 발생하며(카푸치노를 생각하면 된다) 끓어 넘치기 쉽기 때문에 응유를 걸러내기가 까다롭다.(Kosikowski and Mistry 1997) 이런 문제를 해소할 수 있는 청동기 시대의 젖 가열 용기는 산/열 응고 치즈를 제작하기에 마침맞다. 일반적으로는 두 가지 형태의 용기를 사용했는데, 이탈리아 남부에서는 촛대받침 모양의 용기를 사용했고 북부에서는 깔때기를 뒤집은 모양의 용기를 사용했다.(Trump 1965) 또 다른 형태의 용기는 기원전 제3000년기까지 거슬러 올라가는데, 후대에 등장한 두 가지 용기의 전신으로 보인다.(Holloway 1975)

이 증거는 기원전 제2000년기에 이탈리아반도 대부분의 지역에서 리코타 치즈 생산이 농업 경제의 주요한 부분이 되었음을 말해준다. 처음에는 전유로 치즈를 만들었을 것이며, 레닛 응고 치즈 생산이 널리 퍼지고 레닛 유청 공급이 넉넉해진 뒤로는 이 기술을 유청/젖 혼합물에도 적용했을 것이다. 이후 이목과 리코타 치즈 생산은 이탈리아 전원 지역의 문화적 특성이 되었다. 실제로 19세기까지도 아펜니노산맥에서 양을 치고 치즈를 만드는 사람들은 젖 가열 용기를 사용했으며, 오늘날에도 용기 재료가 금속으로 바뀌긴 했지만 고대와 거의 다름없는 원뿔형 용기로 리코타 치즈를 만든다.(Barker and Rasmussen 1998; Barker et al. 1991; Frayn 1984)

이탈리아에서 치즈 생산과 돼지 목축이 밀접해진 시기도 기원전 제2000년기였다. 돼지는 일찍이 신석기 시대 근동에서 길들여졌으며, 신석기 시대의 대이동 당시 농업과 함께 돼지치기가 지중해와 유럽 북부

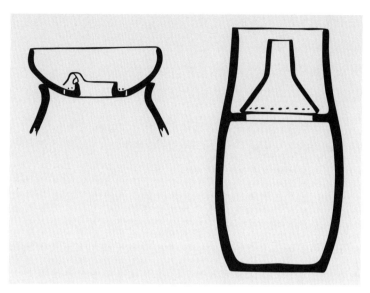

산/열 응고(리코타) 젖을 끓여 치즈를 만들 때 거품이 넘치는 현상을 제한하는 용도로 쓰인 젖 가열 용기는 기원전 제2000년기에 이탈리아에서 널리 쓰였다. 촛대받침 모양의 용기(왼쪽) 는 이탈리아 남부에서, 원뿔 모양의 용기(오른쪽)는 이탈리아 북부에서 사용됐다.(After Trump 1965, p. 111 그림 35)

로 전해졌다. 주요한 고기 공급원인 돼지는 도토리나 너도밤나무 열매 등 숲에서 나는 먹이를 가리지 않는 잡식성이며, 번식도 빨라서 유럽의 광활한 숲에서 번성할 수 있었다.(Barker 2006) 돼지는 치즈 유청도 잘 먹는다. 단백질을 뺀 유청에도 열량과 영양가가 풍부하므로 이는 돼지 를 살찌우는 용도로 매우 유용했다. 그래서 고대부터 유럽에서는 돼지 목축을 치즈 생산과 병행했다.

기원전 2세기 로마의 저술가 카토는 이 점에 주목하여 『농업에 관하 여』라는 농업 지침서를 쓰면서 젖을 짜는 양 열 마리당 돼지 한 마리씩 키워서 치즈 유청을 활용하라고 권장했다.(Brehaut 1933) 그러나 사람들은 훨씬 일찍부터 치즈 유청을 돼지 사료로 쓰고 있었다. 이것은 청동기 시대와 로마 시대의 유적에서 양과 염소의 뼛조각이 주를 이루되 소수 의 돼지 뼈가 일관된 비율로 발굴된 이유를 설명해준다.(Holloway 1975; Potter 1976; Trump 1965) 로마인은 돼지고기를 귀하게 여겼고, 카토는 『농업에 관하여』에서 햄을 염지하여 보존하는 방법을 상세히 설명하기 도 했다. 알프스 지역에서는 여름이면 젖을 생산하는 동물들과 함께 돼 지도 고산 지대의 목초지로 이동시켜서 유청을 먹여 살을 찌운 반면, 이 탈리아반도에서는 연중 내내 강 유역의 취락에서 돼지를 키운 것으로 보 인다.(Potter 1976) 카토의 서술을 따르자면 양은 11월과 12월에 새끼를 치 는 데다가 아펜니노 고지대로 양을 이동시키기 전에 대체로 치즈 생산 이 끝나기 때문에 굳이 돼지를 함께 이동시킬 필요가 없었을 것이다.

에트루리아의 변화

기원전 제2000년기 후반 새로운 문화가 이탈리아반도에 유입되어 에트 루리아를 중심으로 번지기 시작했다. 사람이 죽으면 시신을 화장한 다 음 재를 유골 단지에 담아 매장하는 언필드Urnfield 문화['언필드'란 유 골 단지 매장지를 뜻한다―옮긴이]가 바로 그것이다. 유럽 중부에서 시작 된 언필드 문화는 장례 관습에 변화를 일으켰을 뿐만 아니라 새로운 형 태의 금속 공예와 도예를 발전시켰다. 이들은 알프스 북쪽의 프랑스 동 부에서 헝가리까지 이어지는 지역에 거주했으며, 여기에서 켈트족이 형 성되었다.(Cunliffe 1997) 오늘날 대부분의 학자는 이 시기에 유럽 중부 에 살던 사람들이 알프스를 넘어 이탈리아로 이동했다는 설을 부정하지만 알프스 북부 문화의 유입이 있었던 것은 명확하다. 기원전 1400년경 이탈리아 북부의 유적에서 그 흔적이 뚜렷하게 나타나고, 기원전 제2000년기 말에는 남쪽의 시칠리아에서도 확인된다.(Potter 1979)

비슷한 시기에 동쪽의 새로운 문화가 이탈리아 남부에 유입되어 반도 북쪽으로 올라가기 시작했다. 기원전 1500년 무렵 그리스에서 건너온 미케네인들이 이탈리아 남부에 교역로를 마련했고, 기원전 14세기에는 교역소를 건설했다. 이때 식민지를 건설했을 가능성도 있다.(Barker 1981; Potter 1979) 그리스와의 교역은 기원전 12세기 미케네 문명이 몰락할 때까지 유지되었는데, 지속적으로 흘러든 그리스의 고급 수입품은 에트루리아 지배층의 신분적 욕구를 충족시켰다. 이에 더해 청동기 시대 후반에는 에게해 출신의 "바다 사람들"이 이탈리아와 시칠리아에 정착하면서 에게해 문화의 유입이 촉진되었을 것이다.(Le Glay et al. 2009)

미케네 문화와 언필드 문화는 에트루리아 사회에 변화를 몰고 왔고, 마을 사회에서 국가 사회로 빠르게 변모하게 만들었다. 광물 자원의 개발과 청동 기술의 급속한 발달로 인해 기원전 제1000년기에는 취락 규모가 증가하고 지배층인 귀족이 다스리는 도시국가가 출현했다. 경작지 면적도 크게 늘었으며 젖과 치즈 등의 부산물을 목적으로 하는 목축도 일반화되었다. 그 결과 철 생산 기술이 이탈리아 중부에 전해진 기원전 900년경 에트루리아의 문화는 몰라보게 진화해 있었다.

기원전 8세기에는 에트루리아 전원 지역마다 성벽으로 둘러싸인 도시가 들어서고, 열두 개의 도시국가가 느슨한 연합을 형성하기에 이른다.(Le Glay et al. 2009) 에트루리아 문화는 도시화와 더불어 점점 더 복잡해졌다. 채광과 야금 기술이 발달하고 토목 공사가 활발해지면서 에트루리아인은 도로 건설, 도시 계획, 배수 및 관개, 건축의 전문가가 되었다. 예술과 종교 의식이 꽃을 피웠고, 대형 건축물과 사원 건설도 전성기를 맞았다. 또한 기원전 8세기에는 암흑기에서 벗어난 그리스인이 이탈리아 남부와 시칠리아에 식민지를 건설하고 철과 동이 풍부한 에트루리아와 교역 관계를 맺었다.(Cunliffe 1997)

에트루리아인이 그리스 문화를 적극적으로 받아들이면서 에트루리아는 깊이 '동방화'되었다. 기원전 8세기 말에 이르면 그리스 문자(그리스도 페니키아에서 문자를 차용한 지 얼마 되지 않은 시기였다)를 차용하여 현지 언어를 표현하는 데 사용하기 시작했다. 기원전 7세기에는 귀족들의 사치품 수요가 차츰 증가함에 따라 에트루리아 상인 계층이 그리스, 카르타고의 상인들과 광범위한 해상 교역망을 구축했다. 에트루리아는 이와 같이 부를 축적하며 문명을 꽃피웠다.

치즈 강판과 숙성 페코리노

그리스가 이탈리아 남부에 식민지를 건설하여 '마그나 그라이키아Magna Graecia'(대 그리스)를 이룩하고 에트루리아가 독자적으로 고도의 문명을 구축하고 있을 때, 티레니아 해안 지방과 동쪽의 아펜니노산맥 지방에서는 치즈 생산 문화의 변화가 시작되고 있었다. 구체적으로 말하자면, 기원전 제1000년기에는 이탈리아반도 전역에서 치즈 생산에 젖 가열 용기를 사용하던 관습이 급격히 쇠퇴했다.(Frayn 1984; Trump 1965) 대신 남쪽의 캄파니아에서 북쪽의 에트루리아에 이르기까지 기원전 7세기 지배층 귀족의 무덤에서 청동(간혹 은) 치즈 강판이 심심찮게 발견되었다.(Ridgway 1997) 귀금속으로 만든 식기나 고급 수입 도자기와 함께

기원전 440∼기원전 420년경의 것으로 추정되는 이탈리아 캄파니아 지방의 무덤 부장품. 이 무덤에서 출토된 물건 중에는 청동 강판(오른쪽 앞), 음주 용품(사발, 포도주 거르개, 포도주 국자, 아티케의 적화 종형 크라테르.)이 있었다.(Ridgway 1997) (그림 출처: 대영박물관)

치즈 강판이 지배층 귀족의 무덤에 부장되었다는 것은 경성 치즈가 귀족들의 연회에 애용되었다는 사실을 말해준다. 물론 이것은 그리스 문화의 영향일 것이다.(Ridgway 1997; Sherratt 2004)

이와 같이 기원전 제1000년기에는 강판에 갈기 좋은 레닛 응고 숙성 페코리노 및 카프리노 치즈가 주류를 이루었다. 이런 치즈는 로마인의 주식으로 자리 잡았고 청동 치즈 강판은 로마 주방의 필수품이 되었다. 처음엔 전유로 만든 리코타 치즈가 많이 쓰이다가 숙성 페코리노 치즈로 대체된 이유는 지배층 귀족의 수요가 증가했기 때문이다. 이후로도 시장의 수요 증가는 여러 지역에서 각양각색의 치즈가 발달하는 데 중요한 역할을 하게 된다.

로마의 융성과 켈트족

기원전 6세기는 유럽 변화의 분수령이라 할 수 있는 시기로, 서양 문명에 중대한 영향을 주는 여러 변화가 일어났다. 에트루리아는 인구 폭증에 밀려 남쪽의 라티움까지 영토를 확장하면서 로마라는 마을을 점령했다. 로마에는 2~3세기 전부터 정착민들이 살고 있었지만 그때까지만 해도 소박한 마을에 지나지 않았다.(Le Glay et al. 2009) 에트루리아인은 로마를 점령한 약 1세기 동안 원시적인 취락을 문명적인 도시로 바꿔놓았다. 이들은 대대적인 토목 공사를 통해 로마 인근의 늪지에서 물을 빼내고 공공장소에 포석을 깔고 성벽을 건설했다. 또한 고급 채광 기술과 청동·철 생산 기술을 보급하고 최신 건축기법으로 사원과 대규모 건축물을 지었다. 세련된 행정 기법과 정치 및 군사 조직을 전수했으며, 도시를 단결시키고 정체성을 형성하는 공공 종교 의식과 의례도 지도했다. 로마인은 끈기 있게 인내하며 공부했다. 이들은 에트루리아 문명의 장점을 취하는 한편 남쪽의 마그나 그라이키아에서 그리스 문명의 핵심 요소를 받아들였다. 그 결과 로마는 기원전 6세기에 이르러 에트루리아 지배층을 축출할 재정적 여건을 조성했으며 위대한 제국 건설에 필요한 기반을 구축했다.

기원전 6세기, 에트루리아는 남쪽으로 영토를 확장한 뒤 북쪽으로도 진출하여 6세기 중반에 포강 유역을 차지했다. 당시는 알프스 산지와 그 너머의 켈트족 간에 교역이 활발해지던 시기였다. 켈트족의 기원은 에트루리아의 초기 문화를 발달케 한 유럽 중부의 언필드 문화로 거슬러 올라간다.(Cunliffe 1997) 지중해 지역에서 청동기 시대가 막을 내리던 격동의 시기에 흑해 북쪽 폰투스 스텝에 살던 기마 목축 민족이 도나우강 계곡을 거쳐 헝가리 대평원에 이르렀으며, 이곳에서 언필드 민족에게 인도유럽어족의 방언을 전파했다. 이것이 훗날 켈트어로 진화한 것이다. 또한 서쪽 오스트리아 지역의 언필드 민족은 기마 문화를 재빨리 받아들여 전투와 교역에 말을 사용하기 시작했다.

그후 기원전 1000~기원전 800년에 다시 동쪽의 기마 목축 민족이 헝가리 대평원으로 이주하기 시작했다. 이들은 오스트리아의 언필드 민족과 맞닿은 동쪽 경계 근처에서 고급 말을 개량하여 키웠다.(Cunliffe 1997) 동쪽의 이웃으로부터 고급 말과 기마 전투 장비, 기마 기법을 받아들인 오스트리아의 귀족은 군사력을 강화하고 교역에서 우위를 확보했다. 기원전 8세기에는 소금 교역으로 번창하던 오스트리아 할슈타트 인근 지역이 켈트족 전사 문명의 중심지로 자리 잡았다. 당시에 소금은 식품을 보존하고 동물 가죽을 가공하는 데 쓰이는 매우 귀한 생필품이었다. 기원전 7세기에서 기원전 6세기에, 할슈타트 문화는 서쪽으로 확장하여 독일 남부와 스위스를 지나 프랑스 국경까지 닿았고, 이후 프랑스 북부와 동부 지방은 물론 피레네산맥 너머의 스페인까지 도달했다.(Ó Hógain 2002)

이 시기에 켈트족은 남쪽 이웃과의 교역 기회를 노리고 있었다.(Maier 2003) 기원전 6세기에 북쪽으로 론강 상류를 지나 레만호까지 세를 확장한 켈트족은 그리스가 론강 어귀에 건설한 식민지인 마살리아(현대의 마르세유)와 활발히 교역했다. 또한 이탈리아 북부의 포강까지 진출한 에트루리아인과도 교역 관계를 수립했다.

그리스와 에트루리아에서 생산된 정교한 청동 및 철 무기, 고급 식기, 귀한 도자기, (켈트족 지배층 전사들이 즐겨 마시기 시작한) 포도주 그리고 그리스 지배층의 심포지엄 및 연회 문화는 사회적 지위를 갈구하는 켈트족의 전사 지배층에게 인기를 끌었다.(Cunliffe 1997) 켈트족이 수출한 품목에 대해서는 잘 알려져 있지 않지만 치즈와 금속, 생가죽, 미가공 양모, 염지 고기, 드물게는 노예와 호박 등이었을 것이다.(Echols 1949; Sauter 1976) 켈트족은 소 위주의 낙농에 종사해온 민족으로, 몇 세기에 걸쳐 치즈 생산 경험을 축적하고 있었다. 마살리아를 통한 켈트족의 치즈 교역은 일찌감치 이루어지고 있었으나 가장 유명세를 떨친 시기는 로마 시대였다.

유럽 중부의 인구가 급증하자 켈트족은 그리스 문화와 온난한 지중해 기후에 이끌려 남쪽으로 이동하기 시작했고, 그 결과 도시국가로 성장하던 로마와 충돌이 발생했다. 이렇게 시작된 갈등은 500년간 이어지다가 결국 유럽 대륙의 서쪽 끝자락을 제외한 대부분의 켈트족 지역이 로마화되었다.

로마의 세력

기원전 5세기 초에 로마는 에트루리아 지배층을 축출한 뒤 3세기에 걸쳐 영토를 확장하는 과정에서 북쪽의 에트루리아인, 남쪽의 라티움 주민, 나아가 이탈리아반도 전체의 경쟁 세력과 충돌했다.(Le Glay et al. 2009) 몇 차례 차질을 빚기는 했으나 로마는 쉬지 않고 세를 확장했고, 전투에서 승리를 거둔 뒤에는 일부 정복지(약 3분의 1)에 로마 식민지를 건설했다. 식민 도시의 구조는 로마의 축소판이었다.(Barker and Rasmussen 1998) 이처럼 승리를 거듭하면서 로마는 지배를 영속화했다. 정치·행정 모델을 바탕으로 인구 증가의 부담을 완화하고 토지를 소유하지 못한 로마 빈민층을 달랬으며, 정복지에 대한 지배를 유지시켰다. 기원전 3세기 중반에 이르면 사실상 이탈리아반도 전역이 로마의 영토가 되거나 로마의 영향력 아래 놓이게 되었다.

로마가 아무런 위협 없이 승승장구한 것은 아니었다. 북쪽에서는 켈트족 인구와 영토가 확장됨에 따라 켈트 문명의 중심도 스위스 서북부로 이동했다. 이와 함께 더욱 체계적이고 응집력을 지닌 세력이 등장하여 '국가'로서의 정체성을 확립하고 군사력을 증강했다. 기원전 4세기에 켈트족은 세 차례에 걸쳐 대대적인 이탈리아 침공을 감행했다.(Le Glay et al. 2009) 기원전 390~기원전 380년 첫 번째 침략을 전개했을 때는 로마를 점령하고 약탈하기도 했다. 하지만 율리우스 카이사르가 권좌에 올라 '켈트족 문제'를 깨끗하게 해결했고, 그 과정에서 유럽 대륙 전역이 로마의 세력권으로 들어왔다. 에트루리아도 상황이 좋지 않았다. 이미 로마의 확장으로 쇠약해진 상태에서 켈트족의 침략이 계속되자 에트루리아는 곧 로마에 복속되었다.

남쪽으로 확장하던 로마는 마그나 그라이키아의 그리스 식민지 문턱에 도달하여 또 다시 난관에 봉착했다. 이때까지 지중해 서부 교역망은 그리스, 카르타고, 에트루리아가 나누어 운영하고 있었다. 그러나 로마의 위협으로 인해 힘의 균형이 무너졌으며, 특히 마그나 그라이키아와의 교역으로 큰 이익을 얻었던 카르타고는 로마와 직접적으로 충돌했다.

북아프리카 해안의 카르타고와 이탈리아반도 사이에는 지중해 서부의 부유한 보석이라 불리는 시칠리아섬이 있다. 오래전부터 이 섬의 서쪽 해안에는 카르타고 식민지가, 동쪽 해안에는 그리스 식민지가 있었다. 로마는 카르타고가 시칠리아섬을 장악하여 본토를 위협할 것을 우려했고, 카르타고는 로마가 시칠리아섬을 침략하여 이 지역의 교역망을 빼앗을 것을 우려했다. 이로써 로마와 카르타고 사이에 전쟁의 무대가 조성되었다. 세 차례에 걸친 포에니 전쟁에서 승리를 거둔 로마는 지중해 서부의 지배자로 확고하게 자리를 잡았다. 포에니 전쟁을 계기로 로마의 농업은 급격한 변화를 맞았으며, 이는 몇 세기 동안 치즈 문화에도 영향을 주었다.

제1차 포에니 전쟁은 주로 시칠리아 땅에서 23년 동안 계속되다가 마침내 로마의 승리로 끝났다. 기원전 241년 로마와 카르타고는 평화 협정을 맺었고 시칠리아는 로마의 영토가 됐다. 하지만 스페인 해안과의 교역을 노리던 두 세력은 다시 충돌할 수밖에 없었고, 기원전 218년 이탈리아 땅에서 제2차 포에니 전쟁이 발발했다. 한니발이 이끄는 카르타고군은 프랑스 남부를 지나 알프스로 진군하여 험준한 산을 넘어 이탈리아 북부로 내려왔다. 한니발의 군대는 15년 동안 이탈리아 농토를 약탈하고 경작하면서 이탈리아반도를 종단했다. 하지만 카르타고는 기원전 201년 결정적인 패배를 겪고 굴복하고 만다. 그로부터 반세기 후, 로마는 제3차 포에니 전쟁으로 카르타고의 숨통을 끊어버렸고, 주민들은 완전히 몰락한 카르타고에서 추방당하거나 노예의 처지로 전락했다.(Le Glay et al. 2009)

과도기의 로마 농업

포에니 전쟁, 특히 제2차 전쟁을 치르는 동안 이탈리아의 농업은 황폐해졌다. 그로 인해 대대적인 농업 구조 개편이 전개되었다. 그러나 이탈리아 서쪽 해안의 농업은 전쟁 전부터 변화가 시작되고 있었다. 기원전 제1000년기의 인구 증가로 인해 저지대에서는 밀 한 종류만을 경작하는 토지가 대폭 늘어난 것이 그 계기였다. 매년 같은 땅에 같은 곡물을 경작하자 토질이 저하되어 생산량은 줄고 병충해가 심했다.(Bowen 1928; Olson 1945) 농부들은 인근 구릉지의 숲을 개간하여 밭을 만들기 시작했고, 내륙 지방에서도 산비탈을 개간하기 시작했다. 그 결과 구릉지 침식이 극심해지면서 고산지의 표토가 강기슭으로 휩쓸려 내려갔고, 그렇게 퇴적된 흙 때문에 강의 흐름이 막히자 비옥하던 밭이 늪지대가 되었다.(Yeo 1948) 이에 따라 로마 도시국가와 식민지의 중추를 이루던 소농들은 밀을 재배하면서 양·염소 목축을 병행하는 전통적인 방식의 농사를 지속하기가 어려워졌다.

그런 마당에 포에니 전쟁이 터지자 농업은 더욱 악화됐다. 무엇보다 로마 시민은 전쟁시 참전의 의무가 있었으므로 성인 남성은 농장을 가족에게 맡겨둔 채 몇 년간 떠나 있어야 했다. 게다가 한니발의 군대가 반도 전체를 관통하면서 수많은 농장을 유린하여 농장은 거의 폐허가 되어버렸다.(Steiner 1955) 설상가상으로 포에니 전쟁 기간에 창설된 로마 해군이 군함을 건조하기 위해 대규모 벌목을 단행하여 산비탈의 침식은 더욱 극심해졌다. 그러잖아도 경작지가 황폐해져서 밀 재배가 힘들어진 농부들은 결국 헐벗은 산비탈에서 양과 염소를 키우는 쪽으로 방향을 틀 수밖에 없었다.(Yeo 1948)

또한 제1차 포에니 전쟁의 결과로 로마가 시칠리아를 점령하자 이탈리아반도의 밀 경작은 더욱 위축됐다. 비옥한 농경지에서 대량의 밀을 생산하던 시칠리아가 로마의 곡창 역할을 맡게 된 탓이다. 로마는 시칠리아에 곡물 생산량의 10퍼센트에 해당하는 세를 부과하여, 매년 밀 100만 부셸이라는 어마어마한 양을 거두어들였다.(Bowen 1928; Yeo 1948) 게다가 시칠리아의 곡물을 배에 실어 이탈리아반도로 운반하는 비용이 현지에서 생산된 밀을 육로로 운반하는 것보다 훨씬 더 저렴했다.(Yeo 1946) 결국 대량의 시칠리아 밀이 수입되어 시장에서 팔렸고, 값싼 수입 곡물에 밀려 로마의 밀 생산은 몰락하고 말았다.

이와 같이 로마의 농업은 밀에서 가축으로 중심이 이동했을 뿐만 아니라 농업 생산단위의 성격과 기본 규모도 빠르게 변화를 겪었다. 제3차 포에니 전쟁 이후에는 노예 노동자로 전락한 5만 명의 카르타고인이 로마의 농촌으로 흘러들기 시작했고, 연이은 전쟁으로 로마가 제국을 확장해 나갈수록 외국 노예의 수는 점점 불어났다. 게다가 포에니 전쟁 승전으로 막대한 부를 축적한 로마의 상류층은 재산을 땅에 투자하여, 로마에 거주하면서 멀리 떨어진 전원 토지를 관리했다.

대부분의 소농들은 빚의 늪에 빠져 있었기 때문에 많은 땅이 싼값에 거래되었다. 또한 '노예 일꾼'이 노동 시장에 밀려들자 값싼 노동력이 넘쳐났다. 로마와 지방 도시는 부를 축적해 나갔으며, 고급 올리브유와 포도주, 고기, 치즈 등의 고부가가치 농산물을 사고파는 시장의 수익성이 점차 증가했다. 침식에 시달리던 비탈진 농경지에서는 곡물보다 이런 작물을 재배하는 편이 더 수익성이 높았다. 이런 요인들이 한데 합쳐져 로마 농업의 중심은 소규모 혼합농장에서 라티푼디움, 즉 올리브유와 포도주, 가축 생산을 주로 하는 영유지로 빠르게 옮겨갔다.

　이런 농업의 변화를 계기로, 몇몇 로마 저술가는 수익을 추구하는 대규모 농장의 운영을 체계화하고 최적화하는 데 초점을 둔 상세한 농업 지침서를 집필했다. 그 대표적인 인물이 기원전 170년경의 카토와 1세기의 콜루멜라다. 시간이 흐르면서 이런 영유지는 점점 넓어졌다. 한 예로 카토의 저서에는 올리브 생산을 전문으로 하는 65만 제곱미터 규모의 영유지가 소개되었는데, 이는 양 100마리를 칠 수 있는 면적이다. 그로부터 1세기가 지난 후, 저술가 바로는 양을 최대 1000마리나 칠 수 있는 대규모 올리브 농장에 대한 글을 남겼다.(Storr-Best 1912) 이처럼 라티푼디움이 번창함에 따라 삶의 터전과 생계수단을 잃은 수많은 소농과 가구가 로마로 흘러들어 빈민층을 이루었다.(Le Glay et al. 2009)

로마 제국의 치즈

오늘날 우리가 로마 치즈에 대해 알고 있는 정보는 대부분 포에니 전쟁 이전에 전원 지역의 주축이었던 소농보다는 대규모 영유지를 다룬 저작에서 나온 것이다. 그러한 범주의 한계를 지니고 있긴 하지만 로마 시대 저술가들은 당대의 치즈 생산 관습과 로마인의 삶에서 치즈가 차지하는 위상에 대해 풍부한 정보를 제공한다.

카토

로마 최초의 농학자에 속하는 마르쿠스 포르키우스 카토(기원전 234~기원전 149)는 로마에서 동남쪽으로 약 24킬로미터 떨어져 있는 가족 농장에서 자라났다. 그는 로마 원로원에서 중책을 맡아 명성과 부를 거머쥐고 나서도 농장과 긴밀한 관계를 유지했다. 카토는 제2차 포에니 전쟁 시대에 전개되는 농업의 변화에 경각심을 느꼈다. 그는 소규모 가족 농장이 있던 자리에 들어서는 영유지의 주인들이 농장의 경영과 환경 보호에 소홀한 점을 우려했다.(Olson 1945) 그리하여 카토는 기원전 170년경 중간 규모의 영유지를 위한 농업 지침서로 『농업에 관하여』를 쓰기에 이르렀다. 그는 환금 작물인 올리브유, 포도주와 가축(양과 염소) 부산물의 생산에 초점을 두고 집필했다. 또한 노예가 농업 노동력의 근간을 이루던 시대였기 때문에 카토의 경영 전략은 노예 노동을 전제로 한다.(Brehaut 1933; Olson 1945)

그는 폭넓은 시선으로 치즈 생산을 다루었다. 65만 제곱미터 규모의 올리브 농장에서는 100마리의 양을 치는 것이 적당하며 한 명의 양치기가 필요하다고 했다. 여기서 생산된 젖으로 치즈를 만든 다음에 남은 유청으로는 돼지 열 마리를 키울 것을 권장했다. 양이 새끼를 치는 시기는 11월 말에서 12월까지이므로 젖을 짜고 치즈를 생산하는 시기는 주로 겨울과 초봄이다. 따라서 양 떼를 치지 않는 영유지를 9월에서 이듬해 3월까지 "겨울 목초지"로 임대할 것을 권하면서, 임대 계약을 맺을 때 암양 한 마리당 치즈 0.7킬로그램을 받는 조건을 포함하도록 했다. 그렇다면 임대 목초지에서 100마리의 암양을 키울 경우 약 70킬로그램의 치즈를 임대 수익으로 받을 수 있다. 카토는 이 치즈의 반은 "마른 것"이어야 한다고 명시했다. 이는 (전통적인 방법으로 페코리노 치즈를 생산할 때 흔히 그러듯이) 임대 기간 초기에 만든 치즈를 두세 달간 건조 숙성시킨 것을 가리키는 것이 분명하며, 3월 말에 영유지를 비우고 영주에게 임대료를 지불할 때까지의 기간과 맞아떨어진다. 그렇다면 목초지를 빌려 치즈를 만드는 업자는 숙성 시설을 갖춰놓았을 테고, 그 형태는 2세기 후 로마 저술가인 콜루멜라가 묘사한 것처럼 나무 선반이 있는 간이 헛간이었을 것이다.(Forster and Heffner 1954) 로마 제국에서는 치즈를 크게 카세우스 아리두스Caseus aridus(마른 치즈)와 카세우스 몰리스 Caseus mollis(부드러운 치즈)로 나누는데, 전자는 숙성시키거나 보존 처리를 한 치즈를 가리키고 후자는 생치즈를 가리킨다.(Frayn 1984) 그중 마른 치즈가 더 고급스런 종류로 로마 사람들에게 인기가 있었으므로 영유지에 쏠쏠한 수익을 가져다주었을 것이다.(Yeo 1946, 1948)

흥미로운 점은 카토가 『농업에 관하여』에서 케이크 조리법에 많은 지면을 할애했는데, 모든 케이크에 치즈가 재료로 들어갔다는 점이다. 언뜻 보기에는 농업 지침서에서 조리법을 다루는 게 이상하기도 하지만, 케이크는 그리스 시대와 마찬가지로 로마 시대에도 중요한 생활의 일부였다. 특히 치즈로 만든 케이크를 핏기 없는 제물로 바치던 그리스의 종교 관습은 로마 시대에도 이어졌다. 동시대인의 평가에 따르면, 카토는 과거의 종교적 전통을 지키기 위해 노력한 보수적 인물이었다. 그가 『농업에 관하여』에 처음 소개한 케이크 조리법은 가장 중요한 농사철에 유피테르, 야누스, 마르스 신에게 바치는 치즈케이크에 관한 것이었다. 수확기에 신들의 은총을 받기 위한 종교 의식을 매우 중요하게 여겼음을 알 수 있다. 기원후 1세기 초에는 로마 시인 오비디우스도 이런 신념을 바탕으로 양치기의 수호신인 팔레스를 향해 사람과 가축을 지키고 물과 음식, 치즈, 양모를 풍성하게 해달라고 기도했다.(Burriss 1930)

카토는 종교 의례에 주로 사용하는 케이크 외에도 여덟 가지 케이크의 조리법을 소개했는데, 그중 여섯 가지는 플라켄타placenta 케이크의 변형이었다. 이것은 너비 30센티미터, 길이 60센티미터, 높이 5센티미터에 달하며 치즈 6.4킬로그램과 꿀 2킬로그램이 들어가는 대형 케이크였다.(Leon 1943) 이때 쓰이는 치즈는 여러 차례 물에 담가두었다고 한다. 카토는 치즈 수플레와 치즈 푸딩의 조리법에 대해서도 이야기했다. 별미나 고급 식품으로 여겨지던 이런 음식들은 농업 지침서에 어울리지 않음에도 불구하고 카토는 나름의 필요가 있다고 판단한 것 같다. 그 이유는 불확실하지만, 카토의 농업 지침서가 로마 초기의 자급자족 농민이 아니라 영유지의 주인과 관리인을 위한 책이었다는 사실을 떠올려볼 필요가 있다. 그리스 문화를 적극적으로 받아들인 로마 귀족은 케이크를 비롯한 고급 식품을 즐겼다. 게다가 지중해 미식의 중심인 시칠리아를 로마가 지배하게 되었다는 점도 로마의 미식 취향을 세련되게 했을 것이다. 오랜 세월 로마에서 찬란한 식문화를 접한 카토는 지루하고 고된 농사일을 하는 노동자들의 사기와 충성을 미식으로써 드높이고 삶의 질을 향상시킬 수 있다는 실용적인 측면을 고려한 것 같다.

바로

카토의 『농업에 관하여』 이후 130년쯤 지난 뒤, 마르쿠스 테렌티우스 바로(기원전 116~기원전 28)는 더욱 상세하고 체계적이며 실용적인 농업 경영 지침서 『농사일에 관하여Rerum Rusticarum』를 펴냈다. 이 책은 긴 생애의 끝자락에 다다른 바로가 고향땅에서 농사지은 경험을 담은 것으로, 카토와는 달리 여름에 아펜니노산맥의 고지대로 가축 떼를 이동시키는 일이 얼마나 힘든지를 자세히 서술하고 있다. 이 시대에 영유지에서는 공통적으로 80~100마리의 양을 키웠으며, 경험 많은 양치기가 나머지 양치기들을 관리했다. 바로는 자신이 키우는 양이 700마리 정도

인데 많게는 1000마리를 치는 농가도 있다고 했다. 또한 양 떼의 이동을 세밀하게 조율하는 법을 소개하고, 양치기 사이의 질서를 세우거나 양치기들의 욕구를 충족시키는 방법도 소개했다. 바로의 표현에 따르면 "사람의 번식"을 관리하는 방법도 포함되어 있다.(Storr-Best 1912) "양 떼를 따라다니고, 양치기가 먹을 양식을 준비하고, 남자들이 방황하지 못하게 할" 튼튼하고 "건강하지만 추하지 않은" 여자가 필요하다는 것이다.(Storr-Best 1912)

양의 규모가 그 정도라면 치즈 생산도 상당히 활발했을 것이다. 바로는 카토와 달리 치즈 제작 과정을 비교적 자세히 설명하면서 치즈용 젖을 많이 짤수록 암양에서 얻을 수 있는 양모는 줄어든다고 경고했다. 그래서 새끼 양이 젖을 떼는 넉 달이 지난 뒤에 젖을 짜는 곳도 있고, 양모 생산량을 늘리기 위해 아예 젖을 짜지 않는 곳도 있다고 했다. 치즈를 생산하는 시기가 5월부터 여름까지 이어진다고 한 것도 그런 연유에서였을 것이다. 이것은 양 떼가 고산 지대의 목초지로 이동한 기간에 주로 치즈가 만들어진다는 말이다. 앞서 겨울과 초봄에 저지대의 영유지에서 치즈가 생산되는 것으로 보이는 카토 시대와는 큰 차이다.

바로는 레닛 응고를 설명하면서 수량 정보를 제시한 최초의 인물이기도 하다. 그는 올리브 크기의 레닛 조각으로 젖 5.7리터를 응고시킬 수 있다고 했으며, 이때 레닛은 새끼 양보다는 새끼 염소나 토끼에게서 얻는 것이 바람직하다고도 했다. 또한 무화과 수액과 식초로 젖을 응고시킬 수 있다는 정보도 제공했다.(식초는 아마 응고 작용을 촉진하는 산성제 구실을 했을 것이다.) 바로는 응고 후의 치즈 제작 과정에 대해서는 기술하지 않았으나 완성된 치즈에 소금을 뿌릴 때는 해염보다 암염이 더 낫다는 정보를 덧붙였다. 이는 매우 합리적인 조언으로, 결정이 거친 편인 암염은 치즈 표면에서 천천히 녹기 때문에 유청이 서서히 빠져나가는 대신 소금 흡수율이 높으며 외피도 순조롭게 형성된다.

바로는 "새로 만든 부드러운 치즈"와 "오래되어 마른 치즈"를 구별하되, 둘 다 레닛 응고 작용을 통해 만들어지며 후자는 전자를 숙성시킨 것일 뿐이라고 했다. 흥미롭게도 그는 젖 가열 용기나 산/열 응고(리코타) 치즈는 언급하지 않았다. 리코타를 몰랐기 때문일 수도 있겠으나, 오랫동안 이탈리아반도에서 리코타 치즈가 제작된 역사를 고려할 때 그럴 가능성은 낮아 보인다. 그렇다면 리코타 치즈는 로마를 비롯한 도시 시장에 내다팔기에 적합하지 않아서 제작 기술을 소개하지 않았을 수도 있다. 사실 리코타는 모양이 망가지기 쉽고 보존 기간이 극히 짧기 때문에 인근 시장에 파는 데 제약이 있다. 이 시기의 리코타는 아마도 레닛 응고 치즈를 만들고 남은 유청으로 만들었을 것이며 주로 양치기들이 먹었을 것이다. 단, 로마 시대의 그림과 문헌을 살펴보면 귀족들도 리코타의 존재를 알았고 즐겨 먹었을 가능성이 있다.(D'Arms 2004)

치즈 생산에 대한 바로의 서술 중에서 가장 이해하기 힘든 부분은 '피쿠스 루미날리스Ficus Ruminalis'에 대한 설명이다. 이것은 고대 로마의 양치기 여신인 루미나의 사원 근처에서 자랐다는 유명한 무화과나무다. 로마를 세운 로물루스와 레무스가 이 무화과나무 아래에서 암늑대의 젖을 먹었다는 전설에 따라 이 사원과 무화과나무는 로마의 성지로 자리 잡았고, 여신 루미나는 수유하는 어머니의 수호신으로 진화했다. 그러나 바로가 살던 시대에는 양치기의 여신이라는 루미나의 정체성은 거의 잊히고, 로마의 사원도 사람들의 기억에서 사라졌다.(Hadzsits 1936)

그러나 바로는 잊지 않았다. 그는 루미나를 위한 제물은 일반적으로 쓰이는 포도주와 새끼 돼지가 아니라 동물의 젖으로 바쳐졌으며, 고대의 양치기들이 젖 응고에 쓸 무화과 수액을 얻기 위해 사원 옆에 이 무화과나무를 심었다고 서술했다. 바로가 궁극적으로 무엇을 알리고자 했는지는 불분명하지만, 사원에 성스러운 젖을 공급하던 양치기들이 부업으로 치즈를 만들었다는 점 또는 사원에서 제사를 지낼 때 피쿠스 루미날리스의 수액으로 성스러운 젖을 응고시켰음을 밝히고자 한 것 같다. 후자의 경우라면, 치료 의식의 차원에서 젖 응고를 시행했던 그리스의 아스클레피온을 떠올리게 한다.

콜루멜라

세 번째로 소개할 로마 시대의 농업 저술가 루키우스 유니스 모데라투스 콜루멜라는 가장 종합적이고 체계적이며 인상적인 고대 농학자일 것이다. 콜루멜라는 1세기 초에 스페인 남부에서 태어나 60년경에 『농업에 대하여Res Rustica』를 썼다.(Forster and Heffner 1954) 총 12권으로 구성된 이 농업 지침서는 놀랍도록 상세하며, 제7권에서는 한 장(제8장)을 치즈 생산 과정에 할애하고 있다. 최초로 치즈 생산 과정 전체를 소개한 책이기도 하다. 그는 치즈를 만드는 젖은 "순수해야 하고 최대한 신선해야 한다"면서 품질을 처음부터 끝까지 철저히 관리하는 것의 중요성을 강조하기도 했다. 또한 바로와 마찬가지로 레닛 응고에 관한 수량을 제시했는데, 젖 한 동이를 응고시키는 데 필요한 레닛의 최소량은 데나리우스 은화(로마에서 일반적으로 쓰였던 주화) 한 닢의 무게와 같다고 서술했다. 레닛의 종류는 새끼 염소나 양의 레닛을 권장하면서 반드시 응고에 필요한 만큼만 쓰라고 경고했다. 오늘날 우리는 이것이 합리적인 조언이었음을 알 수 있다. 전통적인 방식의 동물성 레닛을 너무 많이 사용하면 숙성 단계에서 단백질과 지방이 지나치게 분해되어 치즈 맛이 쓰고 고약해지기 때문이다. 또한 응고 과정에서 적정 온도를 유지하는 방법도 기술함으로써 온도 조절의 중요성을 강조했다. 그는 레닛의 원천세 가지(야생 엉겅퀴꽃, 잇꽃 씨앗, 무화과 수액)를 추가로 제시하며, 어느 것을 쓰든 응고에 필요한 최소량만 쓴다면 질 좋은 치즈를 만들 수 있다고 했다.

치즈 생산 기술에 해박했던 콜루멜라는 치즈 생산 과정에서 유청을 빼는 것과 숙성 중에 증발을 통한 수분 손실을 통제하는 과정도 강조했다. 그는 응유를 말리는 것이 얼마나 중요한지, 압력과 소금을 이용해서 유청을 빼고 숙성시킬 때 주위 환경(특히 온도와 습도)을 통제하는 것이 얼마나 중요한지도 잘 알고 있었다. 뿐만 아니라 최고급 '건조' 또는 숙성 치즈를 만들기 위해서는 수분의 균형을 잘 맞춰야 한다는 점을 정확히 인식했다. 수분을 많이 남기면 치즈가 발효되어 가스가 나오고 잡내가 생길 위험이 높고, 수분을 적게 남기면 치즈가 지나치게 메마르고 맛이 없어지기 때문이다. 이와 같이 콜루멜라는 치즈 생산 과정에서 응유의 건조, 압착, 가염 단계와 숙성의 환경 조건을 중시했다. 발효가 지나치지 않을 만큼 수분 함량이 낮아야 하되 숙성 과정에서 치즈에 바람직한 성질(풍미, 질감)이 생겨날 만큼은 유지되는 경성 외피 치즈를 만드는 것이 목표였다. 콜루멜라에 따르면 "이런 치즈는 바다 건너로 수출할 수도 있다."(Forster and Heffner 1954) 콜루멜라는 멀리 떨어진 곳까지 내다팔 수 있는 치즈를 생산하는 데 관심이 있었던 듯하다.

앞 시대의 바로와 마찬가지로 콜루멜라도 젖 가열 용기나 리코타 치즈 생산에 대해서는 언급하지 않았지만 현지 시장을 공략하는 데는 관심을 보였다. 자신이 설명한 지침을 다소 변형시켜서 "며칠 내에 신선하게 먹을 치즈"를 생산하는 방법을 제시한 대목이 이를 말해준다.(Forster and Heffner 1954) 콜루멜라는 생치즈에 "양념을 추가하면 원하는 풍미를 더할 수 있다"면서(Forster and Heffner 1954) 잣과 타임으로 조미한 치즈를 예로 들었다. 또한 사과나무 훈연으로 풍미를 향상시키는 방법도 소개했다. 이는 오늘날의 제품 차별화와 시장 세분화에 빗댈 수 있는데, 다채로운 풍미를 지닌 종류를 생산함으로써 폭넓은 고객층을 만족시키고 수익도 올릴 수 있는 발상이다.

가열하지 않고 가볍게 압착하여 표면에 소금을 묻혀 만든 콜루멜라의 치즈는 호메로스가 수 세기 전에 묘사한 로마노 치즈와 크게 다르지 않다. 하지만 콜루멜라는 "치즈 중에 가장 잘 알려진" 종류라면서 이것을 "손 압착" 치즈라고 했다. 이 치즈를 만들 때는 응고 직후 응유에 뜨거운 물을 붓는데(Forster and Heffner 1954) 이 뜨거운 물은 오늘날의 페코리노 시칠리아노 치즈나 하우다gouda 치즈를 만들 때처럼 가열 효과를 내거나, 모차렐라와 같은 파스타필라타pasta-filata 치즈[응유에 결이 생길 때까지 반죽하여 만드는 치즈—옮긴이]를 만들 때처럼 응유에 가소성을 부여했을 수도 있다. 어느 쪽이든, 뜨거운 물을 부었다는 것은 로마인이 치즈 생산 과정에서 응유를 가열하는 실험을 했다는 뜻이기 때문에 의미가 깊다. 이제 새로운 세대의 가열 치즈와 파스타필라타 치즈가 완성되는 것은 시간문제였다.

당시 이탈리아에는 치즈 생산지로 명성을 얻은 몇몇 지역이 있다. 1세기에 시인 마르쿠스 발레리우스 마르티알리스는 자신의 13번째 저서인 『크세니아Xenia』에서 본인이 좋아하는 치즈들을 소개하고 있다. 크세니아xenia란 '환대'를 의미하는 그리스어로, 마르티알리스는 사투르날리아Saturnalia(12월 동지 즈음에 열리던 로마의 농업 축제)에서 의무적으로 이루어지던 선물 교환에 대해 실용적인 지침을 제공했다.(Leary 2001) 사투르날리아는 며칠 동안 열리는 로마의 축제로, 사적인 저녁 연회에서 선물을 주고받는 것이 주요 행사였다. 연회를 베푸는 사람은 손님에게 적절한 음식을 선물로 주는 것이 관례였다. 로마인에게 사투르날리아 선물을 고르는 것은 오늘날 미국인이 크리스마스 선물을 고르는 것만큼 까다로운 일이었을 것이다. 특히 로마의 상류층은 자신이 대접하는 저녁 연회와 선물이 자기 명망에 긍정적인 영향을 주기를 바랐을 테니, 선물용으로 괜찮은 고급 식품에 대한 정보를 재치 있는 문체로 제공한 마르티알리스의 『크세니아』는 이상적인 참고 자료가 되었을 것이다.

마르티알리스는 이 목록에서 네 가지 자국의 치즈를 소개했다. 베스티네Vestine, 트레불라Trebula, 훈제 벨라브룸smoked Velabrum, 루나Luna 가 그것이다. 이탈리아 중부에서 생산되던 베스티네 치즈는 아침식사용으로 인기가 있었던 모양이다. 마르티알리스와 비슷한 시기에 살았던 대大 플리니우스도 저서 『박물지Natural History』에서 베스티네 치즈의 인기를 언급했다.(Bostock and Riley 1855) 트레불라 치즈는 베스티눔 남쪽의 사비네 지역에서 생산됐다. 마르티알리스는 물에 담가 가열하는 용도로 트레불라가 특히 좋다고 강조했는데, 이는 요리에 적합하여 플라켄타 케이크 따위를 만들기에 좋다는 의미인 듯하다. 로마에서는 훈제 치즈의 인기가 꽤 높았으며, 마르티알리스는 로마 내의 벨라브룸 가운데 훈연한 치즈를 최상급으로 꼽았다. 플리니우스 역시 로마에서 훈제 치즈의 위상을 언급하면서 훈연 과정이 염소젖 치즈의 풍미를 끌어낸다고 평했다.

마르티알리스가 『크세니아』에서 추천한 네 가지 치즈 중 가장 흥미로운 것은 에트루리아 북부에서 생산되는 어마어마하게 큰 루나 치즈다. 마르티알리스는 루나 치즈에 에트루리아의 달 문양이 찍혀 있으며 "노예들에게 1000끼의 점심을 먹일 수 있을 만큼" 크다고 했다. 플리니우스도 무려 454킬로그램에 달하는 루나 치즈의 크기에 주목하면서 로마에서 가장 호평받는 치즈 중 하나라고 했다. 생산지는 에트루리아 변경 지역과 그 북쪽, 서쪽으로 경계가 닿아 있는 리구리아 지역이라고 밝히고 있다.

고대의 저술가들은 흔히 과장법을 사용했으므로 마르티알리스와 플리니우스도 루나 치즈의 크기를 부풀렸을 테지만, 로마인이 즐겨 먹는 작고 단단한 페코리노나 카프리노 치즈에 비해 크기가 훨씬 더 컸던 것은 분명해 보인다. 하지만 가열하지 않고 가볍게 압착하여 표면에 소금을 묻히는 콜루멜라의 기법은 크기가 작은 숙성 치즈와 생치즈를 만들기에 적합하며 커다란 숙성 치즈에는 부적합했다. 그렇다면 커다란 루나 치즈는 대체 어떻게 만들어졌을까?

이 경우에는 주로 치즈의 수분 함량에 관한 기술적인 문제가 따른다. (콜루멜라가 설명한) 가열하지 않고 가볍게 압착한 뒤 표면에 소금을 바르는 치즈는 초기의 수분 함량이 높은 것이 특징이다. 따라서 신선한 상태로 먹거나, 부패가 시작되기 전에 물기가 빠질 만큼 작아야 한다. 작은 치즈는 부피에 비해 표면적이 넓어서 수분이 빨리 증발되므로 부패를 방지할 수 있다. 게다가 표면에 소금을 문지르면 건조 과정이 빨라지는 반면 밀도가 높아 외피가 형성되므로 숙성 과정에서 수분이 증발되는 속도가 느려진다. 또한 표면에 문지른 소금이 치즈 구석구석에 잘 스며들어야 보존성이 높아지고 풍미나 질감도 좋아지기 때문에 치즈가 작을수록 염분이 스며들기에도 유리하다. 즉 염분이 스며드는 거리가 짧으므로 확산이 빠르게 일어난다. 따라서 콜루멜라가 상세히 설명한 (가열하지 않고 가볍게 압착하여 표면에 소금을 묻히는) 기법으로 "바다 건너까지 수출할 수 있는" 치즈를 만들게 된 것이다.

이와는 반대로, 큰 치즈는 부피에 비해 표면적이 작다. 즉 치즈의 크기가 클수록 표면적과 부피의 비율 편차가 줄어든다. 따라서 부피가 크고 최초 수분 함량이 많은 경우에는 외피가 형성되기 전에 수분이 충분히 빠져나가지 못한다. 뿐만 아니라 표면에 묻힌 소금이 치즈 구석구석 스며드는 데 시간이 오래 걸리기 때문에 몇 주를 두어도 염분이 배어들지 않는 경우도 발생한다. 이렇게 치즈 내부의 수분 함량은 높고 염분 함량이 낮으면 안에서부터 비정상적인 발효나 부패가 일어날 수 있다. 온난한 지중해 기후에서는 이런 현상이 더욱 두드러진다.

결론을 말하자면 큰 치즈는 작은 치즈보다 제작 직후의 수분 함량이 훨씬 더 낮아야 한다. 이 최초 수분 함량을 낮추려면 먼저 응유에서 유청을 많이 짜내야 하고, 그러려면 고온 가열이나 강한 압착이 요구된다. 그런 만큼 치즈를 고온으로 가열하고 고압으로 압착하는 기술이 개발된 것은 치즈 역사에서 매우 중대한 사건이라 할 수 있다. 이 기술을 통해 이전 수준보다 훨씬 더 커다란 건조 또는 숙성 치즈를 만들 수 있게 됐기 때문이다.

그렇다면 에트루리아 북부와 리구리아 사람들은 어떤 방식으로 큰 치즈를 만들었을까? 짐작컨대 고온 가열과 강한 압착 기술을 개발하고 대형 치즈조를 이용하여 대량의 젖을 응고시켰을 것이다. 어쩌면 로마의 올리브 농장과 포도밭에서 흔히 쓰이던 대형 청동 용기를 치즈조로 활용하여 대량의 응유를 생산했을 수도 있다. 실제로 "치즈 공장" 겸 포도주 양조장이었다는 캄파니아의 한 빌라(빌라 자체는 기원후 79년 베수비오 화산의 분화로 파괴됨)에서 치즈조로 보이는 대형 청동 용기가 출토됐다.(Carrington 1931) 게다가 콜루멜라는 로마인이 치즈를 만들 때 뜨거운 물을 붓는 기법을 실험했음을 증언한 바 있다. 물론 청동 치즈조를 화덕에 올려 직접 가열했을 수도 있고, 올리브 농장에서 사용하는 크고 정교한 올리브 압착기를 개조해서 커다란 치즈를 압착했을 수도 있다.

켈트족이 로마 시대에 이미 가열 및 압착 기법을 사용했다는 간접적인 증거도 있다. 금속 가공에 능한 켈트족은 로마 시대 전부터 철과 청동으로 만든 가마솥을 사용했기 때문이다. 그리고 고대의 여러 저술가가 밝혔듯이, 로마는 주로 그리스 식민지였던 마살리아를 통해 켈트 치즈를 대량으로 수입했다.(Charlesworth 1970; West 1935) 교역품 중에는 분명히 외피가 단단하여 운송 과정에 손상되지 않는 치즈가 있었을 것이고, 그러한 치즈 중에는 중세 시대에 알프스 지역으로 널리 전파된 대형 가열 치즈의 전신도 포함되었을 것이다. 실제로 로마 시대의 지리학자 스트라본(1세기)은 알프스의 북부 비탈에서 치즈 생산이 널리 이루어졌다고 밝혀놓았다.(Jones and Sterrett 1917) 그리고 이런 치즈가 켈트족이 많이 거주하는 강 유역과 평원의 취락으로 운송되었다고도 했다. 그 치즈는 단단하고 보존 기간이 길었을 것이며, 특히 로마로 수출되던 치즈는 품질이 좋았을 것이다.

플리니우스는 알프스의 센트로니아(오늘날까지도 보포르Beaufort 치즈와 르블로숑Reblochon 치즈를 생산하는 현대 프랑스의 사부아 지역)에서 생산된 치즈가 로마에서 큰 인기를 얻었다고 했다. 플리니우스는 이 치즈를 '바투시칸Vatusican'(바투시쿰Vatusicum, 바투시쿠스Vatusicus로 표기하기도 한다) 치즈라고 했지만, 안타깝게도 치즈의 특징을 언급하지는 않았다. 바투시칸은 오늘날 크기가 큰 가열 치즈인 보포르 치즈와 비슷할 수도 있으나(Rance 1989) 남아 있는 개략적인 정보만으로는 정확히 판단하기 어렵다.

고대에 많은 의학 저서를 남겨 히포크라테스에 버금가는 영향을 끼친 2세기의 저술가 갈레노스 역시 바투시칸 치즈가 로마 최고의 치즈며 가장 인기가 높다고 기록했다.(Grant 2000) 갈레노스는 소화기 건강의 관점에서 치즈를 세 종류로 분류했다. 우선 오래 묵혀서 수분이 없는 치즈(단단한 페코리노 로마노 치즈를 생각하자)는 가장 소화하기 어렵기 때문에 건강에 나쁘다고 했다. 그보다 덜 묵혀서 수분 함량이 조금 높은 치즈(중간 정도의 치즈)는 좀더 나은 편이다. 가장 좋은 치즈는 수분 함량이 높은 생치즈였다. 갈레노스는 에게해 해안의 터키에 위치한 자신의 고향 페르가몬에서 생산되는 옥시갈락티노스Oxygalaktinos라는 치즈를 이상적인 치즈로 추천했다.

갈레노스도 플리니우스와 마찬가지로 바투시칸에 대해 따로 설명하지는 않았지만, 옥시갈락티노스를 설명한 뒤 곧바로 바투시칸을 언급했다. 달비(Dalby 2009)가 지적했듯이 그가 두 가지를 나란히 언급한 점으로 보아, 바투시칸은 생치즈인 옥시갈락티노스와 비슷하며 수분 함량이 비교적 높은 비가열 압착 치즈인 르블로숑의 전신이 아닐까 싶기도 하다. 그러나 로마 시대에 르블로숑처럼 손상되기 쉬운 치즈는 장거리 운송에 적합하지 않다는 점에서 이 가설은 가능성이 낮아 보인다. 그렇다면 르블로숑의 전신이라는 견해보다는 (갈레노스가 이야기한 중간 정도의 치즈에 대략 맞아떨어지는) 보포르 유의 가열 압착 치즈였을 것이라는 란스의 견해가 더 설득력 있다.

요컨대 로마 시대의 바투시칸과 알프스 지역의 켈트족이 만든 치즈는 (문헌에 분명히 나타나듯) 중세 시대에 알프스 지역에서 생산되는 대형 가열 치즈의 전신이었을 가능성이 있다. 그렇다면 켈트족이 이탈리아를 침략하고 나서 리구리아와 에트루리아 북단에 정착했을 때 북방에서 가져온 고온 가열 기법으로 '어마어마하게' 크다는 루나 치즈를 만든 것은 아닐까.

반면 가열 절차를 거치지 않고 대형 치즈인 루나를 만들었을 수도 있다. 가열 과정 없이 최초 수분 함량이 낮은 대형 치즈를 만드는 방법으로는, 압착한 응유를 잘게 부순 다음 소금을 듬뿍 섞고 나서 이것을 한 번 더 압착하는 것이다. 이렇게 하면 응유에 소금이 고르게 퍼져 유청이 충분히 빠져나오기 때문에 수분 함량이 비교적 낮고 염분은 높은 상태가 된다. 이 응유 덩어리를 압착해서 커다란 치즈로 만들면 치즈 표면을 건염법[소금을 사용한 가염—옮긴이]이나 습염법[소금물을 사용한 가염—옮긴이]으로 처리한 치즈보다 수분 함량을 줄이는 대신 염분 함량은 훨씬 더 높일 수 있다. 훗날 잉글랜드의 치즈 생산자들은 이 방법을 사용하여 가열이 필요 없는 대형 압착 치즈를 만들었고, 그중에 체셔 Cheshire 치즈가 가장 유명하다.

사실 압착하기 전에 응유를 잘게 부숴 소금에 절이는 기법은 이미 몇 세기 전에 프랑스에서 시작됐다. 결정적인 증거라고 하긴 어렵지만, 갈리아의 마시프상트랄 지역에 살던 켈트족이 이 기법을 발명한 것으로 보이는 단서가 확인됐다. 이곳에서 라욜Laguiole, 캉탈Cantal, 살레르Salers 치즈(모두 잘게 부순 응유를 소금에 절인 다음 압착해 만드는 대형 비가열 치즈다)의 전신이 만들어진 것으로 짐작되는데, 플리니우스는 프랑스의 제보당 지역(마시프상트랄의 캉탈-살레르 지역 인근)에서 만들어진 치즈가 로마에서 인기가 있다고 『박물지』에 언급했다. 그리고 로마의 도로 체계가 잘 정비된 덕분에 치즈의 핵심 재료인 소금이 지중해 해안의 염전에서 제보당의 고원으로 원활히 공급되었고, 완성된 치즈는 해안의 님 지역으로 운반되어 로마로 가는 배에 실렸을 것이다.(Whittaker and Goody 2001) 그러나 "그 탁월한 맛은 오래가지 않으므로 신선할 때 먹어야 한다"(Bostock and Riley 1855)는 플리니우스의 묘사는 이 치즈가 라욜, 캉탈, 살레르의 전신이라는 가설에 모순된다. 달비(Dalby 2009)는 플리니우스가 언급한 치즈가 기본적으로 캉탈 기술(잘게 부순 응유를 소금에 절인 다음 압착하는 기술)로 만들어진 것이되, 염분 함량과 보존성이 낮은 치즈의 전신이라는 가설을 세워 이 문제를 해결하려 했다. 이 모든 것이 추측에 불과하지만, 리구리아의 켈트족이 갈리아에서 이 기술을 차용하여 루나 치즈를 개발했을 가능성도 생각해볼 만하다.

루나 치즈 개발에 얽힌 사연이 무엇이든, 대형 숙성 치즈를 만드는 방법은 두 가지뿐이었다는 점은 확실하다. 즉 고온 가열과 압착을 건염법 또는 습염법과 결합하거나, 압착을 거친 비가열 응유를 잘게 부순 다음 가염하여 다시 압착하는 방식이다.(체더 치즈처럼 두 가지 방법을 결합하는 방법도 있다) 여기에서 강조하고자 하는 것은 치즈 생산자들이 신기술을 도입하여 치즈의 다양성을 구축하기 시작했으며, 그로써 오늘날 각양각색의 치즈가 탄생되는 여건을 마련했다는 점이다.

큰 치즈를 만들기 위해 여러 실험을 시도한 이들이 켈트족이라는 점은 놀랍지 않다. 켈트족은 낙농 민족이며 이주하는 곳마다 젖소를 대동했기 때문이다. 그리고 몇 세기에 걸친 선택적 육종이 결실을 맺어 로마 시대에 켈트족의 젖소는 젖 생산량이 높기로 유명했다.(Churchill Semple 1922) 게다가 이들은 본래 거주하던 유럽 중부의 산지에서 수백 년간 축적해온 이목 및 치즈 생산의 경험을 가져왔다. 저지대에서 집집마다 키우는 젖소는 한꺼번에 고원의 목초지로 이동되었고, 그에 따라 산지에 거주하는 치즈 생산자들은 대규모 소 떼에서 얻은 대량의 우유로 치즈를 생산해야 했다.

물류비용을 고려하면 커다란 치즈를 조금 만드는 것이 작은 치즈를 많이 만드는 것보다 유리하며, 젖의 양이 많을수록 그러한 이점은 커진다. 이런 배경에서 켈트족은 유럽 중부의 기나긴 겨울 동안 보관할 수 있는 대형 치즈를 만들기 위해 탐구했을 것이다. 가열하여 커다랗게 만든 치즈(보포르 치즈)와 응유를 압착하여 잘게 부순 다음 가열해서 커다랗게 뭉친 치즈(캉탈 치즈)는 모두 켈트족의 이목 낙농과 생활방식에 적합했다. 한편 바로가 살던 시대의 이탈리아에서는 대규모로 가축을 칠 수 있는 영유지가 형성된 뒤에야 대량의 양젖으로 치즈를 만드는 방식이 일반화됐고, 크기가 큰 페코리노 치즈를 만들어야 하는 상황이 되었다. 결국 이탈리아반도와 시칠리아에서도 큰 치즈를 생산하기에 이르렀다. 시기는 치즈 생산자들이 가열 기법을 실험하기 시작한 콜루멜라 시대 직후였을 것이다.

켈트족은 유럽 어느 지역으로 이주하든, 단단하고 오래가는 치즈를 만드는 기술을 가져갔을 것이다. 실제로 광범위한 지역에서 생산된 켈트 치즈가 로마로 수입되었다. 프랑스 남부의 툴루즈를 비롯하여 서북부 지역과 벨기에의 메나피이, 프랑스 동부와 마시프상트랄의 고산 지대, 스위스, 오스트리아, 발칸반도의 달마티아에서도 이 치즈를 만들었다.(Charlesworth 1970; Jones and Sterrett 1917) 이와 같이 주로 소젖을 사용하는 켈트족의 치즈 기술이 유럽 전역에 뿌리를 내린 시기에 로마는 켈트족의 땅을 침략했고 유럽 대륙에 식민지를 건설했다. 로마가 거의 건드리지 않은 유럽 대륙의 서쪽 변두리(스코틀랜드, 아일랜드, 웨일스)를 제외한 유럽 서부의 켈트족은 빠르게 로마 문화를 흡수했다. 켈트와 로마의 융합으로 인해 새롭고 독특한 문화가 탄생했으나, 치즈를 만들고 즐겨 먹는 관습은 사라지지 않았다.

제국과 제국의 융합

로마가 광활한 제국의 '야만스러운' 민족들을 로마화하고 있을 무렵 그 발치에서 또 하나의 제국이 생겨나고 있었다. 예수 그리스도의 추종자들이 로마 제국 구석구석에 신앙을 전파하고 있었던 것이다. 본래 신생 기독교는 예루살렘을 거점으로 하고 있었으나 기원후 70년 예루살렘이 로마에 의해 초토화되자 지도층은 서쪽의 로마로 이동했다. 폭발적인 기세로 다양한 문화권에 침투하던 기독교는 교리와 의례, 경전의 통일성을 확립하고 유지해야 하는 문제에 봉착했다.

그리스·로마 세계에서는 서로 다른 종교 전통을 융합하여 하나의 '잡종' 신념 체계를 수립하는 혼합주의가 뿌리 깊었기 때문에 기독교에도 혼합주의가 빠르게 스며들기 시작했다. 이런 현상은 신약의 「사도행전」에서 기술하는 바와 같이 유대교 관습을 기독교 교리에 통합하려는 노력에서 시작되었으나, 빠르게 범위를 넓혀 그리스·근동 지역에서 비롯한 영지주의Gnosis 철학을 포함하기에 이르렀다. 영지주의 철학의 핵심은 내면의 신비 체험을 통해 초월적인 진리를 깨달을 수 있으며, 비밀스러운 가르침과 글을 통해 이 진리를 서로에게 전할 수 있다는 것이다. 따라서 영지주의적 기독교에는 예수가 깨달은 초월적인 진리가 필요했을 뿐 역사적인 인물로서의 예수는 필요치 않았다.(Johnson 1976)

2세기 전반에는 가현론자假現論者, Docetist라는 영지주의적 분파가 기독교 안에 뿌리를 내렸다. 가현론자들은 성육신成肉身을 부인하고 예수가 온전히 신인 동시에 온전히 인간이라는 교리도 거부한 채, 예수는 인간이었던 적이 없다고 주장했다. 이들은 구약을 거부하고 기독교를 그 근원인 유대교로부터 완전히 단절시켰다. 그리스 세계에서 이런 '신학적 외과수술'은 매우 효과적이었다. 그리스인은 대체로 구약성서를 야만적이고 불쾌하게 여겼으며 이해하기도 어려워 영적으로 받아들이기를 거부했기 때문이다.(Johnson 1976) 기독교가 이처럼 정체성의 위기로 흔들리고 있을 때 쿠인투스 셉티미우스 플로렌스 테르툴리아누스가 등장하여 기독교를 지켜냈다.

2세기 중반 카르타고에서 태어난 테르툴리아누스는 교양 있는 로마 시민으로 자랐다. 어느 시점엔가 그는 기독교로 개종했는데, 당시에 미혼이었던 것으로 보아 상당히 젊은 나이에 기독교를 받아들인 것으로 추정된다. 그는 라틴어 저술을 남긴 최초의 신학자로서(그때까지 기독교 문헌은 주로 그리스어로 쓰였다) 특히 서방의 라틴 세계에 크나큰 영향을 끼쳤다.(Hill 2003) 테르툴리아누스는 사도 바울과 마찬가지로, 사도들이 예수에게서 직접 받거나 성령을 통해 받은 가르침을 그대로 보존하고 전파해야 한다고 믿었다. 이에 따라 그는 교회의 교리를 성문화하여 거짓 가르침의 오염으로부터 지켜내기 위해 부단히 노력했다. 200년경 테르툴리아누스는 교회의 핵심 교리를 정리하여 사도신경과 유사한 '신앙의 규범'을 완성했고, 이는 오늘날의 기독교에서도 널리 받아들여지고 있다.(Rist 1942)

테르툴리아누스는 삼위일체(신이 성부, 성자, 성령의 세 위격으로 존재한다는 것) 개념을 비롯하여 이해하거나 받아들이기 어려웠던(현대에도 어려운) 기독교의 핵심 교리를 변호하였고, 일상적인 비유로써 심오한 영적 불가사의를 전파했다.(Hill 2003) 이처럼 일상의 언어로 교리를 설명하는 능력은 예수의 부활을 조롱하던 영지주의적 가현론을 반박하는 데 결정적인 역할을 했다. 테르툴리아누스는 성육신 교리가 기독교의 핵심이며, 처녀 잉태가 성육신 교리의 핵심임을 정확히 이해했다. 그러나 일반적으로 처녀 잉태란 납득하기 어려운 개념이었으므로(지금도 어렵긴 마찬가지다) 합리적인 사고를 중시하던 그리스인이 기독교를 받아들이는 데 커다란 걸림돌이었다. 그런 면에서 테르툴리아누스가 고대 서양 세계를 대표하는 합리주의자인 아리스토텔레스의 사상을 동원해서 처녀 잉태를 변호한 것은 우연이 아닐지도 모른다.

르네상스 시대까지는 아리스토텔레스가 『동물 발생론On the Generation of Animals』에서 논한 발생 이론이 수정과 배아 형성에 대한 '과학적인' 설명으로 받아들여졌다. 아리스토텔레스에 따르면, 수정과 잉태는 치즈 생산 과정에서 레닛이 동물 젖에 일으키는 작용과 비슷하다. 즉 레닛이 동물 젖에 작용하듯이 정액이 생리혈에 작용하여 피가 굳거나 엉겨서 태아로 변한다는 것이다. 그런 다음 응유가 유청에서 분리되어 치즈가 되듯이 태아가 양수에서 분리되는 것이다.(Needham and Hughes 1959)

테르툴리아누스는 『그리스도의 육신론On the Flesh of Christ』에서 레닛 응고에 비유된 아리스토텔레스의 발생 이론을 통해 「요한복음」 1장을 주해했다. 인간의 성교 없이 기적적으로 마리아의 자궁에서 수정이 일어났으며 잉태와 출산은 정상적으로 이루어졌다는 설명이다. 다시 말하자면 치즈조에 레닛을 넣지 않고도 젖을 응고시켜 완벽한 레닛 응고 치즈를 만든 기적의 이치로써 성육신이 탄생되었다는 것이다. 테르툴리아누스는 욥이 구약성서에서 자신의 탄생을 젖의 응고에 비유한 부분(「욥기」 10장 8~11절)을 근거로 아리스토텔레스의 비유를 차용한 것인지도 모른다.

성육신과 처녀 잉태에 대한 테르툴리아누스의 변호는 주효했다. 가현론은 결국 이단으로 낙인찍혔고, 교회의 핵심 교리가 널리 인정받는 정설로 굳어졌다. 교회는 이단 종파를 파문하여 통일성을 확보했고, 로마로 이동했던 교회 지도층이 기독교의 중심 기구로 자리 잡았다. 그들은 세 대륙에 걸쳐 수많은 문화권과 언어권을 아우르는 거대 조직으로부터 기독교를 보존하고 변호하는 벅찬 임무를 맡게 됐다. 이런 맥락으로 볼 때 초기 기독교가 왜 그토록 정통 교리와 의례를 확립하고 보존하려 노력했는지 이해할 수 있다. 그러나 얄궂게도 교회의 정통 교리가 확립되던 무렵 말년을 맞은 테르툴리아누스는 여러 문제를 놓고 교회와 대립하게 되는데, 그 대표적인 예가 몬타누스파 논쟁이었다.

몬타누스는 소아시아 지역(현대의 터키)에서 그리스도의 대변인을 자처한 인물로, 2세기 중반에 '새 예언nova prophetia'이라는 운동을 전개하여 소아시아와 그 주변 지역으로 빠르게 세를 확장했다.(Tabbernee 2007) 성령의 예언과 역사役事는 초기 사도 교회의 중심적인 요소였으나, 거짓 선지자와 진정한 성령의 역사를 분별해야 한다는 점에서 그의 운동은 갈등을 불러일으켰다. 소아시아 지역의 기독교 지도층에서는 몬타누스와 막시밀라, 프리스킬라(몬타누스와 함께 예언자를 자처했던 두 여성)의 행태를 비판했다. 그들이 예언을 할 때 무아지경에 빠져 방언을 하는 것을 우려한 것이다.(Butler 2006) 이에 대해 몬타누스는 방언은 성령이 깃든 증거이며 새 예언을 전하는 신의 목소리라고 주장했다. 반면 교회 지도층은 몬타누스와 추종자들이 정신없이 내뱉는 말이 진짜 예언의 은사恩賜인지, 또는 사도 바울이 신약의 「고린도전서」 14장에서 묘사한 '방언'인지 확신할 수 없어 불안해했다.

시간이 흐르면서 몬타누스파는 소아시아 너머로 퍼졌고, 새로운 예배의식을 주장하는 분파도 등장하기 시작했다. 이들이 '새 예언'을 빙자하여 거짓 의례와 교리를 퍼뜨리고 있다고 확신한 교회 지도층은 몬타누스파와 그 분파에 대해 적대성을 드러냈다. 그중 '아르토티로스파 Artotyrite'라 일컬어지던 분파는 최후의 만찬 당시 그리스도가 사도들에게 내린 지침에 반하여 성찬식에 빵 대신 치즈를 사용했다.(Tabbernee 2007) 이 관행의 기원에 대해서는 학계의 의견이 분분하지만, 키벨레 여신에게 핏기 없는 제물로 치즈를 바치던 이교의 관습이 기독교의 성찬식에 침투한 것임을 시사하는 증거가 있다.(Tabbernee 2007) 신들의 어머니인 키벨레는 몬타누스파의 근원인 소아시아 지역에서 널리 숭배되던 여신이다. 앞서 키벨레 여신에게 "여성 치즈"라는 치즈를 제물로 바쳤다는 이야기를 떠올려보자. 그렇다면 아르토티로스파 기독교의 성찬식에 침투한 것도 그 "여성 치즈"일 가능성이 있다.

몬타누스파 성향이 강한 페르페투아와 펠리치타 성인의 순교 사건에 이어 북아프리카에서도 모종의 변화가 나타나자 이 문제는 곪아 터지기 직전에 이르렀다. 페르페투아와 펠리치타는 3세기 초에 로마 황제 셉티미우스 세베루스의 박해를 받아 카르타고에서 순교했다.(Butler 2006) 세베루스는 이교의 마법사와 점성술사, 선지자, 특히 켈트족 드루이드교도들이 정치 불안정을 조장할 수 있다는 이유로 로마 제국 전역에서 이들을 무자비하게 박해했다. 무아지경에 빠져 다가오는 종말을 예언하는 몬타누스파의 의식이 켈트족의 의식과 비슷하여 더욱 체계적이고 잔인하게 기독교를 박해한 것인지도 모른다.(Wypustek 1997) 페르페투아와 펠리치타의 경우 남자 신도 셋과 함께 카르타고의 원형경기장에서 야생동물에게 물어뜯겨 죽었다. 기독교 공동체에게 로마에 대한 공포심을 심어줄 목적으로 공개 처형을 택한 것이다.

페르페투아는 카르타고의 로마인 사회에서 고등교육을 받은 귀부인이었으며, 순교하기 전 젊은 노예인 펠리치타와 함께 감옥에 갇혀 있을 때 자신이 체험한 것을 일기로 남겼다. 이 일기는 보존되어 익명의 편집자가 목격담으로 펴낸 『페르페투아와 펠리치타의 수난기The Passion of Perpetua and Felicity』에 수록되었다. 페르페투아의 일기는 자신을 비롯한 순교자들이 투옥 중에 본 환영을 묘사한 것이다. 처음으로 본 환영에서 페르페투아는 청동 사다리를 타고 하늘로 올라가서 양젖을 짜는 양치기로부터 생치즈를 한입 받아먹었다고 한다. 페르페투아가 치즈를 먹자 빛나는 하얀 옷을 입은 무리가 그를 둘러싸고 "아멘"이라 읊조렸고, 그는 깨어났다고 한다.(Shaw 1993)

페르페투아는 순교자로 추앙받았고 곧 성인의 호칭을 받았다. 그러나 그가 하늘에서 양치기 그리스도를 만났다는 환영의 내용은 교회에게 달갑지 않은 것이었다. 그 환영은 하늘에서 치즈를 성찬으로 내렸다고 해석할 수 있는 것으로, 아르토티로스파의 의식과 지나치게 유사하기 때문이다. 교회는 결국 『페르페투아와 펠리치타의 수난기』를 편집하고 원작의 몬타누스적 경향을 최소화하여 축약본인 『페르페투아와 펠리치타의 행전』을 펴냈다. 한 예로 페르페투아의 환영에 등장하는 치즈는 간접적인 표현인 "젖의 과실the fruit of milk"로 바뀌었다.(Butler 2006)

몬타누스주의는 결국 이단으로 낙인찍히고 치즈도 기독교 성례에서 영영 추방당했지만, 현대에 이르기까지도 은사를 받았다는 선지자가 끊임없이 나타나 예언 활동을 펼치고 있다. 실제로 이런 은사주의는 20세기 기독교에서 가장 빨리 성장한 분파이기도 하다. 그러나 새로운 예언과 방언의 정통성에 대한 갈등은 오늘날의 기독교 교단 내에서 계속되고 있다.

무자비한 기독교도 박해는 세베루스 시대에서 끝나지 않았다. 3세기에는 여러 황제에 걸쳐 기독교도를 탄압하는 잔인하고 강압적인 정책이 확대되었고, 3세기 말 디오클레티아누스와 사두정치 시대에 극치에 달했다. 디오클레티아누스는 제국 전체에 화폐 및 경제 개혁을 일으키려 한 인물로 잘 알려져 있다. 재화와 용역의 가격에 상한선을 설정한 301년의 물가 제한 칙령이 대표적인 사례일 것이다.(Le Glay et al. 2009) 이 칙령에 따라 무려 759가지의 재화와 용역이 규제를 받았고, 그중에는 부드러운 치즈와 건조 치즈도 포함되었다. 건조 치즈는 생선 관련 항목으로 분류되었는데, 생선 소스를 만들 때 치즈 가루를 널리 사용했기 때문이거나 생선과 치즈를 빵의 곁들이로 먹는 경우가 많았기 때문일 것이다. 부드러운 치즈, 즉 생치즈는 신선 농산물 항목으로 분류되었다.(Frayn 1984)

디오클레티아누스의 칙령은 비현실적이었으나 그의 치세가 끝날 때까지 효력을 발휘했다. 정가를 초과한 가격으로 재화나 용역을 사거나 파는 사람은 사형에 준하는 중형에 처해졌다.(Lacour-Gayet and Lacour-Gayet 1951) 305년 디오클레티아누스가 퇴위하자 물가 제한은 철회되었고 자유 시장이 복원되었다. 그보다 더 중요한 사실은 디오클레티아누스 치하에서 잔인하게 박해당하던 기독교가 마침내 313년 콘스탄티누스 황제의 밀라노 칙령을 통해 로마와의 싸움에서 승리했다는 것이다.

콘스탄티누스 황제의 칙령을 계기로 기독교에 적대적인 정책을 고수하던 로마 제국은 이제 정반대로 기독교를 법적으로 보호하기 시작했다. 콘스탄티누스는 그후로도 기독교에 우호적인 정책을 차례로 실시하여 교회의 부 축적에 이바지했다. 세를 확장하던 기독교는 로마 제국을 끊임없이 위협하던 북쪽의 게르만족에 맞서 제국을 하나로 통합하는 역할을 맡기에 이르렀다. 그리고 4세기 말에는 로마 제국 전체에서 이교 신앙이 금지되고 기독교가 국교의 지위를 차지했다. 제국이 게르만족의 침입으로 휘청거리고 각 지방의 정부 조직이 무너지는 동안 교회는 제국의 제도를 저장하면서 행정적·도덕적 권위를 키웠다. 교회와 국가의 경계가 흐릿해지면서 하나의 존재로 융합되고 있었던 것이다. 이 존재가 향후 1000년 동안 서양 문명을 지배하고, 유럽 전역에서 새롭고 다양한 치즈의 발달을 촉진하게 된다.

6장

장원과 수도원
그리고
치즈 다양화의 시대

나태는 영혼의 적이다.

따라서 형제들은 정해진 시간 동안 육체노동을 해야 한다.

그리고 따로 정해진 시간에는 종교적인 독서를 해야 한다.

__성 베네딕토(Gasquet 1966, p.84)

누르시아의 베네딕토는 서쪽에서 로마 제국이 몰락 중이던 480년경에 태어났다. 젊은 시절 매우 독실했던 베네딕토는 동방 기독교 교회의 수도원 전통에 따라 극단적인 금욕주의를 실천했다. 그러나 엄한 규율에 환멸을 느낀 그는 로마와 나폴리 사이에 있는 외딴 몬테카시노산으로 들어가서 좀더 온건하고 상식적으로 금욕주의 이상을 실천할 수도원을 새로 건립했다.

'베네딕토 규칙서'를 받아들인 수도사들은 주변 세상으로부터 격리되어 최대한 자급자족하는 공동체 생활을 하면서도 공공을 위한 봉사에 나섰다. 이들은 '선행의 도구'가 되어 영적인 소명은 물론 사회적 사명을 실천하기 위해 노력했다. 또한 문해 능력과 (필사를 통한) 성경 통독을 예배의 수준으로 격상시키고, 일상의 고된 노동도 존엄하게 받아들였다. "노동이 곧 기도다"라는 베네딕토의 모토가 여기에서 비롯했다.(Gasquet 1966)

베네딕토 규칙서를 따르는 수도원은 당시의 시대적 상황에 대단히 적합했다. 수도원은 교육 및 행정 인프라를 잃은 제국의 폐허 위에 우뚝 솟은 교양과 학습의 구심점이자, 위태로운 격동의 시기에 공동체의 안정성과 도덕적 용기를 담보하는 사회 안전망이었다. 나아가 혁신적이고 바른 규율을 갖춘 경제 주체로서, 이후 몇 세기 동안 유럽의 경제적·사회적 단위로서 기능하는 중세 장원의 보완적 모범이 됐다. 실제로 베네딕토파 수도회는 몇 세기 동안 방대한 영지를 소유한 채 유럽 경제 발달의 원동력 역할을 했다. 이 과정에서 새롭고도 다양한 치즈가 탄생하기에 이른다.

로마의 식민지 건설과 장원의 탄생

제2차 포에니 전쟁에서 카르타고가 결정적인 패배를 당한 뒤, 로마는 집요하게 영토 확장 전쟁을 통해 브리튼 남쪽 지역에서부터 라인강·도나우강 서쪽 강둑을 거쳐 지중해 해안에 달하는 거대 제국을 건설했다. 1세기 로마 제국의 국경은 거의 1만6000킬로미터에 달했으며, 끊임없이 제국을 위협하는 '야만' 민족들과 경계를 맞대고 있었다. 제국 방어라는 엄청난 과제에 직면한 로마는 50만 명이 넘는 군인을 드넓은 국경선에 영구 주둔시켜야 하는 상황이었다.

방대한 규모의 상비군에 식량과 의류 등의 물자를 공급하기란 수월치 않은 일이었으므로, 로마군은 주둔 지역에 농업 인프라를 구축했다. 각 지역의 로마 요새는 식량을 조달할 군용지를 보유하기 시작했고, 곧 요새 주변으로 상당히 넓은 토지를 확보하게 되었다. 병사들이 직접 이 땅을 경작하는 경우도 있었지만 대개는 민간인에게 땅을 빌려주고 농사를 짓게 했다.(Davies 1971) 알프스산맥 북쪽의 군용지는 가축 생산을 위한 목초지가 포함되었으며, 의복의 재료인 모피와 치즈의 재료인 젖을 제공하는 양을 가장 많이 키웠다.

기본적인 군량은 곡물, 돼지고기, 치즈 그리고 (아마도) 채소 정도였다.(Bezeczky 1996; Davies 1971) 유럽 각지의 군사 유적지에서 치즈 응유 압착에 쓰이는 로마 양식의 도자기 틀이 발견된 것으로 보아 병참 담당자들은 이탈리아의 치즈 생산 장비와 기법을 활용했음을 알 수 있다.(Davies 1971; Niblett et al. 2006) 이와 같이 치즈 생산은 로마 군사를 유지하는 중요한 요소였으며, 평화 시에는 군인들이 직접 치즈를 만들었을 것이다. 그러나 이때 처음으로 로마군이 치즈를 먹기 시작한 것은 아니다. 베르길리우스에 따르면 기원전 1세기 당시 로마 군인이 배급받는 하루치 식량에는 28그램의 페코리노(양젖) 치즈가 포함되었다.

로마군은 군용지에서 직접 식량을 재배하는 한편 유럽 전역의 농업 식민지인 '빌라Villas'로부터 공급받는 식량에도 크게 의존했다. 빌라는 이탈리아의 라티푼디움을 원형으로 하는 대규모 영유지로, 이탈리아에서 그러했듯이 원로원의 귀족 계층은 알프스 북쪽의 정복지에도 영유지를 소유하고 있었다. 로마 황제와 황족도 넓은 영지를 보유함으로써 지방의 빌라는 로마의 마을 및 도시와 함께 로마 문명을 구성하는 기본 단위로 자리 잡았다. 마을과 도시가 지방에 대한 정치·이념·경제의 지배력을 구축하고 강화하는 행정 중심지라면, 빌라는 제국의 존속에 필수적인 농업 생산력을 담보하는 기능을 했다.(Koebner 1966)

군용지와 마찬가지로 지방의 빌라에서도 콜루멜라가 언급한 치즈 생산 기법과 장비를 받아들였을 것이고, 대부분 양젖 치즈를 가장 많이 생산했다. 한 예로, 로마 점령기에 프랑스 서북부, 플랑드르, 브리튼의 목축 경제에서는 양모 생산과 직조가 대세를 이루었다.(Trow-Smith

로마 점령기(43~410)에 브리튼에서 사용되었던 로마 양식의 도자기 치즈 틀. 유청 배출을 촉진하기 위해 틀에 구멍을 뚫었다.(사진 제공: 대영박물관)

1957; Wild 2002) 카토 시대 이후로 이탈리아의 라티푼디움에서 널리 행해진바 양모 및 양젖과 치즈 생산을 병행하는 것이 효율적이라는 점을 로마 귀족 계층 역시 잘 알고 있었다.

원래 로마 지방의 빌라에서는 이탈리아의 라티푼디움과 같이 대부분 노예 노동력에 의존했다. 그러나 로마의 확장이 둔화되다가 중단될 즈음 새로운 노예의 공급이 줄어들었고, 1세기 말 노동력 부족 현상이 심각해지자 빌라는 노동력을 얻기 위한 방법을 찾아야 했다. 결국 영지를 작은 단위로 쪼개 현지의 자유민에게 영구 임대하는 방식을 택했다. 이에 따라 로마 제국의 대규모 영유지는 점차 자유 소작농이 경작하는 영세 농지로 바뀌었다. 북쪽 지방의 소작농은 대부분 로마에 정복당한 야만족(대부분 켈트족) 출신이었다. 빌라의 노예들은 농부들과 함께 일했지만 세월이 흐르면서 노예 노동은 줄어들고 자유 소작농이 늘어났다.(Doehaerd 1978; Gras 1940)

지방에는 정복당한 원주민이 경작하는 소규모 독립 농장도 많았지만, 이들은 로마 귀족이 소유한 영유지에 점차 잠식될 수밖에 없었다. 로마 제국은 소농에게 부과하는 토지세를 늘려갔고, 이에 파산한 수많은 소농이 귀족 지주에게 땅을 몰수당하면서 빌라 형태가 확대된 것이다. 영유지를 임대하여 경작하던 자유 소작농도 과중한 토지세를 요구하는 제국의 착취에 시달렸다.

4세기 초에 이르자 로마 제국 본토를 비롯한 전역의 농업 체계가 위태로운 지경에 처했다. 과중한 조세로 인해 독립 소농은 몰락했고 빌라의 자유 소작농 역시 세금 부담에 허덕이게 되었다. 게다가 로마는 끊임없이 북쪽의 게르만족으로부터 도발을 받고 있었다. 상황이 복잡하게 맞물리면서 전원의 빌라는 물론 지방의 중심 도시마저 활력을 잃어갔다. 곳곳에서 대규모 경작지가 버려지고 빌라의 노동력도 줄어들었다. 로마 황제 디오클레티아누스와 콘스탄티누스는 농업 생산력의 손실을 막기 위해 자유 소작농과 그 후손을 법적으로 빌라에 영구 귀속하는 일련의 개혁을 단행했고, 이로써 세습 농노라는 새로운 계층이 등장했다.(Pounds 1994)

4세기 말, 로마 제국 서부는 게르만족의 끊임없는 침입으로 거의 포위된 상태에 놓였다. 동란이 자주 벌어지자 도시를 떠나는 사람들도 늘어났다. 귀족들은 공격에 취약한 도시를 떠나 안전한 지역으로 피난하거나 방어하기 유리한 전원의 빌라에 틀어박혔다. 그런 이유로 이 기간에 전원 지역에서는 많은 빌라가 요새화되었다.(Koebner 1966)

제국의 행정 및 보안 인프라가 무너지자 빌라는 점차 자급자족과 자치에 의지하게 됐다. 넓은 땅을 소유한 귀족 영주들은 식솔을 먹여 살리기 위해 일부의 땅을 사유 농장으로 운영하기 시작했다. 사유 농장을 유지하려면 많은 노동력이 필요했기 때문에 영주들은 소작농에게 받는 소작료를 식량으로 대신하고 소작농이 영주의 농장에서 노역하는 것을 의무에 포함하기 시작했다. 이 무렵 빌라 노동력의 상당 부분을 차지하던 노예들의 신분도 서서히 변하기 시작했다. 영주가 노예에게 소작권을 부여하면서 노예의 신분을 부자유 소작농의 지위로 격상시킨 것이다. 노예보다는 한 단계 높고 자유 소작농보다는 낮은 신분이었다. 이와 같이 5세기 말경 로마 제국 서부가 종말을 맞이하면서, 자유 소작농과 부자유 소작농의 노동에 의지하는 중세의 장원 제도가 갖춰지기 시작했다.(Gras 1940)

5세기 말에는 게르만족의 침공으로 인해 로마 제국의 마지막 흔적마저 사라져버렸다. 그러나 이 지역을 차지한 야만족 군주들은 대부분의 토지와 인력을 귀족들이 장악한 로마의 영유지 제도를 그대로 받아들였다. 게르만족의 귀족 지배층 역시 부와 신분에 관심이 많았으며, 로마의 빌라는 이들에게 부와 신분을 영속화할 기반으로서 더할 나위 없이 매력적이었던 것이다. 이처럼 게르만족의 통치 및 사회 구조와 로마의 빌라 인프라가 융합되어 중세의 장원 제도가 형성되었다.(Pounds 1994; Wood 1986)

장원은 일반적으로 소작농의 임대지와 영주의 직영지로 나뉘었다. 임대지에는 영주의 토지 일부에 대한 세습 소작권을 가진 자유 소작농과 부자유 소작농, 즉 농노가 마을 공동체를 이루고 있었다. 이들이 경작하던 농지는 작게는 1에이커(4000~8000제곱미터), 크게는 40에이커(16만 제곱미터)였으나 잉글랜드에서는 평균적으로 10~20에이커(4~8만 제곱미터) 정도였던 것으로 보이고, 프랑스 서북부에서는 규모가 조금 더 컸다.(Duby 1968; Pounds 1994) 농노는 보통 공유지에서 가축에게 풀을 뜯길 수 있었고, 어떤 동물이 지역 환경에 더 적합한가에 따라 한 가구당 소 한두 마리나 양과 염소 몇 마리를 키울 수 있었다. 이런 특권의 대가로 농노는 농산물의 일부와 노역을 장원의 영주에게 의무적으로 제공해야 했다. 예를 들어 평소에는 일주일에 사흘, 수확철에는 그 이상을 영주의 직영지에서 일하고 그밖의 용역들을 제공하는 식이었다.

직영지는 영주의 사유 농장으로, 장원 경작지 전체 면적의 4분의 1에서 2분의 1가량을 점유했다.(Ganshof and Verhulst 1966) 직영지에는 장원을 구성하는 토지의 성격에 따라 다르지만 넓은 산림과 목축지가 있고, 역축役畜을 비롯하여 소와 양 또는 다른 가축을 키웠다. 장원 행정의 중심은 영주의 저택으로, 여러 개의 바깥채가 구비되어 있어 영주의 가솔과 하인들이 거주했다. 시간이 흐르면서 귀족 영주들은 장원의 수를 늘려 나갔는데, 외진 곳에 있는 장원은 평소 부하에게 관리를 맡기고 영주는 가끔씩 들르는 식이었다.

어떤 장원은 직영지 없이 여러 개의 마을이나 소작농 집단으로 구성되는 경우도 있었다. 마을 사람들은 작은 농지에 대한 세습 소작권을 받는 대신 영주에게 농산물의 일부를 바쳤다. 이러한 장원은 대개 로마 제국의 쇠퇴로 인해 뒤숭숭하고 혼란스러운 시대에 생겨났다. 로마 점령기 동안 무사히 살아남은 로마화된 켈트족 마을과 제국 말기에 로마의 지방에 정착한 게르만족 이민자 마을은 이렇듯 게르만족 귀족 영주에게 자발적으로 땅을 상납하고 그 권위에 복종하는 대가로 영주의 보호를 얻어냈다. 이런 방식은 주로 유럽 중부의 인구밀도가 낮고 외진 지역에서 이루어졌으며, 프랑스 서부와 잉글랜드에서는 직영지가 있는 장원이 일반적이었다.

본래 장원은 전적으로 귀족 계층의 소유였으나, 7세기부터는 귀족으로부터 장원을 선물로 받은 수도회들이 등장하기 시작했다. 유럽의 장원과 수도원은 치즈 개발의 기반을 제공해주었고, 점차 수도회의 장원이 방대해지자 장원과 수도원을 빼놓고는 중세의 치즈에 대해 이야기할 수 없을 정도가 되었다.

수도원의 흥성

로마 제국의 몰락으로 서쪽에서는 기독교 세력이 크게 약화됐다. 로마를 중심지로 삼아온 서방 기독교는 이제 이교도 또는 아리우스파라는 기독교 이단을 추종하는 게르만족 정복자들의 눈치를 살펴야 하는 상황에 처했다. 그러나 5세기 말 일대 전환기가 찾아왔다. 갈리아에 정착했던 프랑크족이 클로비스의 지도 아래 결집하여 프랑크 왕국을 세우고 현대 프랑스가 차지하는 면적의 대부분을 호령하기에 이른 것이었다. 이때 프랑크족의 왕 클로비스가 로마 기독교로 개종함에 따라 로마 기독교는 다시금 힘을 얻었고, 알프스 북부를 기반으로 예전의 교세를 되찾을 수 있었다.

그러나 6세기에는 기독교 내부에서 위협적인 세력이 등장했다. 로마 제국의 영향력이 광범위했다고는 해도 아일랜드까지는 닿지 않았기 때문에 이곳의 기독교는 독자적인 색채가 뚜렷한 켈트 교회 문화를 형성하고 있었으며, 575년 콜룸바누스가 이끄는 아일랜드 수도회의 선교단

이 포교를 목적으로 유럽 대륙에 진출한 것이다. 유럽 대륙은 사실상 기독교의 영토였으나 여전히 이교를 신봉하는 지역이 남아 있었다. 콜룸바누스의 선교 활동은 유럽 북부에서 성과를 거두었고, 그가 죽은 해인 615년에는 프랑스와 이탈리아 북부, 유럽 중부에 40여 개의 아일랜드 수도원이 세워졌다.(Johnson 1976)

로마의 교황 그레고리오 1세는 아일랜드인의 선교 활동에 위기감을 느꼈다. 아일랜드 교회는 로마 기독교와는 다른 관습을 지니고 있었을 뿐만 아니라 콜룸바누스가 로마 교회의 위계질서나 정부와의 밀착 관계에 반대하여 로마 교회와 주교들의 권위를 인정하지 않았기 때문이다. 그레고리오는 아일랜드 교회의 선교 활동을 교황의 권위와 로마 교회에 대한 위협으로 간주하고 아일랜드 교회를 흡수해야 한다고 판단했다. 6세기가 끝나갈 무렵 베네딕토 규칙서를 우연히 발견한 그레고리오 교황은 수도 생활에 대한 베네딕토의 현실적인 관점에 감탄했다. 교육과 학습, 공공 봉사와 사회적 책임을 중시하며 로마(가톨릭) 교회의 권위를 인정한 베네딕토 규칙서는 아일랜드 교회의 위협에 대항하기에 더할 나위 없는 수단이었다. 7세기 초 그레고리오는 베네딕토 수도회를 지지하면서 귀족 계층으로 하여금 신생 수도회에게 장원을 기부하도록 장려함으로써 유럽 전역에 수도원을 건설했다.

그레고리오와 후임 교황들의 노력이 큰 성과를 거두어 7~8세기 유럽 전역에 베네딕토 사상이 대대적으로 전파되었다. 또한 넓은 토지를 보유하고 있던 게르만족 왕과 귀족들의 열정적인 기부 결과 수백 개의 수도원이 설립됐다. 초기에 아일랜드 계열 수도회와 베네딕토파 신생 수도회는 많은 갈등을 일으켰으나 베네딕토파가 점차 아일랜드 계열을 압도하여 9세기에는 신성 로마 제국으로부터 공식적으로 인정받았다.

베네딕토파 수도원은 자산도 늘려나갔다. 10세기에는 방대한 장원을 소유하여 부유해진 수도원이 한둘이 아니었다. 대성당과 예배, 대규모 수도원의 일상생활이 지나치게 부유하고 풍요로워지자 이에 반발하는 세력이 나타났다. 그리고 성 베네딕토 규칙서의 소박한 원칙으로 돌아가자고 주장하는 개혁 운동이 일어났다. 특히 1098년 프랑스 부르고뉴에서 설립된 시토 수도회에서 성 베르나르가 12세기에 주도한 개혁 운동이 가장 중요하다. 이후 시토회는 초창기 베네딕토 수도회처럼 폭발적으로 성장하여, 13세기 초에는 유럽 전역에 500여 개의 수도원이 자리를 잡았다.

시토 수도회는 베네딕토의 원칙에 따라, 복잡하게 얽힌 세상과 거리를 두고 자급자족하는 삶을 추구했다. 이들은 장원과 농노의 기부를 거부했고, 주로 황야나 황무지로 이루어진 토지만 받아들였다. 수도회는 황야 개간과 수도원 운영에 필요한 노동력을 확보하기 위해 수도원에서 육체노동을 하는 평수사(콘베르시conversi)를 받아들였다. 시간이 흘러 수도원 소유지가 넓어지자 그들은 땅을 경작하고 수도원 소속의 가축 떼를 돌볼 평수사를 대대적으로 모집했다. 시토회 수도원은 평수사 제도를 통해 각계각층의 사람들에게 "노동이 곧 기도다"라는 베네딕토의 이상을 더욱 널리 전파한 셈이다.(Butler and Given-Wilson 1979) 이로써 시토회의 노동 윤리가 뿌리를 내렸고, 많은 시토회 수도원은 넓은 토지의 농업 경영을 통해 부유해졌다. 베네딕토회와 시토회의 예리한 사업 감각과 관리 능력은 중세 유럽의 경제 발달과 유럽의 치즈 역사에 깊은 흔적을 남겼다.

장원과 수도원의 치즈 생산

다양한 형태의 장원과 수도원은 중세의 치즈 역사에 중심적인 역할을 했으나 사실을 정확하게 재구성하기가 어렵고, 그에 대한 이해도 여전히 불완전한 수준이다. 남겨진 파편적인 기록을 종합하면, 장원의 소작지와 영주 직영지는 물론이거니와 직영지가 없는 장원과 수도원 내부에서도 각각 새로운 치즈가 개발되었던 것으로 보인다.

연성 숙성 치즈

유럽 서북부의 전통적인 장원(소작농 마을, 직영지, 공유지, 온화하고 습한 기후)은 치즈 생산에 특유한 환경을 만들어주었고, 이런 환경으로부터 오늘날 우리가 아는 연성 숙성 치즈의 전신이 개발됐다. 초기 중세의 장원에 관한 기록에 따르면, 대개 치즈는 소작농이 장원 영주에게 임대료로 내는 식량에 포함되었으며 농민의 식단에서 빼놓을 수 없는 농산물이었다.(Pearson 1997) 잉여 치즈는 장원 내에서 다른 필수품과 바꿀 수 있는 품목으로 이용되었을 것이다. 안타깝게도 당시의 치즈나 그 생산 절차에 대한 기록은 거의 남아 있지 않다. 오늘 우리가 아는 리바로Livarot, 퐁레베크Pont-L'Evêque, 브리Brie, 뇌프샤텔Neufchâtel 등의 소젖 연성 치즈와 크로탱Crottin, 생모르Saint Maure 등의 젖산 발효 염소젖 치즈가 프랑스 농업의 특징으로 두각을 드러내기 시작한 것은 중세 후기부터였다. 오늘날의 연성 숙성 치즈는 장원이 해체된 다음에 등장한 소규모 농가의 직접적인 유산이지만, 그 근원은 구체적인 정보가 없는 중세 초기로 짐작된다.

물론 추측에 불과하다는 점을 유념해야 하겠지만, 장원의 환경이 중세 소작농에게 부과한 조건과 제약을 살펴보면 연성 숙성 치즈의 전신이 어떻게 탄생했는지 짐작해볼 수 있다. 일단 유럽 서북부 장원에 소속된 소작농가에서 젖을 짜기 위해 한두 마리의 소를 키운 것이 그 시초라는 게 정설로 인정받고 있다. 이들은 작물 생장기에는 공유지에서, 수확 후에는 밭에 남은 그루터기에서 소에게 풀을 뜯길 수 있었다. 그러나 여러 농가가 함께 땅을 사용해야 했고 겨울철 여물을 마련하기에도 한계가 있기 때문에 기를 수 있는 가축은 고작해야 소 한두 마리였다. 물론 치즈를 만들 수 있는 젖의 양도 적을 수밖에 없었다. 중세 초기에 소 한마리가 생산하는 젖은 하루에 3.8리터가량에 불과했는데(Trow-Smith 1957) 이는 연성 치즈 450그램 정도를 만들 수 있는 양이다. 따라서 젖을 한 번 짰을 때 만들 수 있는 치즈는 약 225그램에 지나지 않았다.

농가에서 소젖을 짜고 치즈를 만드는 일은 여자의 몫이었다. 그 외에도 여자들은 닭과 돼지를 기르고, 알을 모으고, 곡물을 방앗간에 가져가서 빻고, 빵을 굽고, 맥주를 만들고, 텃밭에서 허브를 재배하고, 아이들을 먹이고 입히며 돌보고, 식재료를 다듬어 요리하고, 양털과 아마를 다듬고, 실을 잣고 천을 짜서 옷과 이불을 짓고, 그 밖에도 다양한 가사 필수품을 만드는 등 고된 일들을 도맡아 했다.(Williams 1967) 이렇게 바쁜 농가 주부의 처지를 생각할 때 한 번 짠 소량의 젖으로 치즈를 만든다는 건 너무 고생스러운 일이다. 그러나 다행스럽게도 유럽 서북부의 기후는 지중해와는 달리 서늘하고 온화했다. 지중해 지역은 기온이 높아 젖이 금세 상하거나 산 응고가 빨리 일어나지만 프랑스 북부의 농가에서는 두어 번에 걸쳐 짠 젖을 모아두었다가 치즈를 만들 수 있었다.

당시에는 훨씬 매력적인 방법이었을 것이다. 또한 농가의 여자들은 치즈를 만드는 동시에 온갖 가사일을 처리해야 했으므로, 바쁜 일상에도 부담스럽지 않을 만큼 최대한 간단한 생산 기법을 택했을 가능성이 높다.

만들기가 가장 쉬운 치즈 중 하나는 몇 세기 전에 콜루멜라가 설명한 생치즈였다. 콜루멜라의 설명에 따르면 따뜻한 생젖에 레닛을 넣어 응고를 일으킨 다음 국자로 응유를 떠내어 등나무 통이나 바구니에 조금씩 나누어 담는다. 유청을 빼고 응유를 굳히는 과정에서는 작은 돌이나 추를 올려놓아 유청 배출을 촉진하기도 한다. 이렇게 해서 수분 함량이 높은 치즈가 만들어지면 겉면에 소금을 문지르거나 소금물에 담근다. 여기까지는 기본적인 기법이고, 좀더 응고 시간을 조절하거나 등나무 통에 옮겨 담기 전에 응유를 (정도의 차이는 있지만) 잘게 부수거나 물기를 빼고 굳히는 과정에서 응유를 가끔 뒤집는 등의 변화를 주면 프랑스의 농가형 연성 숙성 치즈를 만드는 전통적인 기법과 거의 비슷해진다.

이처럼 프랑스 북부의 농가 여인들은 콜루멜라가 설명한 생치즈와 유사한 방법으로 치즈를 만든 것으로 보이지만, 사실 콜루멜라가 상상치 못한 다양한 방법을 발전시켰다. 지중해 기후에서 수분 함량이 높은 치즈는 금세 미생물 부패가 일어나므로 며칠 안에 먹어야 하지만 유럽 북부의 서늘하고 습한 기후에서는 조건만 잘 맞으면 전혀 다른 결과를 만들어낼 수 있기 때문이다.

작은 치즈를 만드는 콜루멜라의 생치즈 제작 기법은 필연적으로 수분 함량이 높다. 그러나 수분 함량은 그때그때마다 다를 수 있는데, 여기에는 세 가지 변수가 결정적으로 작용한다. 프랑스 농민은 이 요인들을 활용하는 방법을 찾아냈다. 첫 번째 변수는 치즈를 만들기 전에 젖을 보관하는 기간이다. 냉장 기술이 발명되기 전에는 한 번 짠 젖을 (갓 짜서 따뜻한 상태로) 사용하느냐, 두세 번 짠 젖을 모아서 사용하느냐가 치즈의 산도에 극적인 영향을 끼쳤다. 유산균 함량이 낮은 생젖은 치즈를 만드는 과정에서 산이 서서히 생겨나기 때문에 비교적 산도가 낮은 치즈가 된다. 반대로 젖을 냉장하지 않고 모아두었다가 사용하면 그동안 유산균이 번식하기 때문에 치즈를 만드는 과정에서 산성화가 빠르게 일어나 산도가 높은 치즈가 된다.

나머지 두 가지 변수는 젖 응고에 쓰는 레닛의 양과 응고 단계의 온도로, 젖의 응고 시간에 영향을 끼친다. 활성이 강한 레닛을 사용하고 젖의 온도를 따뜻하게(약 29~35도) 유지하면 겨우 30~60분 만에 응고가 일어난다. 대조적으로 레닛을 조금만 사용하고 젖 온도가 낮으면(약 21도) 응고 시간이 24시간으로 늘어나기도 한다. 응고 시간이 긴 경우에는 응고 시간이 짧은 치즈와는 조직이(따라서 질감도) 다르고 산도가 높은 치즈가 만들어진다. 이런 치즈는 조직이나 질감이 산 응고 치즈와 전혀 다르며 수분 함량도 낮다. 산 응고를 사용하는 경우보다 응유의 배수성이 좋기 때문이다.

다시 말해 콜루멜라가 기술했던 간단한 생치즈 생산 기법에 결정적인 변수를 부여하면 다양하고 흥미로운 방향으로 발전시킬 수 있다는 것이다. 이렇듯 산도와 수분 함량, 구조와 질감의 차이를 통해 화학적으로 다양한 치즈가 탄생하기에 이르렀다. 이런 치즈를 (온도, 습도, 통풍, 뒤집거나 문지르는 등의 물리적 조작을 포함한) 적당한 환경에 보관하면 다양한 미생물학적 변화가 선택적으로 일어나며 경이로운 결과를 만들어낸다. 프랑스 서북부의 농민들은 시행착오를 통해 치즈 생산의 결정적인 변수와 보관 조건, 물리적 조작 기술을 익혔고, 그로 인해 크게 세 종류의 연성 숙성 치즈를 개발했다. 흰색 외피 치즈, 산/레닛 응고(젖산 발효)

치즈, 세척 외피 치즈였다.

• **흰색 외피 치즈** 소를 한두 마리만 소유한 농가에서는 두세 번 짠 젖을 모아두었다가 치즈를 만드는 것이 실용적이라고 판단했을 것이다. 서늘하게 보관해둔 젖을 섭씨 29도(화씨 85도에서)가량으로 데운 다음 강한 레닛으로 빠르게(약 한 시간 내에) 응고시키면 수분 함량과 산도가 비교적 높은 치즈가 완성된다. 이 치즈를 지하 저장고처럼 서늘하고 습한 환경에 보관하면 치즈 표면에 효모와 곰팡이가 증식하지만, 치즈의 수분 함량과 저장고의 습도가 그다지 높지 않다면 검거나 푸른 곰팡이보다는 회색곰팡이나 흰곰팡이가 생겨난다. 시간이 지나면 효모와 곰팡이의 제산 작용에 의해 치즈 표면에 주황색을 띠는 코리네포름 박테리아가 자라기도 한다. 이와 같은 농가형 치즈는 브리 드 모Brie de Meaux와 같은 전통적인 흰색 외피 치즈와 어느 정도 비슷했을 것이다.

우리에게 익숙한 형태의 흰색 외피 치즈가 장원에서 만들어졌는지, 아니면 장원이 해체된 후에 생겨난 소규모 농가에서 발달했는지는 판단하기 어렵다. 어느 쪽이든 간에 장원 특유의 환경으로 인해 농가의 여자들은 흰색 외피 치즈의 전신이라 부를 만한 치즈 생산 기법을 만들어냈을 것이다.

• **산/레닛 응고(젖산 발효) 치즈** 장원의 농가에서 만들어낸 두 번째 방법은 젖을 여러 차례에 걸쳐 짜두었다가 매우 서서히 (24시간 이상) 응고시키는 방법이다. 레닛을 소량만 첨가하고 섭씨 21도 정도에서 젖을 응고시키는 방식으로, 이렇게 만든 응유는 배수성이 높기 때문에 산 응

고 치즈만큼 산도가 높으면서도 수분 함량은 낮은 치즈가 된다. 이런 치즈를 서늘하고 습한 환경에 보관하면 검거나 푸른곰팡이보다는 회색곰팡이나 흰곰팡이가 생긴다. 이 치즈는 흰색 외피 치즈와 유사하지만 조직과 질감은 상당히 다르다. 대체로 소를 키우는 농가보다는 염소를 많이 키우는 루아르강 남쪽의 프랑스 서부에서 만들어졌다. 훗날 이 기법으로부터 크로탱과 생모르 등 다양한 산/레닛 응고 염소 젖 치즈가 뻗어 나왔다.

• 세척 외피 치즈 운 좋게 소를 서너 마리 이상 키울 수 있었던 농가는 비교적 젖 생산량이 넉넉하므로 가끔은 젖을 짠 즉시 치즈를 만들기도 했을 것이다. 이런 농가의 여자들이 콜루멜라의 생치즈 생산 기법을 아무런 변형 없이 적용했다면, 즉 따뜻한 생젖을 강한 레닛으로 빠르게 응고시켰다면 수분 함량이 높고 산도가 낮은 치즈가 만들어졌을 것이다. 이 치즈를 지하 저장고나 동굴처럼 서늘하고 습한 환경에 보관하면 처음에는 치즈 표면에 효모가 번식하고 나중에는 주황색을 띠는 코리네포름 박테리아가 번식한다. 처음에는 군데군데 자라난 주황색 코리네포름 박테리아를 실수로 만져서 치즈 표면에 번지게 되었을 것이다. 하지만 나중에는 의도적으로 농도 낮은 소금물에 손을 적신 다음 치즈 표면을 문질러서 전체에 주황색 박테리아가 두툼하게 자라도록 했다.

이 기본적인 기법으로부터 '세척 외피'라는 치즈의 갈래가 생겨났다. 프랑스 서북부의 농가에서는 이 방법으로 퐁레베크와 같은 코리네포름 치즈를 개발했다. 세척 외피 치즈는 예로부터 북유럽 수도원에서 생산되던 치즈와 관련이 있다고 하여 '수도원 치즈'로 불리기도 한다. 실제로 마루아유Maroilles와 뮌스터Münster 등의 세척 외피 치즈는 중세 초기의 수도원에서 시작된 것으로 알려져 있다.(Rance 1989) 수도원의 환경은 세척 외피 치즈 생산에 특히 적합하다. 수도원 소유의 가축에게서 대량의 생젖을 얻을 수 있고, 온도 변화가 거의 없는 서늘하고 습한 석재 저장소는 치즈 숙성에 유리하기 때문이다. 세척 외피 기법은 워낙 단순하기 때문에 오전과 오후에 4시간씩 육체노동을 해야 하는 수도원의 엄격한 생활에도 부담 없이 만들 수 있었다. 수도원의 자급자족 원칙 역시 형태 보존이 어려운 세척 외피 치즈의 발달에 이상적이었다. 현지에서 바로 섭취하기 때문에 시장으로 수송하는 과정의 손상을 걱정할 필요가 없었던 것이다.(Kindstedt 2005) 퐁레베크 등의 세척 외피 치즈를 생산하던 농가가 그 기술을 스스로 발달시켰는지, 인근의 수도원에서 배웠는지는 확실히 알려지지 않았다. 그러나 지식의 교류가 어느 정도 이루어졌을 가능성이 크다. 실제로 랜스(Rance 1989)에 따르면, 중세 수도원 중에는 치즈 생산 비법을 장원의 농민에게 전수한 곳도 있다.

이와 같이 프랑스 서북부의 농민들은 단순한 기법과 저장 환경을 점차적으로 다듬어 나가면서 바람직하고도 예측 가능한 결과물을 얻을 수 있게 됐다. '의도적인 썩히기'라고 할 수 있는 이 과정을 통해 현대의 연성 숙성 치즈의 전신이 탄생한 것이다. 정확히 언제 어떻게 탄생됐는지 확실히 알아내기는 어렵지만, 중세 문헌에는 연성 숙성 치즈가 중세 초기에 이미 생산되고 있었음을 시사하는 몇 가지 단서가 있다.

예를 들어 822년 수도원의 운영 지침을 집대성한 『코르비의 관습 Customs of Corbie』에서는 중세의 수도원과 장원에서 치즈 생산이 이루어지는 과정을 엿볼 수 있다. 이 기록에 따르면 프랑스 서북부에 자리한 코르비 수도원에서는 많은 양에게서 얻은 젖으로 여름에 "직접" 치즈를 만들었다. 또한 이 수도원은 모든 농산물을 십일조(총 생산량의 10분의 1)로 바치던 장원 또는 빌라를 27개 보유하고 있는데, 수도원에서 임명된 수도승 한 명이 하나의 장원을 관리했다. 장원 중에는 양을 기르는 곳도 있고 염소를 기르는 곳도 있으며, 거리가 가까운 장원에서는 생젖을, 먼 장원에서는 치즈를 십일조의 일부로 수도원에 보냈다. 흥미롭게도 치즈 십일조는 부패로 인한 손실을 예방하기 위해 매달 배달되었다고 한다.

> 십일조 납부와 염소 목축에 대해서도 양에 관해 설명했던 내용을 그대로 따라야 한다. 염소 젖을 수도원으로 가져오는 경우에는 젖으로 십일조를 납부한다. 그렇지 않은 경우, 염소를 소유한 각 빌라의 중개자와 관리자가 치즈의 형태로 십일조를 징수하는 과정을 세세히 감독할 책임을 진다. 이 경우 매달 십일조로 모이는 물자를 성문으로 가져가야 하며 과숙성으로 상하지 않도록 관리해야 한다.(Horn and Born, Vol. 3, 1979, p.115)

이 내용으로 보아 며칠 내로 먹어야 하는 생치즈도 아니고, 몇 달을 보관할 수 있는 건조 숙성 치즈도 아니었음이 분명하다. 이 치즈의 보존성은 그 중간 정도였던 것으로 보이는데, 이는 유럽 서북부 지역에서 생산되는 연성 숙성 치즈의 특징이다. 즉 장원 치즈에 대한 코르비의 서술은 9세기 무렵 치즈 생산이 다양화되면서 연성 숙성 치즈가 만들어지기 시작했음을 시사한다.

신성 로마 제국의 첫 황제인 샤를마뉴(카를루스 대제)에 대한 전기에서도 점차 두각을 드러내기 시작한 연성 숙성 치즈의 일면을 엿볼 수

있다. 스위스 장크트갈렌 수도원의 수도사였으며 샤를마뉴의 전기 작가
인 노트케르는 샤를마뉴가 여행 도중에 생소한 치즈를 접하는 장면을
흥미롭게 묘사했다.

샤를마뉴가 여행을 하는 중에 길목에 있는 한 주교의 관저를 예고 없이
방문했다. 그날은 그 주의 여섯째 날이라서 그는 짐승이나 새의 고기는 먹
고 싶지 않았다. 그곳의 지리적인 특성 때문에 갑작스레 생선을 준비할 수
없었던 주교는 하인들에게 크림처럼 부드럽고 진한 고급 치즈를 차리라고
명했다. 자제력이 뛰어나며 어떤 상황도 받아들일 수 있었던 샤를마뉴는
주교에게 수치심을 주지 않으려고 더 이상 아무것도 요구하지 않았다. 황
제는 칼을 들어 맛이 없어 보이는 겉껍질을 자르고 치즈의 하얀 부분을
먹기 시작했다. 그러자 하인처럼 곁에 서 있던 주교가 황제에게 다가가 이
렇게 물었다. "폐하, 왜 그렇게 드시나이까? 폐하께서는 가장 맛있는 부위
를 내버리고 계십니다." 평소에 사람을 속이지 않고 남도 자신을 속이리라
생각하지 않았던 황제는 주교의 말에 따라 껍질 한 조각을 입에 넣고 천천
히 씹어서 마치 버터를 삼키듯 삼켰다. 황제는 주교의 말이 옳았다고 인정
하며 이렇게 말했다. "훌륭한 주인이여, 그대의 말이 맞다. 이와 똑같은 치
즈를 매년 두 수레씩 아헨에 있는 나에게로 보내다오." 이는 불가능한 일
이었기에 주교는 흠칫 놀라면서 주교구와 주교의 지위를 잃을까 두려워 이
렇게 대답했다. "폐하, 치즈를 구할 수는 있습니다만, 어느 것이 이 정도의
품질이고 어느 것이 그렇지 않은지 구별할 수가 없나이다. 따라서 폐하께
견책을 받을까 두렵사옵니다." 생소하거나 이상한 것도 환히 꿰뚫어보는
샤를마뉴는, 어린 시절부터 이런 치즈를 접했으면서도 정작 그것을 평가할
수 없다는 주교에게 이렇게 말했다. "치즈를 일단 두 조각으로 자른 다음

품질이 적당해 보이는 쪽만을 골라 꼬치로 꿰어 하나로 결합해라. 그렇게
하여 저장고에 모아두었다가 나에게 보내라."(Grant 1966, pp. 79~80)

노트케르의 이야기가 사실이라면 샤를마뉴는 연성 외피 숙성 치즈
를 먹고 감탄한 것으로 보인다. 아마 내부가 크림 질감인 흰색 외피 치
즈이거나 세척 외피 치즈였을 것이다. 이 문헌이 브리 치즈의 역사를 증
명하는 것이라는 주장도 있지만(Rance 1989) 그것은 노트케르의 글에
담긴 사실을 뛰어넘는 것이다. 노트케르는 이 사건이 일어난 장소도 명
시하지 않았고 치즈를 자세하게 설명하지도 않았으므로 그저 짐작하는
수밖에 없다.

달비(Dalby 2009)는 이것이 푸른곰팡이 치즈라고 주장했다. 이는 샤
를마뉴가 치즈의 일부를 떼어내는 부분을 달리 옮긴 번역본에 근거한
것이다. 이 번역본에서는 "겉껍질을 자르고"라는 구절을 "곰팡이를 떼
어내고"라고 옮겼다는 것이다. 그러나 이 번역은 최소한 20세기에 출
간된 영어 번역본 3종과 모순된다. 이들 번역본에서는 "겉껍질을 자르
고"(Ganz 2008; Grant 1966) 또는 "겉껍질을 버리고"(Thorpe 1969)로 옮
겼기 때문이다. 푸라(Pourrat 1956)는 한 걸음 더 나아가, 이 치즈를 로
크포르Roquefort라고 결론지었다. 그의 추측 역시 문헌에서 얻을 수 있는
정보를 넘어선 비약이다. 사실 치즈에 관한 대중서에는 치즈사에 대한
근거 없는 진술이나 허무맹랑한 미신이 등장하는 경우가 비일비재하다.
그런 글이 재미있는 건 사실이지만 마케팅이나 홍보에 이용하거나 유럽
연합의 원산지 명칭 보호 프로그램에서처럼 특정 치즈 장인 집단에게
특별한 법적 지위를 부여하는 데 이용된다면 상황이 심각해진다. 원산
지 명칭 보호에 대해서는 9장에서 다시 다룰 것이다.

농가형 연성 숙성 치즈의 기원이 어떻든, 이런 치즈가 현대까지 살아 남았다는 사실은 경이로울 수밖에 없다. 10세기경부터 프랑스 북부에서 장원의 영주 직영지가 분열되기 시작한 것이 그 보전의 결정적인 요인이었다. 이 지역 장원의 영주들은 무장 기사, 즉 봉신封臣에 대한 봉건주의적 의무에 매여 있었다. 안보를 유지하고 귀족으로서의 권위를 유지하기 위해서는 반드시 봉신의 무력이 뒷받침되어야 하기 때문이다. 봉신은 대개 충성의 대가로 토지를 받았고, 바이킹의 침략이 횡행하던 격동의 10세기에는 장원 영주의 군사력이 점차 강해지면서 영주 직영지가 봉토로 나눠지는 속도도 빨라졌다. 당시 지역의 시장 경제는 아직 태동기에 머물고 있었으므로 영주 직영지는 봉토로 나뉘었고, 이것이 다시 소작농들의 농지로 나뉘어졌다. 소작농들은 전부터 그 땅을 경작하던 농노거나, 봉토에 새로 정착한 자들이었다.(Bloch 1966; Doehaerd 1978) 이렇듯 영주 직영지가 사라지면서 소작농이 영주에게 바치던 노역의 의무도 사라지게 되었다. 그 대신 과거 농노가 경작하던 땅뙈기보다 더 넓은 소농들의 농장이 생겨나고, 대장원의 농노 마을은 점차 농민 마을로 변화되기 시작했다. 소농의 농장과 시골 마을, 시골 시장으로 구성된 프랑스 북부 지역의 풍경은 거의 변하지 않고 그대로 유지되어 농가형 연성 숙성 치즈의 보루로 자리 잡을 수 있었다. 그런 반면 영주 직영지가 무너지면서 장원의 직영지에서 운영되던 치즈 생산은 중단됐다. 직영지 치즈는 거의 자취를 감추거나 인근의 농가가 그 비밀을 전수받아 자기만의 방식으로 변형시켰다.

이와 대조적으로 잉글랜드에서는 귀족 영주 직영지의 대대적인 붕괴가 일어나지 않았다. 다만 중세 말기에 이르러 잉글랜드에 시장 경제가 시작되면서 소작 농업은 몰락하고 시장 중심의 요먼yeoman[영국의 봉건 사회 해체기에 출현한 독립 자영농으로, 농노와 귀족의 중간에 위치하는 중간 계급―옮긴이] 농업이 흥성해졌다. 이와 같이 잉글랜드에서는 소작 농업의 갑작스런 몰락으로 농가형 연성 숙성 치즈가 자취를 감추었고 그 생산 기법도 까마득히 잊혔다. 대신 장원 직영지에서 사용하던 치즈 생산 기법이 명맥을 이어 영국식 경성 압착 치즈의 전신이 되었다.

잉글랜드의 직영지 치즈

중세 초기에 가구 단위로 몇 마리의 소나 염소를 키우면서 치즈를 생산하는 방식과는 달리, 프랑스 북부와 잉글랜드의 직영지 치즈 생산은 대규모 양 떼를 관리함으로써 이 지역의 목축 경제를 지배했다. 양모 생산과 직물 제조를 위한 양 목축은 일찌감치 로마 점령기에 크게 발달했으며, 특히 목초지로 적합한 넓은 염습지를 보유한 해안 지역에서 두드러졌다.(Trow-Smith 1957) 습한 해안 목초지에서 자라는 풀은 염분 함량이 높기 때문에 물기 많은 땅에 자라는 풀을 뜯는 양에게 흔히 발생되는 발 감염에 대한 저항력을 키워주었다. 이에 따라 프랑스 서북부와 플랑드르 지방의 직물은 음산하고 추운 겨울을 견뎌야 하는 북쪽 국경의 로마군에게 따뜻한 옷가지와 담요를 제공했다.(Nicholas 1991) 로마 점령기의 잉글랜드 역시 모직물의 주산지로 자리 잡았다.(Wild 2002)

로마 제국 서부가 몰락하고 게르만족의 기나긴 침략이 끝난 뒤, 프랑크족(프랑스인)과 앵글로색슨족(잉글랜드)의 신흥 지배 계층은 모직물 기반의 목축 경제를 빠르게 부활시켰다.(Nicholas 1991; Wild 2002) 9세기에 대규모 양 목장이 형성되어 다시금 직물 제조 중심지인 프랑스 북부와 플랑드르에 양모를 공급하기 시작했으며,(Pounds 1994) 잉글랜드 역시 프랑스와 스칸디나비아에 모직물을 수출하게 되었다.(Trow-Smith 1957) 양모 교역이 이처럼 급성장하는 가운데 양 목축에 힘을 쏟던 대장원의 직영지들은 자연스레 양젖 치즈 생산이라는 사업 포트폴리오를 보완하기 시작했다.

오늘날 직영지의 치즈 생산에 대해 알려진 내용은 모두 잉글랜드에 한정되어 있다. 훨씬 앞서 프랑스 북부에서는 직영지의 분열과 함께 치즈 생산이 중단됐지만 잉글랜드에서는 중세 말까지 장원 직영지가 유지됐기 때문이다. 앵글로색슨 시대에 잉글랜드의 직영지 치즈는 대부분 소젖이 아닌 양젖으로 만들어졌다. 소는 쟁기를 끄는 데 필요한 황소의 마릿수를 유지하기 위해 씨가축을 기르는 데 그쳤을 뿐 젖을 짜는 용도로는 거의 목축되지 않았다.(Trow-Smith 1957) 한편 양목은 양모(일차 산물)와 젖(부차 산물)이라는 두 가지 생산이 병행되었다. 앵글로색슨족이 만든 직영지 치즈는 어떤 종류였을까? 아마도 콜루멜라가 소개한 숙성 페코리노 로마노의 변형이었을 가능성이 높다.

로마 시대 지리학자 스트라본은 로마의 침략이 이어지던 당시 켈트족 계열의 잉글랜드인은 치즈 생산에 별 관심이 없었다고 했다. 치즈 생산이 자리를 잡고 있던 유럽 대륙의 켈트족과는 대조적이다.

> 브리튼인은 켈트인보다 키가 더 크고 털이 덜 노랗지만 체격은 덜 탄탄하다. (…) 이들의 관습은 어떤 면에서는 켈트인의 관습과 유사하지만, 어떤 면에서는 더 소박하고 야만적이다. 그 미숙함이 어느 정도냐 하면, 젖이 그처럼 풍족한데도 치즈를 만들지 않을 정도다.(Jones and Sterrett 1917, Vol. 2, p.255)

로마의 지배를 받는 동안 브리튼에서는 양모와 치즈 생산의 우선순
위가 높아졌다. 그곳에 주둔 중인 약 4만 5000명의 로마 상비군에게 옷
과 식량을 제공해야 했기 때문이다. 이로써 로마의 치즈 문화가 잉글랜
드 시골 지방에도 뿌리를 내렸다. 앵글족과 색슨족은 로마의 농업 인프
라를 계승하는 한편, 빌라에서 노예나 치즈 장인으로 일하면서 로마화
된 잉글랜드인으로부터 양젖 치즈에 관한 지식을 받아들였을 것이다.
로마인이 잉글랜드에 치즈 기술을 처음 전파한 것은 아니지만(잉글랜드
에서는 이미 신석기 시대에 치즈를 만들기 시작했다) 로마의 기술과 장비를
사용하여 비가열 반압착 표면가염 기법으로 작은(0.9~2.7킬로그램) 원
통형 양젖 치즈를 만드는 기술은 그후로 몇 세기 동안이나 잉글랜드의
치즈 제작에 영향을 끼쳤다.

새로 정착한 앵글로색슨 왕들은 봉신에게 장원을 하사했고, 장원 영
주인 귀족들은 장원에서 얻은 식량의 일부를 매년 왕에게 공물로 바쳐
야 했다. 치즈도 왕에게 바치는 공물 목록에 포함됐다. 예를 들어 7세
기 말 웨섹스의 이네왕이 제정한 앵글로색슨 법률을 보면 장원 영주는
토지 10하이드(약 1000에이커 또는 4제곱킬로미터)당 매년 10개의 치즈를
각종 식품과 함께 바쳐야 한다고 명시되어 있다.(Hodges 1982) 귀족이
받는 봉토의 권리증서 헌장에도 공물의 양이 명문화되어 있었다. 예를
들어 8세기 중반 웨섹스의 애설볼드왕은 에언울프라는 귀족에게 글로
스터셔 지방에 있는 60하이드의 토지를 하사했고, 나중에 에언울프의
손자인 머시아의 왕 오파가 이 장원을 물려받았다. 이 경우 장원 헌장에
따르면 매년 공물로 바쳐야 하는 치즈의 수량은 (이네의 법률에 근거한)
60개가 아니라 40개였다.(Whitelock 1955)

9세기에 들어서는 왕에게 공물로 바쳐야 할 치즈의 수량이 상당

히 많아졌다. 858년경 해안 습지인 켄트 지방(런던의 동쪽)에 있던 대규모 왕실 직영지에서는 켄트의 에설버트왕에게 매년 치즈를 40웨이(약 4000킬로그램)나 바쳤다. 켄트 북쪽의 에식스, 서픽, 노픽 지방(한데 묶어 이스트앵글리아라고 한다)에서는 양 목축과 치즈 생산이 더욱 집약적으로 발달하여 11세기에 이스트앵글리아 양젖 치즈는 명성이 높았다. 특히 해안 지방인 에식스와 블랙워터강, 템스강 어귀에서 생산되는 것이 유명했다.(Faith 1994) 영국 해협 건너 프랑스 북부와 플랑드르의 해안 습지에서도 이와 비슷한 대규모 직영지 치즈 생산이 이루어지고 있었다. 8세기 말 이곳에서 실시된 조사에 따르면, 면적이 7000에이커(28제곱킬로미터) 넘는 아나프의 왕실 빌라는 수레 43개 분량(약 1200킬로그램)의 치즈를 창고에 보관하고 있었다고 한다.(Duby 1968; Pearson 1997)

이와 같이 영국 해협 양쪽으로 양을 집약적으로 키우던 지역에서 직영지 치즈 생산이 성행한 것으로 보인다. 대륙 쪽에서는 가끔 유난히 커다란 크기의 치즈가 생산되기도 했다. 예를 들어 센강 하류의 퐁트넬 수도원은 프랑스 북부와 플랑드르 지방에 있는 여러 장원으로부터 엄청나게 큰 치즈를 임대료로 받았다는 기록이 있다. 19세기 초의 수도원 기록에도 불로뉴와 테루안, 코리알리스, 그레가리아에 있던 퐁트넬의 장원들은 각각 34킬로그램짜리 치즈 21개, 15개, 30개를 매년 수도원에 공급해야 했다.(Horn and Born, 1979) 이처럼 큰 치즈는 작은 원통형 치즈에 적합한 고대 로마의 기법으로는 생산할 수 없었을 것이다.

이 시기 유럽 중부의 수도원 기록을 살펴보면 고대 켈트족의 치즈 생산 방식이 산간 지역에 전해지고 있었다는데, 이것이 퐁트넬의 장원에서 만들었다는 크고 무거운 치즈의 기원을 가리키는 단서일 수 있다. 예컨대 9세기 스위스 서부의 장크트갈렌 수도원에서는 장원으로부터 커다란 원반형 치즈를 공물로 받았다. 비켈(Bikel 1914)에 따르면 이 치즈는 20세기 초 스위스에서 생산된 커다란 알프스 치즈와 크기가 비슷하다. 그렇다면 9세기 알프스 치즈에 사용된 기술은 로마 점령기에 유럽 중부에 살던 켈트족의 치즈 생산 관습에서 비롯된 것이 분명하다. 켈트족의 한 갈래로, 프랑스와 플랑드르의 서북쪽 해안으로 이주하여 정착한 메나피이족은 로마 점령기 당시 단단하고 오래가는 켈트 치즈를 로마에 수출했던 만큼 그들의 관습이 전해졌을 것으로 보인다. 그러나 안타깝게도 퐁트넬의 장원 직영지에서 생산되던 커다란 치즈가 어떤 종류며 어떻게 만들어졌는지에 대한 설명은 전혀 남아 있지 않다.

시간이 흐르면서 귀족(과 수도원)이 지리적으로 분산되어 있는 장원들을 취득하기 시작했다. 잉글랜드의 앵글로색슨족 귀족은 이런 '위성' 장원을 농부들에게 임대하곤 했는데, 그렇게 해서 종신 임대권을 지니게 된 농부를 피르마리우스firmarius라 불렀다. 피르마리우스는 귀족 영주에게 매년 치즈와 식량을 임대료로 상납하는 의무를 졌다. 이처럼 직영지 치즈는 왕에게 공물을 바칠 때뿐만 아니라 고위 귀족인 장원 영주에게 임대료를 대신한 '현물' 화폐로도 쓰였으며, 장원에서 일하는 직원 및 근로자들에게 식사와 급료로 지급되기도 했다.(Hagan 2006) 공물, 임대료, 급료로 쓰이고 남은 치즈는 자유 시장에서 판매할 수 있었다.

앵글로색슨 시대의 직영지 치즈 생산에 관한 얼마 안 되는 기록 중에 '민중의 권리와 계급Rights and Ranks of Peoples' 또는 '민중 개인의 권리Rectitudines Singularum Personarum'라 불리는 문건이 있는데, 1066년에 발생한 노르만족 정복보다 반 세기 앞선 시기에 쓰인 것으로 보인다.(Douglas and Greenaway 1953) 앵글로색슨 장원의 구조를 다각도에서 설명한 이 문건에는 장원의 인력 가운데 핵심 '전문직'이었던 양치기, 소치기, 염소치기, 치즈 장인 등이 받던 특전, 즉 '보수'에 대한 내용도 있다. 이에 따르면 치즈 장인은 치즈 100개를 보수의 일부로 받았다.(Douglas and Greenaway 1953)

이 문건에서 치즈 장인을 여성으로 지칭한 부분에 주목할 필요가 있다. 당시 앵글로색슨 장원의 소작지뿐만 아니라 직영지에서도 여성이 전문적인 치즈 장인으로 활동한 것으로 보아, 중세 초기의 직영지 경제에서 낙농부 여성의 역할은 뿌리가 깊은 듯하다. 이 여성들이 연구하고 축적한 직영지 치즈 생산의 '비전秘傳'은 몇 세기에 걸쳐 전해졌다. 그리고 중세 말기에 직영지가 붕괴되자 이 지식은 요먼 계층의 낙농부에게 전달되어 다양한 잉글랜드 압착 치즈를 탄생케 했다.

중세에는 4월 말~8월 말까지 약 100일가량 양의 젖을 짰다.(Trow-Smith 1957) '민중의 권리와 계급'에 따르면 여성 치즈 장인은 젖을 짜는 이 기간에 하루에 하나씩 치즈를 받았다고 볼 수 있다. 치즈의 크기는 알려져 있지 않지만, 영국 해협 건너의 일부 장원에서 만들어진 34킬로그램짜리 치즈는 아닌 것이 분명하다. 고대 로마의 비가열 반압착 표면가염 기법으로 0.9~2.7킬로그램의 원통형 치즈를 만들었다면(그럴 가능성이 높다), 치즈 장인은 양 100마리가 매일 생산하는 젖으로 치즈 4~8개를 만들고 그중 하나를 가졌을 것이다. 이러한 추정은 중세 시기에 양이 하루에 생산하는 젖의 대략적인 양을 기반으로, 양젖의 고체 함량이 높았다는 점을 고려하여 어림잡은 것이다. 그렇다면 일반적인 치즈 하나를 생산하는 데는 20~25마리의 양이 하루에 생산한 젖(두 번에 걸쳐 짠 젖)이 들어간 셈이다.

치즈 장인은 장원 영주에게 바칠 버터도 만들어야 했지만, 이때의 버터는 젖에서 걷어낸 크림으로 만드는 게 아니라 치즈 생산 과정에서 나온 유청으로 만들었다는 데 유념해야 한다.(Douglas and Greenaway 1953) 소젖과 달리 양젖은 크림이 쉽게 분리되지 않는다. 양젖에는 한랭 글로불린이라는 단백질이 없어서 지방 덩어리가 좀처럼 표면으로 떠오르지 않는다. 즉 양젖은 크림 층이 형성되지 않아서 젖으로 직접 버터를 만들지 않았다. 그러나 치즈 생산 과정에서 양젖에 들어 있는 지방의 10퍼센트가량이 유청으로 빠져나가는데, 이 유청 지방을 표면에서 걷어 '유청 크림'을 만든 다음 이것을 교반하여 버터와 버터밀크로 분리했다. 이렇게 만든 버터는 장원 영주의 차지였고, 버터밀크는 양치기와 치즈 장인이 나누어 가졌다. 유청 크림을 걷어내고 남은 유청은 다시 양치기와 장원의 여자 노예(하인)들이 나누어 가졌으니, 버려질 게 전혀 없었다. 이 유청에서 나오는 버터의 양은 비교적 적어서, 치즈 45킬로그램당 약 0.9킬로그램 정도였다.(Trow-Smith 1957) 따라서 앵글로색슨 시대에 버터는 사치품이었으며, 낙농의 중심이 양젖에서 (크림으로 쉽게 분리되는) 소젖으로 이동하는 중세 후기에 이르러서야 버터가 널리 사용되었다.

1066년 노르만족의 정복을 계기로 앵글로색슨족의 잉글랜드 통치가 막을 내리자, 시장 유통 중심의 직영지 치즈 생산에도 새 시대가 열렸다. 노르만족의 통치하에 잉글랜드와 유럽 대륙의 교역이 급격히 증가했고, 치즈 또한 영국 해협을 건너 노르망디로 수출되기 시작한 것이다. 잉글랜드의 장원과 더불어 치즈 및 농산물의 수출 권리를 노르만족 귀족으로부터 선사받은 트로안 수도원 등의 노르망디 수도회가 치즈 수출에 앞장섰다. 잉글랜드 치즈는 곧 유럽 대륙에서 매우 높은 평가를 받았다.(Farmer 1991; Gulley 1963)

노르망디 북쪽에서 잉글랜드와 플랑드르 간의 양모 교역이 활성화되면서 잉글랜드 치즈도 활발히 거래되었다. 북해 해안에 항구가 있고 라인강과도 직접 맞닿는 플랑드르의 전략적인 위치 덕분에 유럽 중부, 잉글랜드, 스칸디나비아, 프랑스 해안으로 직물을 수출하는 플랑드르 상인들이 경쟁 우위를 누릴 수 있었다. 그리고 11세기에 플랑드르는 알프스·피레네산맥 북부의 대표적인 직물 제조 중심지로 대두됐다. 플랑드르의 직물 산업이 날로 번창하면서 도시가 빠르게 성장하고 인구가 늘어난 결과 이 지역의 식량 자급이 불가능해졌다. 이에 플랑드르 귀족들은 계절적인 양 방목지로 쓰이던 해안의 습지를 농경지로 개간했다.(Nicholas 1991) 그러나 농경지 개간으로도 성장하는 인구의 수요를 따라잡기에는 역부족이었다. 결국 플랑드르는 잉글랜드에서 곡물과 치즈를 수입했는데, 플랑드르의 양 목장이 농경지로 바뀌는 바람에 잉글랜드 양모에 대한 의존도가 어느 때보다도 높아졌다.

플랑드르의 식품 수입이 급격히 증가하자 귀족 계층과 성장한 상인 계층은 수입 공급원을 유지하기 위해 직물 생산과 천 수출을 확대했다. 이에 따라 플랑드르의 직조공들은 잉글랜드의 직영지에서 가져오는 양모에 더욱 의존하게 됐다.(Miller and Hatcher 1978) 수요가 증가하니 자연스레 양모의 가격이 올라갔고, 잉글랜드의 양 목축은 점점 수익성이 높아졌다. 12~13세기에 이르러 에식스를 비롯한 이스트앵글리아 지역은 물론이거니와 잉글랜드 전역에서 더 많은 양을 기르고 더 많은 양모를 생산하기 시작했다. 상인들이 플랑드르 여러 도시로 판매할 양모와 더불어 치즈도 구매하기 시작하자 양젖 치즈의 생산량은 급격히 증가했다.(Farmer 1991; Trow-Smith 1957)

12~13세기 잉글랜드의 농업은 점점 빠르게 상업화 또는 시장 중심화되었다. 프랑스 북부에서 대규모의 직영지가 해체된 후 몇 세기 동안

시골 지역의 독립적인 소농장과 마을 중심으로 운영되는 동안 잉글랜드의 직영지는 합리적 경영으로 수익을 극대화했다. 대륙과의 교역이 극적으로 성장하자 잉글랜드에서는 인플레이션이 발생했고 귀족 계층이 선호하는 사치품과 고급품이 지속적으로 흘러들기 시작했다. 종신 임대권을 통해 위성 장원을 떼어주고 식량으로 고정 임대료를 받는 앵글로색슨족의 제도는 이러한 시장 경제에 대처하지 못하고 흔들리기 시작했다. 결국 13세기 들어 장원 영주들은 전문 관리자를 고용하여 직접 장원을 관리하기 시작했다. 리브reeve와 베일리프bailiff라 불리는 이 관리자들은 장원 경영에 대한 상세한 회계 자료를 영주에게 제출했다.

13세기 말 잉글랜드에서 작성된 토지 경영에 대한 세 편의 농업 논문에 이와 같은 장원 경영의 효율성과 수익성에 관한 내용이 담겨 있다. 바로 「집사의 업무Seneshaucy」 「헨리의 월터Walter of Henley」 「농사Husbandry」였다. 「집사의 업무」는 장원 행정 및 회계를 자세히 설명하면서 직영지의 업무를 감독하고 수행하는 여러 직책을 소개하고 있는데, 그중에서도 낙농부의 직책에 대해서는 다음과 같은 지침이 제시되어 있다.

낙농부는 성실하고 청결하며 평판이 좋아야 한다. 또한 업무의 내용에 밝아야 한다. 하급 낙농부들이 젖이나 버터, 크림을 가져가지 못하도록 감독하여 치즈나 유제품의 양이 줄지 않게 해야 한다.

낙농부는 치즈를 만들고 나서 소금에 절일 줄 알아야 하며, 낙농 용품을 매년 구입하지 않도록 잘 관리할 줄 알아야 한다. 어떤 치즈를 언제 만들기 시작해야 하는지 알아야 하며, 언제 치즈를 두 개 만들기 시작해야 하는지, 치즈의 개수와 무게를 언제 바꾸어야 하는지도 알아야 한다.

베일리프와 리브는 유제품과 치즈를 자주 검사하여, 언제 치즈의 개수가 늘거나 주는지, 무게는 얼마나 나가는지, 무게에 영향을 주는 손실이나 절도가 일어나지 않는지를 살펴야 한다. 또한 치즈와 버터 1스톤(약 6.4킬로그램)을 만들려면 소가 몇 마리 필요한지, 양은 몇 마리 필요한지를 파악하고 장부에 정확하게 기록해야 한다.(Oschinsky 1971. *Walter of Henley and Other Treatises on Estate Management and Accounting.* pp. 287~289. 옥스퍼드대 출판사의 허락하에 재수록.)

　수석 낙농부는 동물의 젖을 짜고 치즈 생산을 돕는 하급 낙농부 직원들을 감독했던 것 같다. 이 여성은 치즈 및 버터의 생산량을 극대화하고 제품 절도를 방지하는 책임을 맡았으며, 잦은 감사를 통해 버터 및 치즈 생산량이 목표에 달성되고 있는지를 베일리프와 리브에게 보고했다. 이런 내용을 볼 때 직영지 치즈 생산은 수익을 목적으로 한 사업으로 추진되었음을 알 수 있다. 또한 소젖과 양젖이 모두 치즈의 재료로 사용됐다는 점도 특기할 만하다. 그 이후 치즈 생산은 양모 생산에서 분리되기 시작하여, 젖소는 오로지 우유 생산을 위해 사육되고 양은 오로지 양모 생산을 위해 사육되는 사례가 많아졌다.(Farmer 1991) 이때를 기점으로 대규모 직영지의 치즈는 양젖에서 소젖으로 서서히 변하기 시작했고, 그 결과 15세기 말에는 잉글랜드에서 양젖 치즈가 거의 자취를 감추었다.

　마지막으로, 관리 차원에서 치즈 크기를 결정하는 일이 주요 부분이 되었다는 사실에 주목할 필요가 있다. 커다란 치즈의 경우 초기에는 하나만 만들었으나 젖 생산량이 절정에 이르자 두 개 이상을 생산했다. 수도원이 소유한 장원에 관한 13~14세기의 문헌을 보면, 당시에는 커다란 치즈를 비교적 소량(주로 1개)만 생산하였으며 그 무게는 평균 4~4.5킬로그램이었으나 간혹 8킬로그램까지 크게 만들기도 했다.(Finberg 1951; Page 1936) 치즈의 크기를 결정하는 문제가 중요한 이유는 크기가 클수록 수분 함량이 높아서 품질에 차이가 생기기 때문이다. 구체적으로, 작은 원통형 치즈(0.9~2.7킬로그램)를 만드는 고대 로마의 비가열 반압착 표면가염 기법으로 큰 원통형 치즈(4.5~6.8킬로그램)를 만들면 치즈의 부피 대비 표면적이 너무 작아서 숙성 과정에서 수분이 충분히 증발되지 않는다.(제5장에서 다루었던 루나 치즈에 대한 논의를 떠올려보자.) 수분 함량이 지나치면 치즈 내부에서부터 부패할 확률도 높다. 그래서 이즈음의 직영지 치즈 장인들은 길쭉한 원통형 압착 틀을 납작한 원반형으로 바꾸어 표면적과 증발 속도를 높인 것으로 보인다. 최초로 치즈 생산 과정을 상세히 설명한 사료가 17세기 초에야 등장하는데, 당시에 비가열 반압착 표면가염 기법으로 두께 4~5센티미터에 지름 38센티미터의 원반형 치즈를 만들기 시작했다고 소개한다.(Foster 1998) 그러나 원반형 치즈는 몇 세기 전 직영지에서 시작되었을 가능성이 높다.

「집사의 업무」 이후에 발표된 「헨리의 월터」는 전자의 특정 내용을 논평한 논문이다. 월터는 낙농업과 관련하여 목초지의 품질에 따라 치즈 및 버터의 정확한 생산 목표가 산출될 수 있도록 자주 감사를 실시해야 한다고 베일리프에게 조언했다. 또한 목초지의 품질이 좋으면 일반적인 경우에 비해 50퍼센트의 생산량을 올릴 수 있다고 보았다.(Oschinsky 1971) 이처럼 월터는 「집사의 업무」에서 한 걸음 나아가 (목초지 품질 변화에 따라) 끊임없이 변화하는 치즈 및 버터 생산량의 기준을 제시하여 낙농부들의 실제 생산량을 이론적인 최대치로 끌어올리려 했다.

토지 관리에 대한 세 번째 논문인 「농사」 역시 낙농업의 생산량에 초

점을 맞추되, 소젖으로 치즈를 만들 때 버터와 치즈의 비율을 최적화하여 수익을 극대화하는 요령을 추가로 제시했다. 「농사」에 따르면 낙농부가 치즈를 7스톤(약 44킬로그램) 만들었다면 버터는 1스톤(약 6.4킬로그램) 생산되어야 한다. 또한 5월 1일에 시작해서 성 미카엘 축일(9월 29일)까지 이어지는 치즈 생산 시기에 젖소 한 마리는 치즈 1.5스톤, 버터는 그의 7분의 1 정도를 생산해야 한다고 명시했다.(Oschinsky 1971)

유청으로 버터를 만들 경우에는 버터와 치즈를 1대 7 비율로 생산하기 어렵다. 그렇다면 소젖에서 크림 층을 분리시킨 다음 교반하여 버터를 만드는 기법이 이때쯤 보편화된 것으로 보인다. 수익을 극대화하는 비결은 치즈보다 시장가가 높은 버터를 최대한 많이 생산하는 것이다. 하지만 크림 층을 떠내고 남은 우유의 지방 함량이 지나치게 낮으면 치즈의 품질이 저하된다. 「농사」에서 그 비율을 1대 7로 제시한 것은 치즈용 우유에 충분한 크림을 남겨둠으로써 치즈의 품질 저하를 방지하기 위한 것이었다. 그러나 이런 원칙이 반드시 지켜지지는 않았다. 일부 지역에서는 버터 생산에 지나치게 치중한 나머지 치즈의 품질이 형편없어지는 일이 벌어지기도 했다.

대규모 장원을 소유했던 수도회의 기록을 보면 「집사의 업무」 「헨리의 월터」 「농사」에서 장원 경영의 체계화, 합리화를 목표로 제시한 기법이 13~14세기에 실제로 시행되고 있었음을 알 수 있다. 일부 장원 직영지에서는 버터 대 치즈의 높은 비율을 무리없이 생산했다. 또한 일부 장원에서는 복잡한 평가를 거쳐 장원 토지의 생산 목표를 산출했다. 예를 들어 윈체스터에 있는 성 스위던 수도원에서는 소나 양 한 마리에서 얻는 치즈 및 버터의 예상 중량을 계산하여 한 철에 생산되는 치즈와 버터의 총량을 산출하기도 했다. 그리고 '유제품 경찰' 역할을 맡은 감사

관들이 지속적으로 목표량과 실제 생산량을 감찰했다. 목표 달성에 실패한 리브는 그 차이에 해당하는 액수를 현금으로 지불해야 했다.(Drew 1947) 이와 같은 치즈 및 버터 생산의 경제학은 잉글랜드 치즈 산업의 변혁과 혁신의 원동력이 되었다.

14세기 중반부터 양모 산업의 수익성이 낮아지기 시작하자 양젖 치즈 생산이 감소하고 소젖 치즈가 흔해졌다. 그에 앞서 1270년경에는 연이은 질병으로 인해 잉글랜드의 양 떼가 초토화되는 일도 있었다. 이후 1337~1453년까지 이어진 프랑스와의 백년전쟁도 목축업에 악영향을 끼쳤다. 전쟁으로 인해 유럽 대륙으로의 양모 수출이 끊겨 생산비가 높아진 것이다. 또한 자금난에 봉착한 영국 정부가 군사비를 충당하기 위해 수출되는 양모에 부과하는 세금을 올리는 바람에 양모 생산자들의 이윤이 줄어들었다. 비슷한 시기에(1386년경) 잉글랜드군은 이스트앵글리아의 치즈를 프랑스 북부 칼레에 있는 잉글랜드 주둔지에 공급하기 시작했다.(Trow-Smith 1957) 이스트앵글리아는 오래전부터 플랑드르로 치즈를 수출해온 지역으로, 이때는 이미 양젖이 아닌 소젖으로 치즈를 만들고 있었다. 군에 치즈를 공급하기에 좋은 조건을 갖춘 이스트앵글리아는 이후 2세기 동안 중요한 생산지로 성장했다.

마지막으로 1430년대와 1440년대의 10년 동안은 기후가 극도로 습해지면서 다시 잉글랜드 전역의 양 떼가 질병에 시달렸다.(Mate 1987) 이때 이후 양 목축은 더욱 악화되어 양젖 치즈 생산이 실질적으로 중단됐다. 이스트앵글리아를 비롯하여 서머싯, 글로스터셔, 윌트셔, 체셔 인근의 서부 지방 등 이미 소젖 치즈를 만들던 지역에서는 소젖 치즈 생산을 더욱 전문화하여, 양젖 치즈 직영지들을 제치고 시장에서 성공을 거두었다.

그런데다가 1348~1350년경 유럽에 퍼진 흑사병으로 인해 잉글랜드 전체 인구의 30~45퍼센트가 사망했다. 극적인 사회·인구 변화로 인해 노동력이 부족해지자 노동집약적이던 장원 직영지는 치명타를 입게 되었고, 이후 직영지 농업은 요먼을 중심으로 하는 자본주의적 자영 농업으로 전환되기 시작했다. 장원이 해체되는 과정에서 터전을 잃은 시골의 소작농들은 일자리를 찾아 런던 등의 중심지로 흘러들었다. 이에 따라 잉글랜드 역사상 가장 규모가 큰 도심이 형성되면서 치즈 시장도 새로운 국면을 맞았다. 런던 시장은 잉글랜드 치즈 역사의 다음 장, 즉 요먼 치즈에 큰 영향을 미쳤다.

고산 치즈

유럽 중부의 고산 지대에서는 로마 점령 전부터 치즈 생산이 발달해 있었다. 알프스의 북부 비탈에서 치즈 생산이 널리 이루어진다고 한 스트라본의 기록(1세기)을 돌이켜보자. 그는 켈트 인구가 집중되어 있던 강 유역과 평야의 취락에서 고산 치즈가 비롯되었다고 했다. 그렇다면 이 치즈는 단단하고 오래가는 종류였을 것이며, 로마로 수출되던 치즈는 특히 품질이 우수했을 것이다. 중세 유럽 중부의 수도원과 장원의 기록에서도 로마 제국 때부터 산간 지역에서는 치즈 생산을 발전시켜 왔다는 사실을 확인할 수 있다.

스위스 동부에 있는 베네딕토파 수도원 장크트갈렌과 스위스 중부의 무리 지역에 세워진 장크트마르틴을 통해 중세 초 알프스 치즈의 세계를 엿볼 수 있다. 장크트갈렌은 콜룸바누스와 함께 유럽 전역으로 선

교 여행을 떠났던 아일랜드의 수도사 갈루스가 612년경에 설립한 수도
원이다. 그는 보덴호 연안으로부터 약 13킬로미터 떨어진 외딴 산지에
작은 암자를 짓고, 여남은 명의 제자들과 함께 성 콜룸바누스의 규칙에
따라 엄격한 금욕 생활을 했다. 갈루스가 죽은 후 암자는 버려지다시피
되었는데 700년경 현지의 귀족 영주들이 토지와 농노를 암자에 기부하
면서 규모가 커졌다. 720년에는 초대 장크트갈렌 수도원장이 임명됐고,
747년에는 성 베네딕토 규칙서가 성 콜룸바누스의 규칙을 갈음하면서
암자는 베네딕토회 수도원이 됐다.(Clark 1926)

8세기에 장크트갈렌의 수도사들은 농노의 도움을 받아 숲을 개간한
뒤 작물을 키우고 가축을 쳤다.(Clark 1926) 수도사들은 여름이면 아펜
첼 지역의 고원 목초지로 동물 떼를 몰고 가서 풀을 먹였고 치즈도 만
들었다. 그러나 이들이 어떤 기법으로 어떤 치즈를 만들었는지는 거의
알려지지 않았다.(Bikel 1914) 장크트갈렌 수도사들이 인근의 농부들에
게 고산 치즈 만드는 법을 가르쳤다는 주장도 있으나, 오히려 그 반대였
을 가능성이 높다. 공동 이목과 알프스 치즈 생산에 필요한 복잡한 사
회적 약속과 문화적 태도 그리고 정교한 치즈 생산 과정과 장비를 갖추
기까지는 몇 세기가 걸렸을 것이며, 아마도 그 뿌리는 로마 시대 이전까
지 거슬러 올라갈 것이다.

장크트갈렌은 거친 황야의 외곽에 있었으나, 보덴호 연안에 위치한
아르본 마을과의 거리는 불과 13킬로미터였다. 아르본은 고대 켈트족의
한 갈래인 헬베티족이 세운 마을로, 로마의 주요 교역로에 자리하고 있
기 때문에 로마 시대에 부유한 중심지로 성장했다. 이 지역의 농업은 수
세기 전부터 안정적이었으며, 이목과 고산 치즈도 로마 점령기 전부터
있었던 것이 거의 확실하다. 따라서 장크트갈렌 수도사들은 수도원 소

유의 장원에 거주하는 소작농이나 농노들로부터 치즈 생산 지식을 습득했을 것이다.

장크트갈렌은 9세기에 다시금 인근 지역의 넓은 장원과 농노들을 기증받으면서 전환점을 맞이했다. 새로 취득한 장원에서 치즈 등의 농산물이 십일조로 수도원에 흘러들기 시작하자 9세기 말에는 수도사들이 직접 농사를 지을 필요가 없게 됐다. 대신 장원의 토지를 관리하면서 종교와 문화 등의 지적 활동에 전념하게 됐고, 이때부터 장크트갈렌은 학습과 문화의 중심지로 명성을 떨치기 시작했다.(Clark 1926)

장크트갈렌이 장원에서 받은 치즈는 두 가지 크기였다. 하나는 알프스 치즈를 의미하는 카제이 알피니casei alpini로, 오늘날 이 지역에서 만들어지는 알프스 치즈와 비슷한 크고 둥근 치즈라고 비켈(Bikel 1914)은 설명했다. 다른 하나는 그보다 훨씬 작은 한트케제Handkäse[손으로 모양을 잡아 만드는 독일 치즈—옮긴이]였다. 시간이 흐르면서 장크트갈렌의 토지는 점점 늘어났고, 장원에서 십일조로 들어오는 치즈의 양도 많아졌다. 10세기에 이르자 장크트갈렌은 인근 아펜첼 지역의 넓은 땅을 선사받았다. 대부분 황무지인 이 땅에 갓 정착한 사람들은 장크트갈렌의 감독 아래 알프스 치즈를 만들기 시작했다. 이로써 아펜첼은 수도원의 주요 공급지가 되었는데, 11세기에는 매년 십일조로 2000개가 넘는 치즈를 공급할 정도였다.(Bikel 1914) 그후로도 아펜첼 지역에서는 치즈 생산이 지속적으로 이루어져, 오늘날에도 무게가 7킬로그램에 달하는 원반형의 아펜첼러Appenzeller 치즈가 만들어지고 있다.

비슷한 시기, 루체른호 근처의 무리라는 지역에 위치한 장크트마르틴 수도원에서는 주변의 미개척지에 이목과 알프스 치즈 생산 문화를 전수하려 노력했다. 이 수도원은 11세기에 귀족 가문인 합스부르크가 설립한 것으로, 넓은 토지도 기증되었다. 그러나 인근 땅은 황무지였기에 수도원에 필요한 물자를 생산하려면 개간과 정착이 선행되어야 했다. 무리 지역의 수도사들은 "쟁기, 수레, 수소 네 마리, 암퇘지 한 마리, 수탉 한 마리와 암탉 두 마리, 낫, 도끼, 각종 씨앗" 등의 혜택을 내걸고 정착 소작농을 모집했다.(Simond 1822) 그 대신 소작농은 농장에서 일군 산물로 십일조를 바치고, 수도원을 위해 5에이커(2만 제곱미터)의 땅을 매년 두 번씩 갈고 기타 용역을 제공해야 했다.

당시 인구 증가로 경작지가 부족해진 스위스의 다른 지역에서 농민들이 유입되었고, 그들은 무리라는 미개척지에서 알프스 특유의 생활방식을 이어가려 했을 것이다. 이 전략은 성공을 거두었다. 곧 수도원 소유의 황무지 곳곳에 정착민 마을이 형성되었고, 알프스 치즈와 양모 생산을 위한 목축이 전개되었다.(Coolidge 1889; Simond 1822) 주민들은 12가구 단위로 젖소들을 모아 함께 이목을 하고 치즈를 만들었다. 여름이면 목부牧夫가 젖소 떼를 산지의 목초지로 몰고 가서 샬레chalet(산장)에서 치즈를 만들었다. 수도원의 관리가 매년 샬레를 감독했다. 치즈가 만들어지면 목부는 일정한 양의 치즈를 지역의 소작농에게 공급했고, 소작농은 성 안드레아 축일인 11월 30일까지 수도원에 십일조 명목으로 치즈를 바쳤다.

스위스 서쪽의 프랑스 국경 근처에서도 이목과 알프스 치즈 생산이 번성하여, 고산 치즈 가운데 가장 유명한 그뤼예르Gruyère와 에멘탈Emmental이 이 지역에서 생겨났다. 로마 제국 점령 이전부터 이곳의 저지대에 정착한 켈트계의 헬베티족은 스위스의 다른 지역과 마찬가지로 고원을 목초지로 활용하여 고산 치즈를 생산하는 농업 사회를 건설했다. 로마 제국이 몰락한 후에는 게르만족 이민자들이 유입되어 로마화한 켈트족의 마을에 섞여 살기 시작했다. 9세기 무렵에는 저지대에 새로운 정착민들이 밀려들면서 고원의 여름 목초지를 둘러싼 경쟁이 치열해지고 치즈 생산도 활발해졌다.(Birmingham 2000)

11세기, 신성 로마 제국 황제로부터 고지대의 봉토를 받은 그뤼예르의 백작들은 고산 치즈 교역이 활발해진 현상에 주목하기 시작했고, 고원 목초지와 이목의 경로를 발 빠르게 확보하여 치즈 생산으로 돈을 벌기 시작했다. 12세기와 13세기에도 저지대의 인구가 증가하고 마을이 계속 늘어나자 고원 목초지도 부족해졌다. 사람들은 목초지를 찾아 더 먼 곳까지 이동했고 치즈 생산량은 더욱 증가했다. 14세기에 들어 그뤼예르는 품질 좋은 치즈 산지로 널리 명성을 떨치게 되었고, 이 지역의 치즈는 점점 시장 중심으로 생산되기 시작했다. 이후 그뤼예르 치즈는 몇 세기 동안 발전을 거듭하면서 육로 수송에 편리한 크기로 커졌다. 그러다가 나중에는 나무통에 넣어 레만호에서 론강을 통해 지중해와 그 너머의 시장으로 운반하기 편리한 크기로 정해졌다.(Birmingham 2000) 트웸리(Twamley 1816)에 따르면, 나무통 하나에 18~27킬로그램 정도의 그뤼예르 치즈를 10개씩 넣을 수 있었다.

그뤼예르가 치즈 교역으로 높은 수익을 올리자, 북쪽으로 맞닿아 있던 베른에서도 관심을 갖기 시작했다. 15세기에 베른은 고산 치즈 교역을 장악하기 위해 그뤼예르 백작들의 고산지를 공격적으로 빼앗기 시작했다. 또한 그뤼예르의 치즈 장인들을 고용하여 베른주 소속인 에메강 유역(에멘탈)에 정착시킨 뒤, 그곳에서 생산되는 치즈의 품질을 개선하게 했다. 이때 이주한 그뤼예르의 고산 치즈 장인들은 에멘탈 지역을 대표하는 크고 단단한 치즈를 개발하는 데 중추적인 역할을 했다.(Birmingham 2000)

알프스 치즈의 시장 가치를 알아본 독일과 오스트리아의 귀족 영주들도 13세기부터 알프스 인근의 바이에른 지역과 티롤 지역에서 치즈 생산을 장려했다.(Duby 1968) 마찬가지로 프렌치 알프스에서는 보포르 등의 고산 치즈가 전성기를 맞이했고, 그뤼예르의 협곡 건너편에 있는 쥐라산맥의 서쪽 비탈에서는 콩테Comte 치즈 생산이 활발해졌다.

이와 같이 중세 말기에 알프스 지역 전역에서는 중간 이상 크기에 단단하고 오래가는 다양한 원반형 치즈가 생산되기에 이르렀다. 알프스 치즈라는 분류를 관통하는 하나의 전통은 바로 고대로부터 전해진 이목 관습이었다. 이것이 곧 치즈 생산의 환경 조건과 제약을 결정했다. 저지대의 강 유역이나 평원에서 젖소 두세 마리를 키우는 소농민은 마을의 다른 농가들과 연대하여 하나의 소 떼를 구성했다. 여름이 되면 지역 사회에서 채택된 몇 명의 목부가 고지대의 목초지로 소 떼를 몰고 갔다. 그동안 저지대의 마을 사람들은 경작 곡식을 수확하면서 동물들을 위한 건초와 겨울 사료를 비축하는 한편 소농가의 온갖 잡일을 처리했다. 소 떼를 치고 젖을 짜서 치즈를 만드는 일은 모두 목부의 몫이었다.

처음에는 지붕만 있는 헛간에서 치즈를 만들었으나 세월이 흐르면서 그럴듯한 오두막이나 샬레를 갖추게 되었다. 소 떼로부터 얻은 대량의 젖은 공동 저장되었고, 저장할 공간이 부족할 때는 하루에 두 번씩 젖을 짠 직후에 치즈를 만들어야 했다. 아니면 저녁에 짠 젖을 다음 날 아침까지 산지의 서늘한 공기에 식혔다가 크림 층을 떠내고, 남은 젖은 아침에 새로 짠 젖과 합쳐 치즈를 만들기도 했다. 어떻게 하든 산지에서 짠 젖은 유산균 함량이 낮은 편이므로 치즈 생산 과정에서의 산성화가 느리다. 그러나 매일 짜내는 젖의 양이 많기 때문에 치즈를 크게 만들어야 산 아래로 수송하기가 편했다. 또한 단단하고 오래가야 했다. 저지대에서 외딴 산지까지 실어오는 소금도 아껴 써야 했다. 당시에는 운반비가 비싸서 치즈를 만들거나 사료에 넣는 소금을 넉넉히 쓸 수 없었다.(Birmingham 2000)

이런 환경에서 알프스 치즈 장인들은 딜레마에 빠졌다. 치즈의 산성화가 느리고 소금을 아껴 써야 하는 상황에서, 수분 함량을 낮추어 단단하고 오래가는 커다란 치즈를 만들기란 매우 어렵기 때문이다. 자세히 말하자면, 산성화가 느리면 생산 단계에서의 응유 수축과 유청 배출도 느려진다. 그리고 치즈의 크기가 크면 보관 단계에서 표면을 통한 수분 증발이 곤란하다. 소금을 아껴 쓰면 가염 과정에서 유청을 충분히 배출하기 어렵다. 따라서 알프스의 치즈 장인들은 치즈를 충분히 건조시키기 위해 온갖 수를 동원해야 했고, 그 과정에서 다양한 기술 혁신이 일어났다. 예컨대 응유를 잘게 잘라 표면적을 최대한 늘림으로써 유청 배출을 촉진시키는 정교한 절단 기법과 장치(칼 또는 하프)가 개발된 것이다. 또한 젖이 담긴 구리 주전자를 불 위에 걸어 젖의 온도를 섭씨 49~54도까지 올려 응유 수축과 유청 배출을 촉진했다. 가열을 거친 응유는 (원통형이 아닌) 원반형의 틀에 담겼다. 치즈의 부피 대비 표면적을 늘림으로써 숙성하는 동안 수분 증발을 촉진하기 위한 발상이다. 또한 압착기를 고안하여 유청을 짜내고 표면 밀도를 높여 외피 형성에 유리한 조건을 만들었다.

이를 바탕으로 변형된 여러 방식들이 있었지만 오스트리아, 스위스, 이탈리아, 프랑스 그리고 양젖 치즈가 일반적이었던 피레네산맥 너머 지역의 알프스 치즈 장인들은 기본적으로 모두 이 기법을 사용했다. 그 결과 외피는 단단하고 내부는 쫀득하면서 때로는 구멍이 있는, 흔히 "견과류 풍미"라 일컫는 향미를 지닌 치즈가 만들어졌다. 이 치즈는 산도가 낮고 미네랄 함량이 높은 반면 수분 함량이 낮아서 단단하면서도 탄력 있는 특성을 띤다. 특유의 낮은 산도와 염도 덕분에 젖과 치즈에 자연적으로 존재하는 박테리아, 즉 염과 산에 민감한 프로피오니박테리아가 생장하기에도 유리했다. 발효 과정에서 생성된 프로피오니박테리아는 이산화탄소 가스를 배출하는데, 보관 온도에 따라 배출하는 가스의 양이 달라져서 구멍이 많이 생기기도 하고 적게 생기기도 하며 아예 생기지 않기도 한다. 이 박테리아가 배출하는 프로피온산이라는 강한 향미 성분이 알프스 치즈 특유의 견과류 풍미를 조성한다. 산도가 낮으면 표면에 코리네포름박테리아가 생장하기도 한다. 이 박테리아는 보관 기간의 온도 및 습도 조건이나 치즈 장인의 물리적 조작(표면을 긁거나 닦는 것)에 따라 생장이 촉진되거나 억제될 수 있다. 따라서 알프스 치즈는 (에멘탈 치즈처럼) 외피에 코리네포름박테리아가 전혀 없을 수도 있고 (그뤼예르 치즈처럼) 전체를 뒤덮고 있을 수도 있다.

중세에는 또한 알프스나 피레네 지방의 치즈와는 상당히 다른 고산 치즈가 프랑스 중남부의 마시프상트랄에서 꽃을 피웠다. 이 지역의 북쪽인 오베르뉴에서는 철마다 강 유역에서 캉탈산맥 고지대로 젖소 떼를 이동시키는 이목이 최소한 로마 시대부터 이루어졌다.(Goldsmith 1973; Whittaker and Goody 2001) 따라서 5장에서 살펴보았듯이 캉탈 치즈의 초기 형태가 로마에 공급되었을 것으로 짐작된다. 중세에는 귀족과 수도원이 소유한 장원 또는 고지대의 오두막인 뷔롱buron에서 농민들이 커다란 원통형의 캉탈 치즈를 만들었다.(Goldsmith 1973) 이 지역 농민들은 알프스 지역과는 다른 전략으로 단단하며 오래가는 치즈를 만들었다. 이들은 가열하지 않고 분리한 응유를 여러 번 압착하여 잘게 부순 다음 소금을 듬뿍 넣고 마지막으로 다시 압착하여 수분 함량이 낮은 치즈를 만들어냈다. 응유를 잘게 부순 다음 가열하면 유청이 더욱 효율적으로 배출되고 염분이 치즈에 고르게 퍼지므로 오래가는 단단한 치즈를 만들 수 있다. 훗날 영국 체셔와 체더 지방의 치즈 장인들이 이 기법을 받아들이기도 했다. 중세 말에 이르러 오베르뉴의 캉탈 치즈는 멀리 떨어진 시장까지 수출되면서 크게 상업화되었다.(Goldsmith 1973)

캉탈 치즈를 만들려면 알프스 치즈보다 소금이 많이 필요하지만 오베르뉴 지방에는 소금이 넉넉했다. 로마 시대에 닦아놓은 도로를 통해 이미 1세기부터 지중해 해안의 소금을 손쉽게 공급받았기 때문이다.(Whittaker and Goody 2001) 이 소금 공급로는 캉탈 치즈뿐만 아니라 로크포르 등의 염분 함량이 높은 푸른곰팡이 숙성 치즈의 개발에도 중대한 역할을 했다. 로크포르 마을 인근 지역에는 절벽의 수평단층과 수직단층으로 인해 벌집처럼 형성된 천연 동굴이 있다. 동굴 안은 온도(섭씨 6~10도)와 습도(상대습도 95~98퍼센트)가 거의 일정하며, 내부에 수직으로 난 틈새로 자연 환기가 가능하다.(Rance 1989) 이런 환경 조건은 각종 곰팡이의 생장에 이상적이었으며, 푸른곰팡이인 페니실륨 로크포르티도 예외가 아니었다.

이 지역에서 치즈가 만들어졌다는 증거는 최소한 로마 시대까지 거슬러 올라가지만(Dausse 1993) 로크포르의 캉발루 동굴이나 이 지역의 다른 동굴이 언제부터 치즈를 보관하고 숙성시키는 데 활용되었는지는 정확하게 알려져 있지 않다. 다만 양젖을 레닛으로 서서히 응고시킨 다음 가열을 거치지 않고 바다 소금으로 표면가염하여 동굴 숙성으로 완성된다. 이 경우 치즈의 산도와 염분 함량이 높아 페니실륨 로크포르티의 생장에 적합할뿐더러 시원하고 습한 동굴 환경이 페니실륨 로크포르티의 생장을 촉진한다. 푸른곰팡이의 번식이 치즈의 풍미와 질감에 기여한다는 사실을 알아낸 치즈 장인들은 푸른곰팡이 생장을 촉진하는 쪽으로 치즈 생산 및 숙성 과정을 다듬어갔다.

로크포르 치즈가 등장한 최초의 기록은 1070년으로, 어느 귀족 영주가 '동굴'과 장원을 콩크의 베네딕토회 수도원에 기부했다고 되어 있다. 당시 수도사들은 소작농과 함께 치즈 생산에 관한 기법을 개량하려 애쓰고 있었기 때문에 다른 여러 수도원도 로크포르의 '동굴'을 확보하여 활용하기 시작했고, 수도사들의 관리하에 치즈 생산은 크게 확대됐다. 주민들은 라르작고원의 고산 목초지에서 로크포르 동북쪽에 이르는 지역까지 양 떼를 이동시켜 풀을 먹였고 치즈를 만들었다. 고산의 목초지에는 노새 짐꾼이 정기적으로 소금을 실어날랐고, 내려올 때는 소금 바른 치즈를 노새 등에 실어 숙성 장소인 캉발루 동굴로 향했다.(Whittaker and Goody 2001)

로크포르 치즈가 시장에서 성공을 거두자 11세기에 설립된 두 종교 조직이 이 치즈에 관심을 보였다. 신생 조직이었던 성전기사단과 시토회가 마시프상트랄 지역으로 교세를 확장한 후 라르작고원의 목초지를 장악함으로써 양젖과 캉발루 동굴에서 숙성되는 치즈를 독점하다시피 한 것이다. 성전기사단은 지중해 해안에 있는 대규모 염전을 공동 소유함으로써 로크포르 지역으로 이어지는 소금 교역로를 통제하기까지 했다. 그에 따라 한동안 성전기사단과 베네딕토회, 시토회가 로크포르 치즈 생산을 좌지우지하게 되었다. 어쩌면 수도원이 로크포르 치즈 생산에 끼친 영향력 때문에 로크포르라는 인지도와 중요성이 부각되어, 1411년 로크포르 마을이 최초로 아펠라시옹 도리진appellation d'origine(원산지 표기)을 부여받을 수 있었는지도 모른다. 이를 계기로 이 마을은 '로크포르'라는 명칭의 치즈를 독점적으로 판매할 수 있는 권한을 얻었다.(Whittaker and Goody 2001) 로크포르 치즈는 프랑스를 넘어 전 세계적으로 유명해졌으며, 그 명성은 오늘날에도 여전하다.

중세의 고산 치즈 이야기를 마치기 전에, 저지대 치즈 가운데 짚어볼 만한 종류가 있다. 바로 중세에 이탈리아 북부의 포강 유역에서 생겨난 이탈리아의 경질 치즈 그라나Grana다. 그중 파르미자노레자노Parmigiano-Reggiano(파르메산)와 그라나 파다노Grana Padano가 가장 유명하다. 이 치즈들은 강 유역에서 만들어진 (그리고 지금까지도 만들어지는) 것이지만, 알프스 치즈에 기원을 두고 있는 것으로 보인다. 파르메산Parmesan 또는 그라나 치즈에 대한 최초의 기록은 14세기의 사료에서 찾아볼 수 있으나, 처음 만들어진 시기는 훨씬 이전으로, 수도원이 토지의 개간과 개발에 나선 시기와 일치한다.

포강을 끼고 있는 베네딕토회 수도원들은 10세기와 11세기에 배수가 좋지 않은 습지에 배수로를 건설하고 경작지를 개간하기 시작했다. 12세기에 이 지역으로 진출한 시토회 수도원에서도 영구적인 관개시설을 건설하여 강변의 초지에 물을 공급하면서 토지 및 물 자원을 적극 활용할 수 있게 되었다.(Jones 1966) 관개시설 덕분에 동물에게 풀을 뜯기고 건초와 사료를 만들기에 적합한 환경이 조성되자 12세기부터는 목우가 시작되었다. 이 지역에서 전통적으로 기르던 양 떼는 점차 젖소 떼로 바뀌었고 소젖 치즈 생산이 활발해졌다. 14세기 이후의 기록과 문헌을 보면 이미 해외 수요가 높은 파르메산 치즈를 갈아서 요리에 사용한 내용이 있다. 14세기의 삽화에는 큰 원통형 숙성 치즈가 그려져 있는데, 이를 통해 중세의 파르메산이 오늘날의 파르미자노레자노나 그라나 파다노와 크게 다르지 않았다는 것을 알 수 있다.(Alberini 1998)

커다란 그라나 치즈가 정확히 어디서 어떻게 만들어지기 시작했는지는 알 수 없으나 수도원에서 비롯되었을 가능성이 높다. 앞에서 살펴본 바와 같이, 베네딕토회와 시토회 수도원들은 포강 유역의 늪지를 개간하고 개발하여 대규모 낙농을 이루는 데 핵심적인 역할을 했다. 또한 큰 그라나 치즈를 만들 수 있을 만큼 많은 젖소를 소유한 곳은 수도원밖에 없었다. 한편 이 치즈를 만드는 데 필요한 기술과 장비는 상당히 정교하며, 알프스 치즈와 매우 비슷한 형태를 갖추고 있다. 그라나 치즈는 응고물을 잘게 잘라 작은 입자로 만든 다음 응유와 유청을 고온으로 가열하는 방식으로, 이런 기술이 포강 유역에서 독자적으로 발달했을 가능성은 낮다. 즉 이곳의 수도사들이 당대의 알프스 치즈 장인들로부터 치즈 생산 기법을 배운 것으로 보인다. 실제로 12세기와 13세기에는 장크트갈렌과 무리를 비롯한 알프스 북쪽의 수도원들이 알프스 치즈를 생산하는 대규모 장원을 전문적으로 관리하고 있었다. 수도원 간에는 왕래와 소통이 빈번하기 때문에 알프스 북쪽(또는 이탈리아의 고원 지역)의 치즈 생산 기술이 포강 유역의 수도원으로 전해질 기회도 충분했다.

알프스 치즈의 생산 기법을 차용했다 하더라도 포강 유역의 치즈 장인들은 새롭고 색다른 치즈를 만들었다. 강 유역에 소금이 풍부했기 때문에 가능한 일이다. 포강 어귀에 자리한 베네치아는 소금 생산 및 유통의 중심지로, 포강 유역의 소금 교역을 사실상 독점하고 있었다.(Adshead 1992) 이에 따라 그라나 치즈에는 알프스 치즈보다 훨씬 더 많은 소금을 사용했고, 그 결과 염분 함량이 높고 수분 함량이 낮은 치즈가 만들어졌다. 이런 치즈는 숙성 중에 표면의 수분 증발이 많이 일어나지 않아도 오래가고 단단했다. 형태도 얇은 원반형을 벗어나 크고 길쭉한 원통형으로 만들 수 있었다. 원통형 치즈는 숙성 과정에서 선반 공간을 덜 차지하는 장점이 있다.

그러나 치즈는 염분 함량이 높기 때문에 염분에 민감한 프로피오니박테리아의 생장에 불리하다. 따라서 보관 과정에서 알프스 치즈와는 다른 생화학적 숙성을 일으켜 풍미 또한 상당히 다른 결과를 보였다. 그러나 치즈는 상업적으로 성공할 수밖에 없었다. 크기가 매우 크고 손상이 거의 없으며 풍미가 진한 파르메산 치즈를 나룻배에 실어 베네치아까지 나르기만 하면, 해상 교역의 중심지였던 베네치아에서 지중해 지역을 비롯한 먼 곳까지 수송할 수 있기 때문이다. 얼마 지나지 않아 파르메산 치즈는 해외 시장에 진출하여 먼 잉글랜드까지 흘러들었다.

중세에는 그 외에도 다양한 종류의 치즈가 전성기를 맞았다. 중세 유럽의 다양한 환경 및 문화와 경제적 조건 속에서 치즈 생산 기법들이 여러 갈래로 변형됐기 때문이다. 그 결과 각 지역 특유의 치즈를 생산하는 정도에 이르렀다. 그러나 중세 말기에 유럽 북부의 사회 변동으로 인해 전문화된 상업 농업이 시작되었고, 치즈 생산 분야에도 큰 타격을 입힘으로써 다양한 전통 치즈는 위협에 직면했다.

7장

잉글랜드, 네덜란드 그리고 시장 지향 치즈 생산의 대두

무슨 일이든지 사람을 섬긴다는 생각으로 하지 말고
주님을 섬기듯이 정성껏 하십시오. 여러분은 주님께서 약속하신 것을
상으로 받게 되리라는 것을 기억해야 합니다.
여러분은 주님이신 그리스도를 섬기는 사람들입니다.
_「골로새서」 3장 23~24절

"노동이 곧 기도다"라는 베네딕토회의 노동 윤리는 중세 초기에 수도원이 유럽의 경제 주체로 자리 잡는 데 이바지했다. 중세 후기에 시토회는 평수사 제도를 통해 수도사들뿐만 아니라 모든 계층의 사람들에게도 이 노동 윤리를 퍼뜨렸다. 이 과정에서 시토회는 강력한 경제적 동력을 일궈냈다. 베네딕토회와 시토회의 영향력 아래 수도원 소유의 장원 규모가 커지고, (치즈를 포함한) 잉여 농산물이 늘면서 치즈 생산은 점차 상업성을 띠게 되었다. 한편 장원을 소유한 귀족 영주들도 수도원을 경제 모델로 삼아 직영지에서 생산되는 치즈를 상업적으로 관리하기 시작했다.

생활 속의 노동이 곧 신에 대한 예배라고 여기는 수도회의 노동 윤리는 프로테스탄트 개혁가인 장 칼뱅의 가르침을 통해 새롭고 강력하게 표현되었다. 칼뱅은 "무슨 일이든지 주님을 섬기듯이 하라"는 신약의 가르침을 보편적인 교리로 격상시켰다. 또한 신분의 귀천을 떠나 누구나 직업에서 성취를 이룰 수 있다면서 사람들의 의욕을 고취했다. 유럽에서 교역과 상업이 빠르게 성장하던 중세 말에 등장한 칼뱅의 프로테스탄트 개혁주의 신학은 잉글랜드와 네덜란드에서 견고한 지지 기반을 구축했다. 그리고 두 나라에서 일어난 칼뱅주의 개혁 운동은 경제 발달의 속도를 채찍질하고 문화와 경제에 유례없는 변화를 가져왔다.(Granto et al. 1996) 그 과정에서 농업은 시장 지향적이고 전문적인 양상을 띠게 되었으며, 치즈 장인들은 전통적인 생산 기법을 개량할 필요를 느꼈다.

잉글랜드의 치즈 생산: 장원의 영주 직영지에서 요먼 농장으로

14세기 중반에 흑사병이 번지면서 잉글랜드의 대규모 장원 직영지는 몰락하기 시작했다. 흑사병으로 절반이 넘는 노동력을 잃은 영주들은 고육지책으로 농경지를 노동력이 덜한 목축지로 바꾸기 시작했다. 비교적 부유하고 흑사병에서도 살아남은 소작농들은, 역병으로 비어버린 소작지와 영주들이 직접 경작할 여력이 안 되는 직영지를 빌릴 수 있었다. 이를 계기로 15세기에는 장원에 꽤 넓은 땅을 소작하는 '기업적 소작농' 계층이 생겨났고, 이들은 많은 잉여 농산물을 생산하여 현지 시장에 판매했다. 시간이 흐르자 이 기업적 소작농들은 땅을 더욱 철저하게 관리하기 위해 울타리를 치기 시작했다. 또한 노동력 경쟁이 벌어지자 장원 영주들이 제시하는 것보다 더 좋은 조건으로 인력을 고용하기 시작했다.(Kulikoff 2000)

16세기에는 영주들이 공유지에 울타리를 쳐서 기업적 소작농에게 임대하는 인클로저 운동이 전개되어 장원의 해체 속도가 더욱 빨라졌다. 요먼 농부라는 계층으로 자리하고 있던 소작농들은 점차 넓은 땅을 확보하기에 이르렀고, 영주들은 시장이 허락하는 한도 내에서 최대한의 임대료를 요구함으로써 요먼으로부터의 수익을 극대화했다. 요먼 농부들은 이러한 자본주의 농업의 경제적 압력에 대응하고자 저비용으로 고품질을 꾀할 수 있는 제품만을 전문적으로 취급하기 시작했다. 한편 공유지 경작에 의존하던 전통적인 소작농들에게는 인클로저 운동이 파괴적인 영향을 끼쳤다. 더 이상 장원에서 생계를 이을 수 없게 된 이 시골 빈민들은 16~17세기 무렵 일자리를 찾아 도시로 몰려들었다. 대대적인 인구 이동으로 런던의 경우 1520년에 5만5000명이던 인구가 1600년에는 20만 명으로, 1700년에는 50만 명을 넘어섰다.(Kulikoff 2000)

15~17세기 사이에 장원 직영지가 점진적으로 해체되면서 직영지 치즈 생산도 서서히 쇠퇴했다. 특히 헨리 8세가 국고 보충을 위해 1536년에 잉글랜드 수도원의 해산(결과적으로 총 578개의 수도원이 해산했다)을 명하고 수도원 소유의 장원들을 경매에 내놓자 직영지 치즈 생산은 갑작스레 종말을 맞았다. 그러나 치즈 생산의 지식만은 사라지지 않았다. 귀족 및 수도원 소유의 장원에서 일하던 직영지 치즈 장인들(낙농부)은 요먼 계층으로부터 일자리를 구할 수 있었을 것이다. 당시 땅과 가축을 늘려 부를 축적한 요먼들은 도시의 확대된 치즈 및 버터 시장에 막 진입하는 참이었고, 요먼의 뿌리이자 장원 소작농 출신인 직영지 낙농부들은 이미 그 전문성을 널리 인정받은 터였다.(Fussell 1966) 신흥 요먼 계층은 적극적으로 낙농부들의 지식과 기술을 확보하려 했으므로 이 시기에 직영지 치즈 생산 지식이 요먼 농부들의 손으로 넘어갔다.(Valenza 1991)

이때 잉글랜드에서는 또 다른 부문의 상업 농업이 대두되기 시작했다. 런던에서 부를 축적한 상인 계층이 시골의 토지에 투자하면서 점점 불어나는 시골의 젠트리 계층에 합류하기 시작한 것이다. 신흥 젠트리 계층의 대표적인 인물로는 런던의 상인이자 변호사였던 애덤 윈스럽을 들 수 있다. 그는 수도원이 해체되는 시기를 틈타 1544년 베리에 위치한 성 에드먼드 수도원으로부터 서퍽의 그로턴 장원을 사들였다. 윈스럽의 가족은 이스트앵글리아의 이웃 농가와 같은 방식으로 그로턴 장원에서 목우를 키우고 치즈와 버터를 생산했다. 이후 그로턴 장원은 애덤 윈스럽의 손자인 존에게 상속되었고, 존의 아내인 마거릿이 낙농 작업을 감독하며 낙농부와 조수들을 지휘했다. 이때부터 윈스럽 가문은 상업적인 치즈 및 버터 생산에 적극적으로 종사하는 한편, 잉글랜드를 내전의 위기까지 내몰았던 급진적인 칼뱅주의 청교도 운동에도 깊이 관여했다. 존 윈스럽은 결국 청교도들을 이끌고 북아메리카의 대서양 연안으로 이주하여 매사추세츠만에 새로운 식민지를 건설했다.(Bremer 2003) 매사추세츠만 식민지는 주지사인 존 윈스럽의 지도 아래 미국 역사의 전반적인 흐름에 영향력을 행사했을 뿐만 아니라 미국의 치즈 역사에도 중대한 영향을 끼쳤다. 이 이야기는 8장에서 소개하도록 하겠다.

다시 잉글랜드로 돌아가서, 요먼과 젠트리 계층의 상업적 농부들이 주도하는 세계는 장원 직영지와는 판판이었다. 상업적인 치즈 장인들은 시장, 특히 런던 시장의 수요에 맞춰 생산 기법을 개량해야 하는 압박에 처했으나 이를 극복하고 성공에 도달한다. 이와 대조적으로, 1000년 동안 장원에서 이루어지던 소작농 중심의 치즈 생산은 쇠퇴했다. 소작농들이 시골을 떠나 런던과 다른 도시로 몰리면서 그들의 치즈 기술도 잉글랜드에서 거의 사라지고 말았다.

이스트앵글리아 치즈

이제 런던이라는 대규모 시장은 잉글랜드 농업을 전반적으로 변화시켰다. 중세 후반부터 시작된 지역별 전문화가 16세기에는 더욱 빨라졌으며, 이스트앵글리아가 이런 변화를 주도했다. 이스트앵글리아는 런던에 가깝기 때문에 치즈와 버터를 육상 및 해상으로 쉽게 수송할 수 있었다. 이를 바탕으로 이 지역의 전통적인 치즈 및 버터 생산은 에식스와 서퍽을 중심으로 전문 산업화되었다.(Fisher 1935) 이스트앵글리아에서 활발했던 칼뱅주의 청교도 운동 역시 자본주의적 기업 문화의 발달을 촉진했다.

이스트앵글리아는 16세기 런던의 치즈 및 버터 시장을 사실상 독점했다. 이 지역은 플랑드르와 프랑스에도 많은 치즈와 버터를 공급했으며, 영국의 전략적 이해관계가 확대되면서 규모를 늘려가던 잉글랜드 육군과 해군에서도 점점 많은 양의 서퍽 치즈를 구매했다. 게다가 잉글랜드의 해상 교역이 빠르게 성장하자 수많은 상선이 이스트앵글리아의 치즈를 구매하여 식량으로 사용했다.(Everitt 1967; Thirsk 1967) 당시에 체셔와 서머싯 등의 지역에서도 전문적인 낙농업이 성행했으나 유통은 인근 지역 시장을 벗어나지 않았고 치즈 생산 기법도 장원 직영지 시대와 크게 다르지 않았다.

16~17세기에 농가에서는 일반적으로 갓 짠 우유로 치즈를 만들었다.(Fussell 1966) 아침에 짠 우유를 깨끗한 나무 수조에 담고 전날 저녁에 짠 우유에서 걷어낸 크림을 섞은 다음, 우유가 너무 진해지지 않도록 끓인 물을 조금 섞는다. 이 우유가 미지근해지면 레닛을 넣어 빠르게 응고시킨 뒤 중간 정도의 압착과 표면 가염을 포함한 비가열 기법으로 치

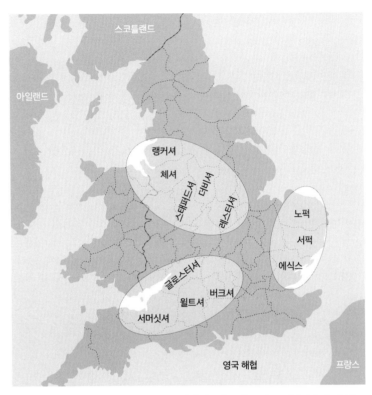

16~19세기의 주요 치즈 산지를 보여주는 19세기 잉글랜드 지도. 이스트앵글리아 치즈(에식스, 서퍽, 노퍽), 남부 치즈(서머싯셔, 윌트셔, 글로스터셔, 버크셔), 북부 치즈(체셔, 랭커셔, 스태퍼드셔, 더비셔, 레스터셔)다.(Gray, c. 1824. *Gray's New Book of Roads*, Sherwood Johns, London 참조.)

즈를 만들었다. 이 과정(비가열, 중압착, 표면가염 치즈)은 1500년 전에 콜루멜라가 묘사했던 건조(숙성) 치즈 생산 기법과 크게 다르지 않으며, 수세기 동안 장원 직영지에서 써온 기법과도 흡사했을 것이다. 16세기와 17세기 초까지 가장 흔히 만들어진 치즈는 무게 4.5~5.4킬로그램, 지름 30~45센티미터, 두께 4~8센티미터가량의 원반형 치즈였다.(Foster

1998) 한마디로 요먼 낙농부들은 장원 직영지에서 쓰던 기법을 그대로 이어받았다고 볼 수 있다.

그러나 17세기 초부터 시장의 변화가 이스트앵글리아 치즈 장인들의 변화를 재촉했다. 우선 잉글랜드가 부를 축적하면서 사치품에 대한 런던 시민의 수요가 증가했고, 오래전부터 부의 상징으로 여겨온 버터의 수요가 급증하여 치즈보다 훨씬 더 비싼 가격에 팔렸다. 당시 고급 버터의 생산지로 유명한 에식스와 서퍽의 장인들은 치즈를 만들기 전에 원유에서 크림을 많이 떠내면 버터의 양이 늘어나므로 수익이 증대된다는 점을 적극 활용했다.(Blundel and Tregear 2006) 이러한 탈지 작업은 몇 세기 전부터 장원 직영지에서도 이루지고 있었지만, 이스트앵글리아의 요먼들은 극단적인 상업 논리를 적용하여 원유를 심하게 탈지하여 치즈 대비 버터의 생산 비율을 크게 높였다.(Cheke 1959) 반면 치즈는 지방 함량이 낮아져 질이 저하될 수밖에 없기 때문에 장기적으로는 전략의 착오였다.

처음에는 이 전략이 효과적으로 보였다. 런던의 빈민 노동자 계층이 늘어나면서 품질은 낮지만 값이 저렴한 '플렛flett 치즈', 즉 탈지유 치즈의 시장이 형성됐기 때문이다. 내구성을 중시하는 해양 시장에서도 플렛 치즈는 소구력을 얻었다. 저지방 응유는 치즈 생산 과정에서 유청이 훨씬 빨리 배출되어 단단하게 건조되는데, 이러한 저지방 치즈는 열악한 환경에서도 쉽게 변질되지 않기 때문이다. 결국 플렛 치즈는 품질은 덜하지만 상선이나 군선에 실리는 식량으로는 적합했다.(Fussell 1935) 그러나 식민 제국이 확장되면서 잉글랜드는 더욱 부유해졌고, 런던 시장에서는 버터뿐만 아니라 고급 치즈에 대한 수요도 상승했다. 17세기에는 수입 치즈가 런던에 들어오기 시작했고, 그중에서도 이탈리아의

파르메산과 네덜란드의 에담Edam이 가장 고급스런 치즈로 평가받았다.(Fussell 1966)

17세기에는 1377년에 정부가 공식 인가한 런던치즈상인협회가 런던의 치즈 및 버터 시장을 독점하기에 이르렀다.(Stern 1979) 이 협회에 고용된 '팩터factor'라는 중개상은 낙농장을 방문하여 치즈와 버터의 품질을 평가하고 농부들과 매매 계약을 체결했다. 치즈상인협회는 또한 이스트앵글리아의 상선과 계약을 맺어 현지 항구에서 런던까지 이틀 만에 치즈를 수송했다. 17세기 전반에 치즈상인협회는 거의 대부분의 치즈와 버터를 이스트앵글리아에서 조달했다.

이 흐름은 오래가지 않았다. 1640년대 후반, 런던에 가장 많은 치즈를 공급하던 서퍽에 큰 홍수가 나면서 소 질병이 돌아 치즈 생산량이 급감하자 치즈상인협회는 다른 치즈 공급원을 찾기 시작한 것이다. 당시 잉글랜드에서는 이스트앵글리아 외에 글로스터, 윌트셔, 버클리, 서머싯, 체셔 등의 지역이 낙농과 치즈 생산을 전문으로 하고 있었으며(Thirsk 1967), 그중에서도 체셔와 서머싯은 이미 품질 좋은 치즈로 명성을 떨치고 있었다. 다만 런던과 거리가 멀다 보니 이 지역에서 나는 치즈는 주로 현지에서 소비되고 있었다. 그러나 1640년대 후반 런던의 치즈 가격이 하늘 높은 줄 모르고 치솟자 이스트앵글리아 외의 치즈 산지도 경쟁력이 올라갔고, 치즈상인협회는 수요를 충족하기 위해 체셔로 눈을 돌렸다.

잉글랜드 북부 치즈

17세기 초에도 체셔 치즈를 런던으로 수송하는 경우는 간헐적으로 있었으나 정기 수송은 1650년에 처음 시작되었으며, 즉시 성공을 거두었다. 수송 기간이 길고(서펙에서는 2일 걸린 반면 체셔에서는 14일 걸렸다) 탈지유가 아닌 전지유로 만든 체셔 치즈는 서펙 치즈보다 훨씬 더 비쌌음에도 불구하고 시장은 폭발적인 반응을 보였다. 품질이 훨씬 좋기 때문에 런던의 부유층이 기꺼이 가격 차이를 감수한 것이다.(Foster 1998) 체셔산 치즈는 금세 런던 시장에서 이스트앵글리아산 치즈를 밀어내기 시작했다. 1664년에는 약 44만 킬로그램의 체셔 치즈가 런던 부두에 상륙했고, 1670년대 중반에는 약 110만 킬로그램, 1680년대에는 약 220만 킬로그램, 1725년에는 약 630만 킬로그램으로 늘었다. 이와 같이 100년이 안 되는 기간에 체셔 치즈는 해안을 통해 런던으로 들어오는 치즈의 90퍼센트를 차지하기에 이르렀다. 당시 서펙 치즈의 시장 점유율은 단 5퍼센트였다.(Stern 1973) 해군마저 서펙 치즈 구매를 중단하고 품질 좋은 체셔 치즈를 사들이기 시작했다.(Foster 1998)

　치즈상인협회가 치즈의 주 공급원을 체셔로 바꾸면서 이스트앵글리아 치즈 장인들은 새로운 문제에 직면했다. 당시 치즈 상인의 입장에서는 버터 공급원을 치즈 공급원과 분리하는 것, 즉 이스트앵글리아(서펙과 에식스)에서는 버터를 최대한 사들이고 고급 치즈는 체셔에서만 조달하는 것이 경제적으로 유리했다. 이에 따라 치즈상인협회는 이스트앵글리아 치즈 장인들에게 버터의 공급량을 늘리지 않으면 함께 구매하는 치즈를 사지 않겠다면서, 치즈 대비 버터의 비율을 높이도록 압박했다. 그 결과 플렛 치즈의 지방 함량은 더 낮아졌고, 품질은 더욱 떨어질 수

222

밖에 없었다. 궁지에 몰린 서퍽 치즈 장인들은 1690년 의회에 치즈상인
협회의 파렴치한 관행에 대해 청원을 했다.

> 런던치즈상인협회는 최근 몇 년간 농부들에게 플렛 치즈 생산을 권장하
> 여, 치즈와 함께 판매하는 버터의 양을 한 짐에 4퍼킨으로 늘리라고 요청
> 했습니다. 그러나 이렇게 만든 치즈는 노예나 먹을 만한 것이며, 이로 인
> 해 상품의 평판이 나빠지고 있습니다. 이를 막지 않으면 악화된 평판이 대
> 중적인 편견으로 자리 잡을 것입니다.(Journal of the House of Commons,
> vol. 10:1688-1693 (London, 1802), 475-476, *Blundel and Tregear* 2006에
> 서 재인용.)

청원에 등장하는 '노예'란 영국이 이 시기에 활발하게 개척 중인 서
인도 제도의 설탕 플랜테이션에서 일하는 노예를 가리키는 것으로 보인
다. 그러나 서인도 제도 시장도 이스트앵글리아 치즈 장인들에게는 역
부족이었다. 약 60년 전에 이스트앵글리아를 떠난 이민자들의 손주 세
대인 뉴잉글랜드 식민지의 청교도 치즈 장인들이, 이스트앵글리아가 한
세기 전에 런던 시장을 공략할 때 썼던 전략을 공격적으로 펼치며 서인
도 제도의 치즈 및 버터 시장을 장악하고 있었기 때문이다.

새로운 농업 자본주의 체제하에 승승장구하던 체셔의 치즈 장인들도
치즈상인협회의 압력을 받았다. 체셔에서 런던으로 가는 공급로는 이스
트앵글리아보다 훨씬 더 길고 복잡한 만큼 치즈 상인들의 위험 부담도
컸다. 체셔 농부들은 화물이 치즈 상인의 창고에 들어간 뒤에야 대금을
지급받았고, 치즈 상인과 중개상은 치즈가 팔릴 때까지의 비용 및 위험
을 부담했다. 체셔와 런던을 왕복하는 화물선이 한 해에 서너 번 운행되

었다는 점을 고려하면, 치즈가 런던에서 판매되기 전까지 창고와 수송 수단에 보관되는 기간은 최대 4개월까지 길어지기도 했다.(Foster 1998) 그동안 치즈의 품질이 떨어져서 시장 가치가 낮아질 수도 있으며, 수분 증발로 인해 치즈의 무게도 줄어들 수밖에 없었다. 따라서 농장에서 계약하고 창고에서 대금을 치른 양에 비해 런던에 도착한 치즈의 양이 훨씬 더 적었으며, 수송 과정에서 치즈가 메마르는 경우도 잦았다.(Stern 1979)

이런 연유로 치즈 상인들은 더 비싼 값에 판매할 수 있는 큰 치즈를 선호했고, 결국은 작은 치즈의 구매를 거부하기에 이르렀다. 큰 치즈는 부피 대비 표면적이 적으므로 보관 중에 증발로 인해 무게가 줄어드는 현상이 덜했고, 쉽게 메마르지 않아서 안쪽의 풍미도 한층 부드러웠다. 치즈의 크기가 크면 전반적으로 취급하고 보관하기도 쉬웠다. 파렴치한 치즈 상인들은 보관 중의 치즈 중량 감소에 따른 비용을 농가에 전가하기 시작했다. 창고와 수송 공간이 부족하다는 핑계를 대면서 시간을 끌다가 합의한 수송일이 한참 지나서야 치즈를 입고시키는 전략이었다. 이처럼 상인들이 해상 운송을 시작하기 직전까지 치즈를 받지 않는 꼼수를 쓰자, 농가에서 치즈를 보관하는 기간이 길어졌고 이를 위해 부담해야 하는 비용도 점점 커졌다.(Sterm 1979) 이에 따라 농가에서는 치즈를 보관하는 동안 수분 손실을 최소화하는 문제가 시급해졌다.

체셔의 치즈 장인들은 이에 대응하여 지름(약 38센티미터)은 같으면서 더 두껍고 무거운 치즈를 생산했다. 그 결과 1600년대 중반에 평균 4.5~5.4킬로그램이었던 체셔 치즈의 무게가 18세기 초에는 약 9~11킬로그램으로 늘어났다. 그러나 치즈 생산 기법과 품질 면에서 이는 쉽지 않은 일이었다. 크고 두꺼운 치즈는 압착 직후의 수분 함량을 낮추지 않으면 과도한 수분으로 인해 내부가 쉽게 썩기 때문이었다.(Foster 1998) 게다가 치즈가 크고 두꺼워지면 소금을 표면에 문질러 치즈 구석 구석으로 고르게 침투시키는 시간도 길어지므로 역시 내부 부패의 위험이 크다. 그 결과 수분 함량과 염분 함량을 제어하기 위한 신기술 개발이 시작되었고, 이후 150년간 잉글랜드의 치즈 장인들은 이 부분에 집중적으로 매달렸다.

최초의 대대적인 기술 혁신은 18세기 초에 일어났다. 체셔 치즈 장인들이 최대 1600킬로그램에 달하는 누름돌을 이용한 대형 치즈 압착기를 개발하여, 전통적인 압착기로 가능했던 것보다 훨씬 더 높은 압력을 가할 수 있게 된 것이다. 또한 나무로 만들어진 압착기 틀에 작은 구멍을 뚫고, 이 구멍을 통해 나무 꼬챙이를 치즈에 꽂았다 빼어 유청 배출을 촉진하는 기법도 개발됐다. 이로써 압착 직후 수분 함량이 낮은 대형 치즈를 만들 수 있게 되었다.

18세기 중반에 일어난 또 하나의 혁신은 압착하기 전 응유 입자에 소금을 섞는 기법이다.(Fussell 1966) 체셔 치즈 장인들은 프랑스 마시프 상트랄 지역의 치즈 장인들이 수백 년간 사용해온 이 기법을 통해 압착 과정에서 유청 배출을 촉진하고 염분이 잘 스며들게 하여 내부 부패에 강한 대형 치즈를 완성시켰다. 이때까지만 해도 압착 후 치즈 표면에 소금을 발라 외피를 형성시켰지만, 수분 함량이 낮아지고 염분 함량이 일정해지자 굳이 표면을 통해 수분을 증발시키지 않아도 내부 부패가 일어나지 않았다. 그 결과 증발을 통한 수분 손실을 방지하는 것, 즉 치즈가 지나치게 마르지 않도록 수분을 유지하는 것이 관건이 되었다. 이에 따라 체셔의 치즈 장인들은 또 하나의 기술 혁신을 이루어냈다. 완성된 치즈의 표면에 버터를 여러 번 문질러서 얇은 기름막을 입힘으로써 표면을 통한 수분 증발을 막는 기법이다.

체셔 지역의 치즈 장인들이 기술 혁신을 이루자 주위 지역에서도 체셔의 방식을 따랐고, 18세기에는 랭커셔와 스태퍼드셔, 더비셔에서 체셔 치즈와 유사한 기법으로 만든 '북부 치즈' 생산이 활발해졌다.(Cheke 1959) 18세기 중반에 이르면 지름은 여전히 38센티미터지만 두께는 13~20센티미터, 무게는 14~27킬로그램에 달하는 체셔 치즈가 일반화됐다.(Foster 1998) 이만한 치즈 하나를 만들려면 소 20~30마리의 젖이 필요했고, 그러려면 젖소 떼의 규모도 커야 했다. 처음에는 소규모 농가들이 우유를 모아서 대형 치즈를 만들었다. 그러나 당대의 경제적 요구에 따라 치즈 장인들은 점차 농장의 규모를 키울 수밖에 없었고, 이에 따라 소규모 농장을 합병하여 대규모 농장을 설립하는 현상이 본격적으로 일어나기 시작했다.

잉글랜드 남부 치즈

18세기 후반 잉글랜드는 한층 복잡해진 경제를 뒷받침하기 위해 대대적으로 수송망 개선 사업에 나섰다. 기존의 도로를 개선하거나 새 도로를 냈고, 배가 다닐 수 있도록 운하망을 건설함으로써 이전에는 수송로가 닿지 않았던 농업 지역에서도 런던 시장으로 상품을 보낼 수 있게 되었다. 이에 따라 치즈의 품질로 명성을 떨치던 서머싯과 그 인근의 글로스터셔, 버크셔, 월트셔의 치즈가 지속적으로 런던으로 흘러들기 시작했다.(Cheke 1959) 이 지역에서는 전통적인 원반형 치즈(약 4.5킬로그램)가 만들어졌으며, 그중에서도 더블 글로스터Double Gloucester 치즈(약

9~11킬로그램)와 서머싯산의 커다란 체더Cheddar 치즈가 일반화됐다. 여기에는 크기가 큰 체셔 치즈를 중심으로 유통망을 구축한 치즈상인협회의 압력이 작용했을 것이다.

남부 지역의 치즈 장인들은 체셔와는 다른 전략으로 치즈의 수분 함량을 낮춰 내부 부패를 방지했다. 그들이 개발한 기법은 응유를 데치는 방식으로, 응유에서 짜낸 유청을 주전자에 넣고 가열한 다음 다시 치즈조 속의 응유에 부어 유청 배출을 촉진하는 식이다. 이 데치기 기법은 큼직한 치즈 생산으로 유명한 서머싯의 체더 지역 치즈 장인들에 의해 일찌감치 16세기에 개발된 것으로 보인다.(Camden 1586) 그리고 인접 지역으로 전해져 더블 글로스터 치즈 생산의 표준으로 자리 잡았다.(Marshall 1796) 시간이 지나면서 장인들은 응유가 아직 입자 상태일 때, 즉 응유에서 유청을 짜내기 전에 응유를 가열하기 시작했다. 개량된 이 방법을 쓰면 응유 입자를 고르고 완전하게 가열할 수 있기 때문에 응유의 압축과 유청 배출이 더욱 빨리 이루어졌다.

압착 전에 가염을 하는 체셔 지역과는 달리 체더, 글로스터 등의 남부 지역에서는 압착 후에 표면에 소금을 묻혔다.(Fussell 1966) 하지만 18세기 말에 월트셔에서는 체셔의 '압착 전 가염' 관행을 차용한 두꺼운 치즈를 만들어서 더블 글로스터라는 이름으로 런던에 판매하기 시작했다.(Marshall 1796) 이와 같이 데치기와 사전 가염을 함께 사용한 것은 잉글랜드 압착 치즈의 역사에서 매우 중요한 변화였다. 이 방식으로 인해 내부 부패가 일어나지 않을 만큼 수분 함량이 낮고 염분 함량이 높은, 그러면서도 숙성 과정에서 풍미와 질감이 유지되는 치즈가 탄생했기 때문이다. 19세기 초에는 서머싯의 체더 치즈 장인들이 이 기법을 받아들였고, 같은 시기에 미국의 치즈 장인들도 이 기법을 차용했다.

미국 치즈 장인들은 처음부터 잉글랜드의 기술을 받아들였기 때문에 아메리카의 치즈 생산은 잉글랜드의 치즈 생산과 매우 흡사하다.(Deane 1790; Hough 1793; Johnson 1801) 이 주제에 대해서는 제8장에서 더 자세히 살펴볼 것이다. 이후 이 기법으로 만들어지는 치즈에는 실제 산지와 무관하게 '체더'라는 이름이 붙었고, 오늘날 체더 치즈는 지구상에서 가장 널리 생산되는 치즈로 자리 잡았다.

19세기 초 잉글랜드의 주요 치즈는 크게 두 가지로 나뉜다. 하나는 체셔가 대표하는 북부 치즈 그리고 이와 유사하지만 가열하지 않고 사전 가염하여 강하게 압착한 치즈, 다른 하나는 데치기를 거쳐 사전 가염한 뒤 강하게 압착하는 체더 치즈다.(Cheke 1959) 데치기 과정이 없는 북부 치즈는 남부 치즈보다 수분 함량이 높고, 따라서 산도도 높다. 그중에서 특히 산도가 높은 것이 스틸턴stilton 치즈로, 오늘날에도 명성이 높은 이 치즈는 18세기 중반부터 두각을 드러내기 시작했다.(Hickman 1995) 스틸턴 치즈도 체셔 치즈와 마찬가지로 압착 전에 응유에 사전 가염을 하지만 체셔만큼 치즈를 강하게 압착하지 않았고, 제조 과정에서 다양한 기법으로 유청 배출을 최소화했다. 커다란 원통형인 스틸턴 치즈의 크기와 모양은 숙성 과정의 통한 수분 손실을 제한하기 위한 것이다. 이렇게 만들어진 치즈는 질감이 부드럽고, 수분이 많고 산도가 높기 때문에 시원하고 습한 환경에 보존하면 치즈 안팎에 곰팡이가 생겼다. 이 치즈는 무척 촉촉하고 부드러워서 숙성 과정에서 원통형 치즈가 넘어져도 모양이 망가지지 않도록 붕대로 감아야만 했다.

숙성 중에 외부를 보호하는 용도로 붕대를 사용한 최초의 치즈는 스틸턴이지만, 이 붕대를 최초의 '포장용 막'으로 개량하여 '외피가 반쯤 없는' 장기 숙성 치즈를 만들기 시작한 것은 체더 치즈 생산자들이었다.

이때까지 치즈 장인들은 표면 가염을 통해 밀도 높고 물기 없는 외피를 형성시켜, 치즈 표면을 물리적으로 보호하고 숙성 및 보관 과정에서 지나친 건조가 일어나지 않게 했다. 그러나 데치기와 사전 가염을 도입한 체더 치즈는 표면 가염이 필요치 않았다. 즉 기술적으로 '외피가 없는' 체더 치즈를 만들 수 있게 된 것이다. 그래도 치즈를 물리적인 손상으로부터 보호하고 마르거나 갈라지는 현상을 막을 수단은 필요했다.

아메리카 지역에서는 치즈의 표면 보호가 요구되었다. 아메리카의 여름 기온은 잉글랜드보다 훨씬 높아서 제대로 보호하지 않으면 치즈가 메마르고 갈라지며 모양이 망가지는 현상이 빚어지기 때문이다. 그중에서도 표면이 갈라지는 현상이 잦아서 치즈에 구더기가 슬고 부패되기 십상이었다.(Deane 1790) 18세기 말에(어쩌면 훨씬 일찍) 아메리카의 치즈 장인들은 치즈에 '옷을 입히면' 이 문제를 완화할 수 있다는 사실을 알아냈다. 즉 유청 버터를 녹여 표면에 여러 차례 덧바르는 기술이었다. 이 버터층은 얇으면서도 오래가는 막을 형성하여, 수분 증발을 차단하고 표면이 갈라지거나 구더기가 스는 현상도 방지해주었다. 게다가 외피 형성 과정에서 수분이 빠져나오지 못하게 해주기 때문에 치즈 생산량도 늘릴 수 있었다. 이 막은 치즈를 먹기 전에 쉽게 벗겨낼 수 있으므로 치즈의 낭비도 적었다.(Johnson 1801) 미국 치즈 장인들이 이 기법을 체셔의 장인들에게서 배웠는지, 독립적으로 개발했는지는 분명하지 않다. 어느 쪽이든 치즈 표면을 처리하는 이 방법이 압착 후에 붕대로 치즈를 감은 다음 그 위에 버터를 녹여 바르는 기법의 전신인 것은 확실하다. 붕대를 사용하는 기법은 19세기 초에 개발되었으며, 기름 먹인 붕대는 기능이 더욱 오랫동안 유지되기 때문에 큰 원통형 치즈를 효과적으로 보호했다. 이처럼 기름 먹인 붕대나 천으로 감아놓은 '외피가 반쯤 없는' 치즈는 전통적인 외피 치즈에 비해 매우 경제적이어서 잉글랜드와 아메리카의 치즈 장인들은 모두 이 기법을 받아들였다.

그렇다면 어디에서 먼저 시작한 것일까? 이것은 단언하기 힘들다. 이 문제에 대해서는 8장에서 다시 살펴보겠지만, 붕대에 기름칠을 하는 기법은 미국에서 먼저 개발되어 영국으로 전해졌을 가능성이 높다고만 해두겠다. 그 전까지만 해도 미국은 언제나 영국에서 새로운 치즈 생산 기법을 도입했지만 이제는 대서양을 건너는 신기술의 흐름이 역방향으로도 전개되기 시작한 것이다. 붕대 기법은 시간이 지나면서 발전했다. 지방층을 입힐 때 버터 대신 더 저렴하고 효과적인 라드를 쓰기 시작한 것, 완성된 치즈를 뜨거운 물에 데쳐 표면을 '닫아서' 내구성을 높인 것 등이 그 예다. 19세기에는 미국과 영국 모두 붕대 기법이 널리 사용되었으며, 19세기 말에는 왁스 코팅이 등장했고, 20세기에는 여러 겹의 포장과 필름이 개발되어 치즈를 물리적으로 보호하고 수분이 날아가는 것을 더욱 효율적으로 막을 수 있게 됐다.

낙농부의 유산

농업 자본주의의 대두로 영국의 시골 지역에서는 근본적인 변화가 생겼지만, 낙농부들은 영주 직영지에서 몇 세기 동안 일해왔듯이 요먼 농장에서도 치즈 생산을 도맡았다. 그러나 여성의 전유물이던 생산 분야에서 남성이 영향력을 발휘하기 시작했다. 18세기의 계몽주의 등장을 계기로 영국에서는 새로운 과학 기술이 개발되었고, 경제 부문에서도 체계적이고 합리적인 방식이 도입되었다. 이는 농업에서도 예외가 아니었다. 상류층 신사와 부유한 상인이 농업 관행을 개선하려는 노력을 주도하면서 과학적·경험적 지식으로써 농장 경영의 수익성을 높이고자 했다.(Valenze 1991)

이에 따라 여성이 주도하던 치즈 생산의 영역에 고등교육을 받은 윌리엄 마셜 등의 영국 신사들이 요먼 농장의 운영 관행을 연구하고 기술적 담론과 모범 사례를 제시했다.(Marshall 1796) 마찬가지로, 치즈 중개상들도 일관된 치즈 품질을 유지하기 위해 거래하는 치즈 농장에서 일하는 여성들의 생산 과정을 연구하기 시작했다. 조사이어 트웸리는 그런 중개상 중의 한 명으로서, 18세기 말과 19세기 초에 치즈 생산의 모범 사례를 소개한 종합 지침서를 각각 한 권씩 발간했다.(Twamley 1784; Twamley 1816) 마셜과 트웸리의 저서는 그 시기에 다른 남성 저자들이 펴낸 기술논문 및 과학기사와 마찬가지로 치즈 생산 과정의 신비를 파헤친 것으로, 어머니가 딸에게 또는 여주인이 하인에게 '비밀 지식'을 전수해오던 낙농부들의 지위를 위협했다.

19세기 중반, 조지프 하딩이 치즈 생산의 원리를 과학적으로 설명한 기념비적인 저작을 펴냄으로써 기술적인 치즈 생산 지식은 남성 중심의 공공 영역으로 넘어가기 시작했다. 하딩과 동시대인들은 빠르게 진보하는 자연과학 지식을 적용하고 과학적인 원리에 따라 치즈 생산을 체계화하여, 특정 치즈 종류를 어디에서나 똑같은 품질로 만들어낼 수 있는 표준 지침, 즉 '제조법'을 최초로 개발했다.(Blundel and Tregear 2006) 치즈 과학 및 기술에 대한 공공의 지식이 차곡차곡 쌓이면서 19세기 후반 낙농 기술학교가 설립되었다. 이로써 치즈 생산 기술을 지켜오던 낙농부의 지위는 한층 격하되었다.

전통적인 여성 치즈 장인에게 위협적이었던 것은 남성 저자들의 태도였다. 그들은 여성 치즈 장인을 시대에 뒤떨어지고 편협하며 신기술 학습에 반감을 지닌 부류로 묘사했다.(Valenze 1991) 19세기 중반의 이런 사회적 분위기에서 여성 치즈 장인은 당장 역사의 뒤안길로 사라져도 이상하지 않을 것만 같았다. 하지만 낙농부도, 농가 치즈 생산도 사라지기는커녕 끈질기게 살아남아 20세기 초에 다시 활력을 보이기 시작했다. 역사의 장난인지, 미국에서 치즈 공장이 등장하는 바람에 영국에서는 여성 장인의 지위와 전통 치즈의 산실인 농가가 살아남을 수 있었다.

1851년 개업한 최초의 치즈 공장이 성공을 거둔 후, 19세기 후반 미국에서는 공장 치즈 생산이 성행했다. 이러한 성장은 급격한 인구 증가를 겪던 영국이 식품 관세를 낮춰 수입을 장려한 시기와 맞아떨어진다. 미국에서 남북 전쟁이 발발했을 때는 미국산 '체더' 치즈가 영국으로 조금씩 흘러들기 시작했고, 이 흐름은 곧 격류로 변했다. 미국의 값싼 공장 치즈가 유입되자 영국의 치즈 가격은 급격히 떨어졌고, 이에 영국의 치즈 장인들은 세 가지 방법으로 대응했다. 그중 하나는 우유를 런던 같은 대도시의 시장에 공급하는 것으로, 19세기 중반 영국이 철도를 개발한 덕분에 가능해진 유통 시스템이다. 경쟁이 심한 치즈 시장보다는 우유 시장의 수익성이 높다고 판단한 다수의 농가 치즈 장인들은 치즈 생산을 중단했다.(Blundel and Tregear 2006) 또 하나의 방법은 힘을 합쳐 직접 공장을 세우는 것이었다. 그중 첫 공장이 1870년에 운영을 시작했다. 그러나 공장 치즈 생산의 경험이 20년이나 앞서 있는 미국과 경쟁하기에는 역부족이었다. 게다가 낙농 지역에서는 치즈 공장 설립에 거세게 반발했다. 최고의 치즈는 농가에서 경험 많은 낙농부가 만드는 것이라는 인식이 깊숙이 자리하고 있었기 때문이다. 미국이든 영국이든 공장에서 만든 치즈는 유서 깊은 농가 치즈에 비해 품질이 떨어진다는 인식이 일반적이었고, 이를 계기로 낙농부의 관록이 영국 시골 지역의 경제와 문화에 끼치는 영향력이 재평가되기 시작했다.(McMurry 1992) 그러나 미국을 비롯한 캐나다와 뉴질랜드에서 생산되는 저렴한 공장 치즈에 밀려 영국의 치즈 생산은 몰락하고 말았다. 1920년대에 영국에서 소비되는 치즈의 75퍼센트가 수입산이었으며, 주로 뉴질랜드 산과 캐나다 산이었다. 반면 영국에서 생산되는 치즈는 농가 치즈가 전체 국내 생산량의 75퍼센트를 차지했다. 19세기 후반에 급격한 쇠퇴를 겪긴 했지만 20세기 초반에 이르는 30년 사이에 다시 농가 치즈가 살아난 것이다.(Blundel and Tregear 2006) 진보적인 치즈 공방 장인들이 낙농부의 경험을 살려 고급 치즈라는 틈새 시장을 개척한 결과였다.

그러나 대공황과 제2차 세계대전이라는 위기가 닥치자 농가 치즈 생산은 다시금 멸종 직전으로 내몰렸다. 우선순위가 높은 몇 종류의 경성 치즈를 공장 생산으로 대체한다는 전시 정책에 따른 것이다. 이러한 전시 통제는 1950년대 초에 막을 내렸지만 농장 중심의 치즈 생산은 과거의 모습을 회복하지 못했고, 1950년대 말에는 공장 치즈 생산이 국내 생산량의 95퍼센트를 차지하기에 이르렀다.(Blundel and Tregear 2006) 그러나 품질 좋은 농가 치즈에 대한 기억이 불씨가 되어 다시 영국의 치즈 생산 전통을 회복하려는 움직임이 나타나게 되었다.

네덜란드: 유럽의 치즈 공급지

네덜란드의 시장 중심 치즈 생산은 여러 측면에서 잉글랜드와 비슷하다. 그러나 중요한 차이점이 하나 있는데, 네덜란드의 변화가 더 늦게 시작된 만큼 짧은 기간에 폭발적으로 진행되었다는 점이다. 10세기 전의 네덜란드 영토는 대부분 사람이 살지 않거나 인구밀도가 희박한 황무지로, 물에 잠긴 토탄 늪과 바닷가의 목초지로 이루어져 있었다. 이런 땅은 여름에는 물기가 많아 경작이 불가능하고 겨울에는 북해의 폭풍으로 홍수졌다. 네덜란드에서 상업적 낙농업이 경제의 유의미한 요소로 대두된 것은 15세기에 들어서였다.

그럼에도 네덜란드의 해안 지역은 신석기 시대 말기까지 거슬러 올라가는 원시 낙농 및 치즈 생산의 역사를 지니고 있다. 넓은 해안 염습지에 솟아 있는 모래언덕 위에 작은 촌락들이 형성되었고, 주민들은 배수가 좋은 언덕에서 몇 가지 작물을 재배하면서 젖소 목축과 낙농에 크게 의존했다. 여름이면 촌락 아래에 있는 해안 목초지에서 소에게 풀을 뜯기고 겨울이면 고지대로 돌아오는 식의 이목을 했다. 로마 시대 이전의 촌락 유적에서 대량의 소뼈와 동물 유해, 버터 교반기와 치즈 틀이 출토된 것으로 보아 네덜란드의 옛 주민에게 낙농업과 유제품은 매우 중요한 생활 기반이었음을 알 수 있다.(TeBrake 1985)

이후 네덜란드를 점령한 로마군은 라인강을 따라 군 주둔지를 세웠고, 주둔지에 공급할 식량이 필요했다. 로마군은 군 시설 운영에 필요한 가축과 유제품, 기타 농산물을 공물, 세금, 교역의 형태로 토착민으로부터 조달했다.(TeBrake 1985) 그러나 척박한 환경 때문인지 네덜란드에는 식민지를 건설하지 않았다. 대신 남쪽의 플랑드르와 브라반트에 식민지를 집중 건설하여 광범위한 도로망을 구축하고 도시와 농업 빌라를 건설했다. 그 결과 로마 제국이 몰락한 뒤 플랑드르와 브라반트에서는 튼튼한 장원 경제가 발달했으나 네덜란드는 여전히 황무지로 남아 있었다.(de Vries 1974) 실제로 모래언덕 위의 촌락과 강어귀에 늘어선 몇몇 촌락을 제외하면 네덜란드 서쪽의 땅은 대부분 중세까지 비어 있었다. 이와 같이 네덜란드는 11세기에 유럽 북부의 직물 제조 중심지로 두각을 나타낸 플랑드르와는 대조적으로 벽지의 미개척 지역에 지나지 않았다.

그러나 그후 몇 세기에 걸쳐 네덜란드의 풍경은 극적으로 변했다. 번성한 플랑드르의 경제와 대규모 개간 사업의 파급 효과인지는 알 수 없으나, 네덜란드의 황무지 대부분을 공동 소유하고 있던 네덜란드 백작들과 위트레흐트 주교들이 11~14세기까지 대대적인 개간 사업을 벌인 것이다.(van Bavel and van Zanden 2004) 물기 많은 토탄 늪을 개간하는 일은 매우 고되고 노동집약적이었다. 밭을 하나 개간할 때마다 약 1미터 깊이로 배수로 망을 구축해야만 지하수면을 낮추어 마른 지표를 유지할 수 있었다. 또한 배수가 되지 않는 주변 땅에서 흘러드는 빗물을 막으려면 낮은 둑도 건설해야 했다.(TeBrake 1981) 교회의 장원에는 잉여 노동력이 거의 없었기 때문에 이런 대규모 개간은 추진하기 힘들었다. 백작과 주교들은 개간에 필요한 노동력을 확보하기 위해 극단적인 방법을 택할 수밖에 없었다. 현지의 소작농들에게 자유를 주고 개간한 땅에 대해 절대적이고 독점적인 재산권을 부여하겠다고 선언한 것이다. 그로 인해 소작농의 토지 사용이 비교적 자유로워졌고, 개간을 마친 전원 지역에서는 그들이 운영하는 대규모 가족 농장이 형성되었다.(van Bavel and van Zanden 2004)

처음에는 개간지에 빵의 원료가 되는 곡물을 재배했으며, 그에 따라 1000~1300년 무렵 곡물 생산량이 급증했다. 반면 낙농업은 과거와 다름없이 해안 염습지에서 소규모로만 이루어졌다. 개간지에 세운 소작농들의 농장이 번창하자 네덜란드의 인구도 꾸준히 늘었다. 소규모 농장에서 생산된 잉여 곡물을 기반으로 레이던, 하를럼, 암스테르담, 덴하흐(헤이그), 델프트, 로테르담, 하우다 등의 도시가 성장하기 시작했다. 동시에 북해에 면해 있으며 라인강 어귀에 가까운 전략적인 위치로 인해 해상 무역이 발달하면서 성안 마을 및 도시에 부를 안겨주었다. 곡물 중심으로 경작되던 네덜란드의 개간지는 14세기까지만 해도 늘어나는 도시 인구를 먹여 살리면서 계속 번창할 것처럼 보였다.

하지만 이후 두 세기 동안 인간이 불러들인 환경 재해로 곡물 생산은 몰락했고, 이러한 농업의 극적인 변화에 따라 낙농 및 치즈 생산이 급격히 증가하게 되었다. 환경 재해란 수백 년간 이어진 토탄 늪의 배수와 토지 개간의 후폭풍으로, 네덜란드 전체 지형에 영향을 끼쳐 광활한 땅덩어리가 수축되고 지표가 서서히 가라앉기 시작한 것이다. 거대한 생물학적 스펀지라 할 수 있는 토탄 늪은 많은 물을 흡수하면 부피가 팽창한다. 이처럼 장기간 물을 흡수하여 불어난 토탄 늪은 지표를 팽창시켜 볼록 솟게 한다. 반대로 토탄 늪에서 물이 빠지면 팽창이 멈추고 '스펀지'가 수축하여 지표가 그릇처럼 움푹 꺼지게 된다. 그 결과 네덜란드 서부의 토탄 늪 위에 개척해놓은 대부분의 경작지가 서서히 꺼지기 시작하여, 해수면보다 몇 미터 높았던 지표가 해수면보다 몇 미터 낮아지기에 이르렀다.(TeBrake 1985)

엎친 데 덮친 격으로, 14세기 중반에는 해수면이 상승했다. 토탄 지대가 낮아지고 해수면이 상승하자 개간지의 지하수면도 높아져서 해안 지역은 침수 위기에 처했다. 게다가 개간지에 물기가 많아지자 배수가 잘 되는 흙에서 키워야 하는 밀과 곡물들이 잘 자라지 않았다. 네덜란드 농부들은 농사를 아예 포기하거나, 아니면 물기 많은 토질에 적합한 작물로 바꾸고 침수를 막을 대책을 강구해야 했다. 많은 네덜란드 농부들은 농업 관행을 바꾸고 북해와 싸우기를 선택했고, 인간의 강인한 의지와 창의력을 발휘했다.

네덜란드인은 침수를 막기 위해 간척지pol'der 체계를 개발했다. 밭을 둑으로 에워싸고 표면의 물을 펌프로 뽑아내는 방식으로 영구적인 마른 땅을 만들어낸 것이다. 1408년에는 13세기부터 곡물을 빻을 때 쓰던 풍차를 펌프와 연결하여 폴더에서 물을 빼내기 시작했다. 15세기 중반에 이르면 풍차 펌프가 네덜란드 시골 지역의 특징으로 자리 잡았다. 이로써 수 세기 전에 개간한 땅이 다시 개간되기 시작했다. 그러나 높은 지하수면 때문에 여전히 밀 생산에 부적합한 폴더가 많았으며, 이런 경우에는 용도를 바꾸어야 했다. 일부 소작농은 물기가 많은 토양에서도 자라는 보리와 홉을 재배하기 시작했으며, 그에 따라서 맥주 공방이 늘어났다. 또 많은 소작농들이 경작을 포기하고 낙농과 치즈 및 버터 생산으로 전업했다. 그리하여 1350~1500년 사이에 치즈와 버터의 생산량이 서서히 증가하여 해상 무역을 통해 부를 축적한 인근의 도시로 판매되었다.

국내에서 재배하는 곡물로는 증가하는 도시 인구를 부양하기 어려워지자 네덜란드는 프랑스와 발트해 지역으로부터 대량의 곡물을 수입해야 했고, 식량을 수입할 비용을 벌기 위해서는 고가치 수출품이 필요했다. 이 시기에 밀 재배에서 보리 재배와 낙농으로 전환한 농가가 많아지면서 맥주와 치즈의 잉여 생산량이 늘어나 좋은 기회를 제공했다. 마침 유럽 전역은 번창하고 있었고 교역도 활발했기 때문에 네덜란드는 풍부한 맥주와 치즈를 수출하기 시작했다. 15세기에 이르자 네덜란드는 독일의 라인강 지역과 플랑드르에 소량의 치즈를 수출하게 됐으며, 오래전부터 시장에서 지위를 굳힌 잉글랜드산 치즈와 경쟁을 벌였다.(van

Bavel and van Zanden 2004)

15세기 초 네덜란드에 칼뱅주의가 득세하면서 지난 수백 년간 키워온 네덜란드인의 기업가 정신이 더욱 강해졌다. 네덜란드의 탄탄한 해상 무역 인프라와 도시 인프라가 만나고 독립적인 소작 문화에 기업가 문화가 접목되자, 조그만 황무지에 지나지 않았던 네덜란드는 전문화된 고부가가치 농산물(맥주와 특히 치즈)을 기반으로 유럽에서 가장 부유하고 강대한 제국으로 거듭났다. 1500~1700년 사이에 네덜란드의 경제는 유럽의 어느 국가보다 빠르게 성장했다. 여기에는 시골 경제의 변혁과 밀접한 관계가 있다. 목장을 중심으로 하는 소작농가가 고도로 전문화되고 규모도 확대된 것이다. 16세기 초기에 낙농가가 키우는 소는 가구당 평균 5~6마리였는데 16세기 중반에는 15마리가량으로 늘어났다. 이처럼 규모가 커지고 전문화되자 예전에 자급자족하던 농장들이 재화와 용역의 소비자로 변모했다. 이런 수요를 충족하기 위해 전원 지역 곳곳에 낙농 마을이 생겨났다.(de Vries 1974)

치즈 생산량이 크게 증가함에 따라 국내 시장은 복잡한 판매 및 유통 기능을 수행해야 했다. 특히 국외에 상품을 판매하는 시장의 경우 이러한 역할이 강조되었다. 1408년의 기록에서 처음 언급된 네덜란드 북부의 알크마르 시장은 최초의 치즈 시장 중 하나로, 16세기에 확장되었다가 17세기에 더욱 크게 확장되었다. 1700년대 초기에 알크마르 시장에서 취급한 치즈의 양은 연간 270만~320만 킬로그램에 달했다. 이후 통계에 따르면 1758년부터 1830년까지 무려 2억 4350만4183킬로그램의 치즈가 이 도시를 통과했다.(Flint 1862) 하우다 시장은 네덜란드 남부에서 가장 큰 치즈 시장으로, 17세기에 연간 180만~270만 킬로그램의 치즈를 취급했고, 에담 인근의 호른 시장이 그 뒤를 바짝 따라붙어서 연간 180만~250만 킬로그램의 치즈를 취급했다. 그 밖에도 네덜란드 전역에 비슷한 시장이 많았다.(de Vries 1974)

알크마르·로테르담·암스테르담·호른은 국외 수출을 전담했고, 18세기에 로테스담과 암스테르담은 연간 140만~230만 킬로그램의 치즈를 수출했다. 호른은 '온 유럽의 치즈 공급지'라 불리면서 치즈 수출의 중심지로 인정받았으나 믿을 만한 수치는 존재하지 않는다.(de Vries 1974) 1803년 발표된 공신력 있는 전국적 기록에 따르면, 그해 치즈 수출량은 총 850만 킬로그램에 달했다. 좁은 국토 면적을 고려할 때 대단한 양이다. 치즈는 상선의 필수 식량이었으므로 네덜란드산 치즈는 이탈리아와 이베리아반도를 중심으로 독일, 영국, 프랑스, 서인도 제도, 북아메리카 등 네덜란드의 강력한 상선단이 가는 곳이라면 어디든 수출됐다.

네덜란드의 치즈 생산 기법에 대한 자세한 해설은 독일에서 처음 출간되어(Ellerbrock 1853) 훗날 영어로 번역되었다.(Flint 1862) 이 기록을 통해 네덜란드 치즈 장인들이 어떻게 어마어마한 성공을 거둘 수 있었는지 짐작해볼 수 있다. 우선 네덜란드는 고도의 전문화를 추구했다. 대규모 생산이 가능한 새로운 장비를 개발했고, 품질이 뛰어난 소수의 치즈 생산에 집중했으며, 혁신적인 '포장'을 통해 치즈를 차별화했다. 게다가 수송과 취급이 편리하고 쉽게 손상되지 않는 치즈의 성질을 개발했다. 잉글랜드의 치즈 장인은 치즈상인협회의 요구에 따라 시장에 대응했지만 네덜란드의 치즈 장인은 기업가적 혁신을 통해 새로운 시장을 개척했다고 할 수 있다.

예를 들어 이스트앵글리아의 치즈 장인은 버터 수요의 증가에 호응하여, 원유를 탈지하여 지방 함량이 낮은 저품질의 플렛 치즈를 만들었다. 그러나 런던의 치즈상인협회가 더 많은 버터를 요구하자 이스트앵글리아 치즈의 품질과 평판 및 경쟁력은 점차 떨어졌고, 궁극적으로 막강했던 이스트앵글리아 치즈 제국은 몰락했다. 네덜란드 역시 버터의 주 생산국으로서 치즈 생산도 빠르게 성장시켜나갔다. 그러나 네덜란드 치즈 장인들은 어마어마한 성공을 불러들인 에담, 하우다 등의 수출 치즈와는 별도로 새로운 버터를 개발했다. 탈지유를 활용한 '향신료 치즈'다. 아무 맛이 없는 탈지유 응유에 풍미를 첨가한 것으로, 수분 증발로 식감이 딱딱해지기 전에 신선하게 먹을 수 있게 만든 치즈였다.

향신료 치즈

향신료 치즈는 비가열 압착 표면 가염으로 만드는 레닛 응고 치즈다. 압착에 앞서 치즈 틀에 응유를 채우면서 캐러웨이 씨앗과 빻은 정향을 응유에 섞어 풍미를 더했다. 이 응유를 9킬로그램 정도의 원반 형태로 압착하고 표면 가염으로 외피를 만든 다음, 특유의 붉은색 막으로 '포장'했다. 아나토 염료를 표면에 칠한 뒤에 갓 새끼를 낳은 젖소의 초유初乳로 표면을 문지르면 주황색을 띠는 아나토가 진한 붉은색으로 변하는데, 이 붉은색 막은 시각적으로 흥미로울 뿐만 아니라 단단하고 매끄러운 외피를 형성했다.(Flint 1862) 이스트앵글리아의 플렛 치즈는 바위처럼 단단하고 아무 맛이 없어 '서퍽 뱅Suffolk bang'이라는 조소 어린 별명 [어찌나 단단한지 땅에 떨어뜨려도 흠집이 전혀 생기지 않았다는 뜻에서 이런 별명이 붙었다고 한다―옮긴이]을 얻었지만 네덜란드의 향신료 치즈는 전혀 다른 반응을 불러일으켰다. 네덜란드 사람들은 향신료 치즈를 개발함으로써 수익성이 좋은 버터 시장에 크림을 공급하는 한편으로 부가가치가 높은 탈지유 시장을 창출했으며, 원유로는 고부가가치 전지유 치즈인 에담과 하우다를 만들어 수출할 수 있었다.

에담 치즈

에담Edam이라는 명칭을 처음 사용한 사람은 독일 라인란트 지방의 상인들이었다. 그들은 무역이 주로 이루어지던 시장 도시인 에담의 이름을 따서 네덜란드산 치즈를 '에다머Edamer'라 불렀고, 이 명칭이 널리 전파되어 네덜란드 북부에서 생산되는 전지유 치즈를 통칭하게 되었다. 에담은 중간 정도의 압착을 가하여 만드는 레닛 응고 비가열 표면 가염 치즈로, 콜루멜라가 설명한 숙성 페코리노 치즈와 크게 다르지 않다. 물론몇 가지 혁신은 있었다. 이 치즈는 신선한 원유를 사용하며, 로마 시대처럼 응유를 원통형 틀에 넣고 압착하는 것이 아니라 네덜란드에서 개발한 원형의 나무 압착 틀을 써서 1.8킬로그램 크기의 공으로 만들었다. 따라서 에담 치즈는 취급 부주의로 인해 가장자리나 모서리가 갈라지거나 쪼개져서 내부 부패가 일어날 일이 없다. 구체球體에 가까운 에담의 형태 자체가 하나의 혁신으로, 내구성이 높아 수송 과정의 물리적인 충격을 견디기에 유리했다. 이 형태는 또한 해상 운송에 사용되는 나무통에 싣고 내리기도 편리하고, 원통이나 원반 같은 형태에 비해 표면적이 작아서 길고 더운 항해 중에도 수분을 오래 유지하고 풍미를 발달시킬 수 있었다. 더군다나 네덜란드 치즈 장인은 작고 둥근 이 치즈를 긴 시간(9~12일) 소금물에 절여 염분 함량을 높였다. 이는 수분이 너무 많으면 내부에서 부패되기 쉽고 수분이 너무 적으면 숙성이 더뎌져서 풍미 발달이 저해되는 것을 방지하기 위한 전략이었다.

이에 더해 네덜란드 장인은 압착과 가염을 거친 치즈를 뜨거운 유청에 데쳐 울퉁불퉁하거나 거친 표면을 제거하고 매끈하고 얇은 외피를 만들어 에담 치즈의 내구성을 더욱 높였다. 이후 18세기 말 잉글랜드에서도 장거리 해상운송되는 치즈를 뜨거운 유청에 데치기 시작했다.(Twamley 1816) 당시에 영국 농업은 네덜란드 농업으로부터 지대한 영향을 받았으므로(Fussell 1959) 잉글랜드의 치즈 장인은 네덜란드에서 이 기법을 들여왔을 것이다. 하지만 네덜란드 장인도 영국에 치즈를 수출하기 위해 영국의 치즈 시장을 연구한 뒤 영국식 치즈를 생산하고 있었으므로(Flint 1862) 데치기 기법을 영국에서 도입했을 가능성도 배제할 수는 없다. 그러나 전자일 가능성이 더 높아 보인다. 네덜란드 북부의 수출용 치즈 생산은 1500~1700년에 크게 증가했기 때문에 데치기를 포함한 에담 치즈 생산 기법은 1700년 이전에 확립되었다고 보는 편이 합리적이다. 영국의 저자들이 데치기를 언급한 것은 훨씬 이후다.

에담의 매끈한 외피에는 중세 이후로 필사본 채색에 사용되던 식물성 자색 염료인 '턴솔turnsole'을 칠했다.(Thompson and Hamilton 1933) 이는 턴솔이라는 식물(크로조포라 팅크토리아*Chrozophora tinctoria*)의 씨앗의 즙으로 만든 염료로, 천을 이 즙에 담그고 말린 다음 소변을 채운 수조 위에 걸어두면 수조에서 올라온 암모니아 증기가 천에 흡수되었다. 알칼리성인 암모니아가 닿으면 천이 자색으로 변하는데, 이것으로 에담 치즈를 문지르면 표면이 진한 자색으로 바뀐다. 이후 표면이 마르면 반짝이는 붉은색으로 변한다. 턴솔 염료로 가공한 치즈는 시각적으로도 훌륭하지만 곤충이 잘 꾀지 않아 구더기 따위의 해충을 막을 수 있었다. 이와 같이 네덜란드 장인들은 로마 시대에 생겨난 작고 건조한 원통형 치즈를 개량하여, 둥글고 예쁘며 망가지지 않는 데다 수분을 오래 보존하여 숙성 치즈 특유의 풍미를 내는 전지유 치즈를 개발한 것이다.

하우다 치즈

네덜란드 남부에서는 에담 치즈와는 다른 기법을 사용했다. 신선한 원유로 크기가 큰(6.8~7.3킬로그램) 치즈를 만들었는데, 대규모 시장 도시의 이름을 따서 '하우다'로 불렸다. 하우다 치즈는 에담에 비해 크기가 크기 때문에 압착 직후 수분 함량이 낮아야 하고 넓은 표면으로 수분 증발이 활발히 이루어져야만 내부 부패를 막을 수 있었다. 그래서 네덜란드 남부의 치즈 장인들은 응유를 자르고 저은 다음 뜨거운 물에 데쳐 유청을 제거하고 틀에 담아 압착하는 기법을 사용했다. 이는 18세기 말에 영국의 글로스터 및 체더 지방에서 사용한 데치기 기법과 비슷하다. 이 경우에도 영국이 데치기 기법을 네덜란드에서 들여왔는지, 그 반대인지 알 수 없다. 그러나 북부 지방에서와 마찬가지로 네덜란드 남부의 수출용 치즈 생산은 1500~1700년 사이에 크게 증가했다. 데치기 과정을 비롯한 하우다 치즈의 생산 기법은 영국 저자들이 데치기를 언급하기 훨씬 전인 1700년에 자리 잡았을 것이다. 하우다는 원반형인 만큼 표면적이 넓지만 에담과 마찬가지로 둥근 나무 틀에 넣고 압착함으로써 가장자리와 모서리를 제거하여 외피의 내구성을 높일 수 있었다.

에담 또는 향신료 치즈와 마찬가지로 하우다 치즈도 밝은색 막으로 '포장'되었다. 식초로 사프란 꽃술에서 색을 추출하여 만든 염료를 치즈 표면에 칠하면, 치즈가 마른 뒤에 특유의 노란색을 띠었다. 이 막은 파리와 구더기를 막아주기 때문에 표면적이 넓은 치즈의 경우에는 더욱 큰 장점이었다. 갓 짜낸 원유를 응고시켜 뜨거운 물로 데치거나 씻어 만든 하우다 치즈는 산도가 낮아서 달콤하다. 영국 치즈도 데치는 과정을 거치긴 하지만 물을 추가하지 않고 유청을 직접 가열하므로 치즈의 숙성과 화학 작용에 변화가 생긴다. 글로스터나 체더 치즈와는 전혀 다른 풍미를 지닌 하우다 치즈가 시장에서 대단한 성공을 거두자 에담 치즈 장인들은 물에 씻는 기법을 차용하여 에담 치즈를 하우다 치즈의 작은 형태로 바꾸었다.

에담과 하우다의 수출은 네덜란드 제국의 '황금기'가 끝나고도 한참 동안 네덜란드 경제에 기여했다.(de Vries 1976) 19세기 후반, 네덜란드 정부는 유제품 생산 및 가공을 개량하는 데 대대적으로 투자하여 새로운 치즈 생산 공정을 개발했다. 치즈 공장으로 재미를 보지 못한 영국과는 달리 네덜란드의 공장 치즈 생산량은 1910년에 1910만 킬로그램에 달하여, 농장 치즈 생산량(1890킬로그램)을 넘어섰다. 이런 공장 치즈의 대부분은 수출용이었다.(Blundel and Tregear 2006) 그후로 네덜란드는 가장 기술 집약적이고 전문적이며 (시장 침투력 기준으로) 성공적인 치즈 생산 국가로 자리 잡았다. 이와 대조적으로 농가 치즈는 네덜란드에서 거의 자취를 감추었다가, 다른 나라들과 마찬가지로 전통 치즈가 새롭게 조명받기 시작한 20세기 말에 다시 두각을 나타냈다.

8장

청교도와 공장
그리고
전통 치즈의 쇠퇴

우리도 저 언덕 위의 도시처럼 되리라 믿어야 한다.

모두의 눈이 우리를 주시하고 있다.

__존 윈스럽(1630)

미국 건국의 아버지로 꼽히기도 하는 매사추세츠만 식민지의 초대 주지사 존 윈스럽은 매사추세츠의 청교도 식민지를 "언덕 위의 도시"라 표현하면서 더 나은 세상을 만드는 위대한 실험으로 여겼다. 여러 측면에서 그의 생각이 맞았다. 모든 인간은 전지전능한 신 앞에서 동등하다는 칼뱅주의 청교도 신학의 평등 사상은 뉴잉글랜드 식민지들, 나아가 신생 아메리카 공화국의 도덕관과 민주주의 체제 그리고 통치 철학에 깊숙이 배어들었다.

청교도들은 이후 몇 세기 동안 미국의 치즈 생산에도 큰 영향을 끼쳤다. 윈스럽 본인도 치즈 생산에 대해 잘 알고 있었고, 아내인 마거릿은 윈스럽 가문이 소유한 잉글랜드 서퍽의 그로턴 장원에서 낙농부들을 감독한 바 있다. 무엇보다도 신세계는 처음부터 상업적 치즈 생산을 활발하게 추진할 수 있는 인구 기반을 갖추고 있었다. 초기에 매사추세츠만에 정착한 청교도 이민자들은 대부분 이스트앵글리아의 낙농 지역인 서퍽, 에식스, 노퍽 출신이었으며 일부는 낙농업이 발달한 또 다른 지역인 웨스트컨트리 출신이었다. 또한 런던의 상인 계층 출신도 많았다. 이들은 런던치즈상인협회가 영국에서 청교도 치즈 및 버터를 판매하듯 신세계에서 치즈와 버터를 판매할 시장을 개척하겠다는 야심을 품고 있었다. 매사추세츠만 식민지의 상인들과 치즈 장인들은 곧 시장을 확보하여 상업적인 치즈 생산에 착수했다.

그러나 이 여정에는 어두운 면이 있었다. "언덕 위의 도시"도 모두를 위한 피난처는 아니었다는 뜻이다. 청교도의 성경 해석과 칼뱅주의 신학에서 말하는 모든 인간이 동등하게 만들어졌다는 원칙에는 예외가 있었고, 원주민이나 인도인, 피부색이 검은 아프리카인은 동등할 수 없었다. 청교도 농부들은 젖소와 돼지에게 풀을 뜯길 권리를 놓고 처음으로 인도 원주민과 충돌했고, 이 갈등은 금세 적대감으로 발전하여 원주민 부족을 몰아내거나 몰살하는 계획으로 이어졌다. 청교도 농부들은 또한 서인도 제도를 중심으로 아메리카 남부의 식민지와 뉴잉글랜드까지 빠르게 확산된 인신매매 및 노예노동 제도에도 말려들었다. 상업적인 버터 및 치즈 생산이 활발한 뉴잉글랜드는 거대한 대서양 경제권에 편입되었고, 이 대서양 경제권은 서인도 제도와 남부 식민지의 노예 플랜테이션, 뉴잉글랜드의 상인과 럼주 생산자, 뉴잉글랜드 농부들의 상호 의존적인 관계로 묶여 있었다. 이러한 상승 효과가 뉴잉글랜드 경제를 견인하는 가운데 청교도 특권층과 그 자손들은 거의 두 세기 동안 어마어마한 부를 축적했고, 아프리카 노예와 자손들은 이루 말할 수 없는 고통을 겪었다.

영국 청교도가 경성 압착 치즈에 찍었던 도장은 오늘날 매년 14억 킬로그램 이상 생산되는 미국산 체더 치즈로 남아 전해지고 있다. 이렇듯 미국의 치즈 생산 역사는 청교도의 유산과 서로 밀접하게 얽혀 있으며, 19세기 후반 들어 또 다른 치즈 생산 전통이 형성되기 시작했다. 그때는 이미 치즈 공장이 등장했으며, 미국의 치즈 생산은 돌이킬 수 없는 변화의 물결을 맞이했다.

대이주

뉴잉글랜드 식민지는 격동의 16세기에 태동하기 시작했다. 이때 영국에서는 종교적인 불만이 팽배해 있었으며, 이는 전국을 휩쓴 칼뱅주의 개혁 운동으로 나타났다. 이스트앵글리아가 개혁 운동의 중심이었다고는 하지만 런던을 비롯한 항구 도시의 신흥 상인층에도 청교도가 많았다. 당시 잉글랜드 교회가 로마 가톨릭으로부터 물려받은 바람직하지 못한 관행과 교리를 공격적으로 정화하고자 했던 개혁주의자들이 있었는데, 이들이 바로 청교도라는 이름으로 불렸다. 잉글랜드 교회에 강하게 반발하던 청교도들은 잉글랜드의 왕권과도 갈등을 빚었으며, 그로 인해 심한 박해를 받게 되었다.(Kulikoff 2000)

17세기 초에 일부 청교도는 잉글랜드 교회를 정화하려는 노력을 포기하고 별개의 교회를 설립하려 했다. 그에 대해 잉글랜드 왕은 왕권에 대한 직접적인 도전이며 내전으로 이어질 수 있는 위협으로 간주하여 박해를 강화하고 분리주의자 인사들을 영국에서 추방했다. 그런 상황에서 한 분리주의자 단체가 북아메리카에 식민지를 건설할 수 있는 특허장을 받았고, 그 결과 1620년 매사추세츠에 플리머스 식민지가 설립되었다. 하지만 플리머스의 순례자들은 재정이 궁핍했고 신세계에서 살아갈 준비가 되어 있지 않았다. 게다가 낙농업이나 농업에 종사한 경험이 없었기 때문에 1624년까지 잉글랜드의 목우를 들여올 수 없었다. 이런

악조건에서도 식민지는 명맥을 이어갔고, 이를 지켜보던 잉글랜드의 청
교도들은 새 영토에 별개의 교회를 설립하고 새 삶을 개척하고자 하는
희망을 품게 되었다.(McManis 1975)

이때 영국에서는 장원 체제가 해체되고 농민들이 도시의 빈민가로
유입되어 사회 불안이 심화되고 있었다. 청교도들은 빈곤과 기아, 알코
올의존증과 범죄, 도덕적 해이가 만연한 모습을 바라보며 종말의 징후
라고 생각했다. 종교 박해까지 심해지자 청교도 지도자들은 영국이 신
의 심판을 피할 수 없다고 결론지었고, 그에 따라 청교도들은 신세계
의 뉴잉글랜드에 정착하고 싶다는 열망을 품기에 이르렀다. 이 열망은
1629년 런던에서 영향력을 발휘하던 상인들이 왕의 특허장을 받아 매
사추세츠만 식민지를 건설하면서 결실을 맺었다. 이로써 물자를 잔뜩
실은 다섯 척의 배가 정착민들과 젖소 30마리를 태우고 매사추세츠
로 향했고, 살렘 지역에 정착했다.(Pirtle 1926) 이듬해 봄에는 존 윈스럽
과 청교도 지도자들을 비롯한 840명의 승객과 240마리의 젖소를 태운
11척의 배가 매사추세츠만으로 향했다. 그해 말에도 1000명이 넘는 정
착민을 태운 17척의 배가 신세계에 도착했다.

이것이 대이주의 시작이었다. 1630년부터 1640년까지 약 2만 명의
청교도가 신생 식민지로 이주했다. 1630년부터 1633년까지는 거의 모
든 배에 젖소와 가축들을 태움으로써 매사추세츠만 식민지에 낙농의
기반을 마련했다.(Bidwell and Falconer 1941) 이때 들여온 젖소는 씨가
축이 되어 나중에 도착한 이민자들이 목장을 꾸릴 수 있는 기반을 제
공했다. 청교도 농장은 처음부터 잉여 농산물을 시장에 내다파는 것을
염두에 두고 세워졌으나 그에 앞서 새로 생긴 농장에 '내부 시장'이 형성
되었다. 꾸준히 식민지로 유입되는 이민자들이 자신의 농장을 만들 때

까지 한두 해 동안은 외부의 식량을 조달받아야 했기 때문이다. 이민자들은 영국에서 평생 모은 현금을 가져왔으며, 식민지는 이들의 현금으로 영국에서 각종 공산품을 수입했다.(Rutman 1963) 매사추세츠만 식민지는 영국에서 건너오는 이민자들과 이들이 가져온 재산에 힘입어 첫 10년 동안 번창했다.

매사추세츠의 시골 지역은 농업과 낙농업을 하기에는 까다로운 조건이었다. 방대한 처녀림이 뉴잉글랜드 지역 전체를 뒤덮고 있었고, 해안의 염습지와 내륙의 늪지 그리고 원주민이 작물을 재배하기 위해 듬성듬성 개간해놓은 땅 외에는 탁 트인 땅이 없었다. 청교도 정착민들은 해안에서 내륙으로 점진적으로 마을을 건설하고 숲을 개간했으며, 울타리로 구획을 지은 밭에 밀 중심의 작물을 키우기 시작했다. 하지만 가축에게 풀을 뜯길 만한 넓은 목초지는 단기간에 개간할 수 없었다. 결국 이민자들은 젖소와 돼지를 숲속에 풀어놓고 먹이를 찾아 먹게 했다.(Bidwell and Falconer 1941) 마을이 확대되면서 가축의 마릿수가 늘어나자 숲속에 풀어놓은 가축들로 인해 근처에서 사냥을 하던 원주민과 갈등이 빚어졌다. 늘어난 젖소 떼가 원주민이 사냥하는 야생동물을 쫓아내거나 울타리 없는 원주민들의 옥수수밭과 과수원을 짓밟는 일들이 발생한 것이다. 이에 원주민들이 사냥터 영역을 침범한 가축들을 사냥했고, 청교도 농부들은 분개했다.(Kulikoff 2000) 이 공공연한 갈등이 폭력으로 번지는 건 시간문제였다. 상호 불신과 증오가 극에 달하자 전쟁으로 치달았고, 유럽 이민자와 자손들은 아메리카 원주민을 학살하고 추방하기 시작했다.

인디언의 비극은 럼주로 인해 더욱 심화됐다. 17세기에 서인도 제도의 대규모 설탕 플랜테이션에서 나는 부산물로 만든 이 화끈한 증류

주는 모두에게 인기가 있었다. 특히 알코올을 접한 적이 없던 원주민들은 그 의존성에 쉽게 사로잡혔고, 알코올의존에 따르는 빈곤과 절망에 굴복하고 말았다. 얄궂게도 뉴잉글랜드 식민지의 청교도에게 럼주는 100년 넘도록 경제의 활력소이자 부와 풍요의 원천이었다. 미국의 치즈 역사는 이 비극적인 뉴잉글랜드 역사를 떼어놓고 생각할 수 없다.

서인도 제도의 치명적인 매력

교회와 국가를 개혁하라는 청교도의 압력에 찰스 1세 국왕이 굴복함으로써 대이주의 행렬은 1640년에 멈추었다. 영국의 상황이 나아지자 신세계로 이주하는 청교도들도 서서히 줄어들다가 거의 끊어졌다. 이제 막 날갯짓을 시작한 매사추세츠만의 경제 국면에는 절망적인 상황이었다. 영국에서 공산품을 들여올 자금도 끊기고 농부들의 잉여 농산물을 계속 구매해줄 정착민의 흐름도 끊어지자 식민지의 무역 적자는 빠르게 불어났고, 결국 공황과 경기 불황이 찾아왔다.(Sprague 1967)

이후 10년 동안 매사추세츠의 농업 경제는 내수에 의존하던 모델에서 수출 시장에 의존하는 모델로 탈바꿈하는 과정이 전개되었다. 우선 청교도 상인들은 식민지의 목제 물품과 밀, 기타 곡물에 대한 수요가 있는 스페인과 카나리아 제도와 무역관계를 맺었다. 1640년대 중반부터 수출량이 점차 늘어나자 보스턴 상인들은 새 시장을 개척하려 노력했고, 1647년에 그 기회를 맞았다. 서인도 제도의 바베이도스섬에 질병이 퍼지는 바람에 보스턴에 긴급 식량을 구하는 배가 도착한 것이다. 보스턴 상인들은 즉시 밀과 소금에 절인 생선과 쇠고기를 실어 보냈다. 이것이 서인도 제도에 대한 대규모 농산물 수출의 시작으로, 그후 거의 2세기 동안이나 무역관계가 지속되었다.(Rutman 1963) 매사추세츠만 식민지가 건설된 지 20년이 뒤인 1650년에는 서인도 제도로 가는 식품 목록에 치즈와 버터가 추가되었다. 1663년 지력 소모와 병충해를 계기로 매사추세츠 농부들이 밀 농사 대신 목축과 낙농에 치중하면서부터는 치즈와 버터의 수출이 빠르게 증가했다.(Bidwell and Falconer 1941)

그 무렵 매사추세츠의 청교도들은 이미 식민지 해안 바깥으로 퍼져 있었다. 일부 청교도 이민자들은 신학적으로나 사회적으로 윈스럽이 말한 "언덕 위의 도시"에 그다지 구애받지 않았던 것 같다. 자의든 타의든 식민지에서 갈라져 나온 이민자들은 매사추세츠를 떠나 북쪽으로는 뉴햄프셔, 남쪽으로는 로드아일랜드와 코네티컷에 별개의 식민지를 건설했다. 그리하여 청교도 문화의 영향력이 커졌고, 가족 농장 중심의 농업 경제와 상인 계층이 공존하는 특징적이고도 동질적인 '뉴잉글랜드'가 탄생했다. 코네티컷과 로드아일랜드에서는 치즈 및 버터 생산이 빠르게 농업 경제의 주 요소로 자리 잡았다. 17세기에 보스턴이 뉴잉글랜드의 해상 무역을 장악하자, 뉴잉글랜드 전역의 잉여 농산물은 보스턴으로 수송되어 서인도 제도로 넘어갔다. 이어서 상선에 식량을 실으려는 대서양의 해운업자들이 보스턴으로 몰려들면서 대규모 농산물 시장이 형성되었다. 이와 같이 초기 뉴잉글랜드의 농부와 상인들은 상호 의존적 관계였다. 농부들은 잉여 농산물을 팔아주는 상인에게 의존했고, 상인들은 서인도 제도의 설탕을 중심으로 형성된 대서양 무역망에 진입하는 데 농부들의 잉여 농산물이 필요했다.

17세기 초에 네덜란드, 프랑스, 영국이 서인도 제도에 식민지를 건설했다. 영국령 서인도 제도에 정착한 소수의 지주들은 런던의 빈민들과 노예 고용 계약을 맺고 담배, 생강, 인디고, 면화를 재배했다. 그러다가 17세기 중반에 이르자 수익성이 가장 높은 사탕수수를 재배하는 대형 플랜테이션이 생겨나면서 다른 작물을 밀어내기 시작했다. 바베이도스가 먼저 집약적인 사탕수수 생산으로 갈아탔고, 서인도 제도의 나머지 지역도 서서히 그 전철을 밟았다.(Sheridan 1973) 플랜테이션의 규모가 커지고 노동력 수요가 높아지자 영국에서 고용 계약을 맺고 건너온 백인만으로는 수요를 충족시킬 수가 없었다. 이에 농장 주인들은 아프리카에서 끌려온 노예들을 고용하기 시작했다. 결국 흑인 노예가 영국령 서인도 제도 인구의 최대 90퍼센트를 차지하기에 이르렀다.(Bailey 1990) 집약적인 사탕수수 농사가 확대되자 플랜테이션은 본토 식민지에서 식량을 조달해야 할 상황에 놓였다. 이때 뉴잉글랜드 상인들이 흑인 노예와 백인 주인이 먹을 치즈와 버터, 기타 식량을 공급하기 시작하여 점점 그 양을 늘려갔다.(Rutman 1963)

보스턴 상인들은 농산물, 생선, 목제 물품을 판매할 서인도 제도라는 시장을 확보했을 뿐만 아니라 뉴잉글랜드의 새로운 '환금 작물', 즉 값싸게 생산해서 비싸게 팔 수 있는 고부가가치 무역품의 원료도 발견했다. 그것은 바로 사탕수수 플랜테이션에서 설탕 정제의 부산물로 나오는 어마어마한 양의 당밀이었다. 당밀의 수익성을 최대한 높일 만한 품목은 발효시켜 증류한 럼주였다. 이에 따라 바베이도스에서는 1647년부터 럼주를 만들기 시작했고, 17세기 후반에는 뉴잉글랜드 상인들이 서인도 제도의 럼주를 미국 식민지와 뉴펀들랜드로 가져가서 판매하기 시작했다. 럼주는 미국에서 엄청난 인기를 얻었다. 곧이어 상인들은 서인도 제도에서 가공하지 않은 당밀을 헐값에 사서 뉴잉글랜드로 가져와 직접 럼주를 만들면 많은 이윤을 남길 수 있다는 사실을 깨달았다.

1661년에 매사추세츠 사법부에서 럼주의 과잉 생산이 사회를 위협한다는 성명을 발표한 것으로 보아, 그 무렵 식민지의 럼주 증류 산업이 번창하고 있었음을 알 수 있다. 그러나 이 경고는 아무 효과가 없었고, 럼주 산업은 점점 널리 퍼졌다. 1684년경 로드아일랜드에 최초의 증류소가 세워진 후 1770년에 이르자 뉴잉글랜드에는 140곳의 럼주 증류소가 세워졌고 매년 총 1900만 리터의 럼주가 생산되었다.(Bailey 1990)

뉴잉글랜드가 럼주 무역에 뛰어들자 치즈와 버터, 기타 식량이 서인도 제도의 당밀과 교환되기 시작했다. 이로써 럼주 경제의 성장 펌프가 마련되었다. 뉴잉글랜드의 농산물을 사들이는 서인도 제도 시장은 무한해 보였으며, 뉴잉글랜드 럼주를 사들이는 본토 식민지와 뉴펀들랜드, 영국의 시장 규모 역시 매우 컸다. 뉴잉글랜드 농부들은 노예 플랜테이션과 럼주 무역에 힘입어 치즈와 버터의 안정적인 판매 시장을 확보하게 되었으며 매사추세츠, 코네티컷, 로드아일랜드는 이에 호응하여 낙농업을 더욱 전문화했다.

그 어느 곳보다 수익성이 높은 럼주 시장은 아프리카였다. 아프리카에서는 서인도 제도와 기타 식민지로 보낼 노예를 거래할 때 럼주를 화폐로 사용했다. 특히 설탕 플랜테이션에서는 노동력을 유지하기 위해 지속적으로 노예가 공급되어야 했다. 이에 따라 17세기 초 영국인과 네덜란드인은 인신매매를 전문으로 하는 방대한 무역망을 확립했다. 럼주로 무장한 매사추세츠 상인들도 17세기 후반에 노예 무역에 뛰어들었지만 크게 성공을 거두지는 못했다. 영국 왕실로부터 서아프리카 노예 무역 독점권을 부여받은 왕립아프리카회사가 아프리카 서쪽 해안에서 매사추세츠 상인들을 몰아냈기 때문이다. 결국 매사추세츠 상인들이 노예를 거래하려면 아프리카 동쪽 해안에 있는 마다가스카르까지 갈 수밖에 없었지만 수익성이 높았던 까닭에 매사추세츠의 노예 무역은 서서히 성장했다. 노예는 대부분 미국 남부의 식민지로 데려갔으나 일부는 뉴잉글랜드로도 보내졌다. 그 결과 17세기 말에는 약 1000명의 노예가 뉴잉글랜드 식민지 곳곳에 흩어져 있었다.(Greene 1968)

17세기 말에 일어난 두 가지 변화로 인해 18세기에는 잉글랜드 식민지들이 노예 무역에 대대적으로 진출하게 되었다. 첫째는 로드아일랜드 증류업자들이 2차 증류, 3차 증류를 거쳐 알코올 도수와 품질을 높인 럼주를 개발한 것이다. 이 농축 럼주는 수송 비용을 낮추는 대신 비싼 가격에 팔 수 있었다. 둘째는 1696년 영국 정부가 왕립아프리카회사의 아프리카 노예 무역 독점권을 몰수한 것이다. 이로써 뉴잉글랜드 상인들은 수익성이 높은 아프리카 서쪽 해안 시장에 진출할 수 있게 되었다. 매사추세츠 노예 상인들은 이 기회를 틈타 서아프리카 무역에서 두각을 드러내기 시작했다. 몇 년 후에는 뉴포트에서 최고급 럼주를 싣고 건너온 로드아일랜드 상인들이 서아프리카 노예 무역에 뛰어들어 금세 매사추세츠 상인을 추월했다. 실제로 로드아일랜드는 18세기 내내 미국의 노예 무역을 지배하다시피 하여 미국 식민지 노예 무역의 60~90퍼센트를 점유했다. 사실 17~19세기 초까지 아프리카에서 서인도 제도와 미국 식민지로 440만 명의 노예가 넘어간 것을 고려하면 뉴잉글랜드 노예 무역은 극히 일부(5퍼센트 미만)에 불과하다.(Bailey 1990) 그럼에도 노예 무역은 뉴잉글랜드 경제에서 불가결한 톱니바퀴였다. 특히 로드아일랜드의 뉴포트는 뉴잉글랜드의 노예 무역 중심지로서 막대한 부를 축적했다.(Coughtry 1981)

뉴잉글랜드 노예 무역이 급격히 성장하면서 뉴잉글랜드로 유입되는 노예의 수도 늘어났다. 세기 초에 1000명가량이던 뉴잉글랜드 식민

지의 노예 인구는 1715년에 4150명으로 늘었고, 미국 독립혁명 시기에
는 1만6000명을 넘어섰다. 노예 노동은 뉴잉글랜드 경제의 모든 분야
로 퍼져서 농가나 낙농가에서도 노예 노동자를 고용하게 되었다.(Bailey
1990) 목장의 남성 노예는 목부로 일했고, 여성 노예는 낙농부로 일하
면서 치즈 생산을 여성이 전담하던 영국의 오랜 전통을 이었다.(Berlin
1998) 낙농업과 치즈 생산에서 노예 노동을 가장 극단적으로 활용한
사례는 로드아일랜드의 내러갠섯 지역이었다. 이곳에서는 막대한 토지
와 재산을 거머쥔 약 12개 가문이 뉴포트에서 꾸준히 흘러드는 노예들
을 고용하여 18세기 초에 내러갠섯 플랜테이션을 설립했다. 수천 에이커
에 달하는 이 사유지에서 많게는 40명의 노예가 일했다는 기록이 남아
있다. 이 사유지는 내러갠섯만의 염습지를 따라 뻗어 있는데 말 사육과
낙농, 치즈 생산에 집중하여 서인도 제도 시장에 상품을 판매했다. 플
랜테이션에서는 약 100~150마리 규모로 소를 길렀고, 그중에는 매년
6000킬로그램의 치즈를 생산하는 곳도 있었다. 당시로선 어마어마한
양이었다.(Miller 1934)

　18세기 당시 내러갠섯 지역은 이미 짧지 않은 치즈 생산의 역사를 지
니고 있었다. 1637년경 이 지역에 처음 정착한 청교도인 리처드 스미스
가족은 잉글랜드 글로스터셔의 치즈 산지에 거주하던 사람들이었다. 가
족의 증언에 따르면 스미스의 아내가 전수받은 체셔 치즈 제조법으로
생산을 전개했다.(Updike 1907) 그 결과 1676년 무렵 로드아일랜드는
치즈와 버터를 바베이도스에 수출하기에 이르렀다.(Weeden 1910) 수많
은 기록에 따르면, 18세기에 '로드아일랜드 치즈'라고도 불린 내러갠섯
치즈는 뉴잉글랜드 최고의 치즈로 인정받았으며, 특히 보스턴에서는 잉
글랜드산 체셔 치즈와 나란히 명성을 떨쳤다고 한다.(Weeden 1963) 벤

저민 프랭클린은 필라델피아에 있는 자신의 가게에서 로드아일랜드 치즈를 판매하기도 했다.(Miller 1934)

내러갠섯 또는 로드아일랜드 치즈는 식민지 시대 뉴잉글랜드 치즈 가운데 생산지의 명칭으로 불리던 몇 안 되는 치즈였다. 품질이 뛰어나고 보스턴과 필라델피아 등의 대도시에 집중적으로 공급되었기 때문일 것이다. 당대의 저술가들은 다른 뉴잉글랜드 치즈에 대해선 거의 언급하지 않았다.(Weeden 1963) 한편 과거에는 아무도 주목하지 않았던 사실이 있다. 18세기에 그처럼 유명세를 떨친 로드아일랜드 치즈는 대부분 플랜테이션에서 낙농부로 일하던 흑인 노예 여성들이 만들었다는 것이다. 가장 규모가 큰 플랜테이션 낙농장 중 한 곳에는 흑인 낙농부가 24명 있었으며 하루에 치즈를 24개 생산했다고 한다. 치즈 하나는 부피가 1부셸이었으며, 무게로 따지면 약 9~14킬로그램이었다.(Updike 1907)

로드아일랜드 외의 뉴잉글랜드 식민지에서는 일반적으로 남성 노예를 선호했기 때문에 남성 노예가 여성 노예보다 훨씬 더 많았다. 그러나 여성 낙농부를 노예로 고용한 로드아일랜드에서는 유독 여성 노예 비율이 높았다. 코네티컷의 농장에서도 노예가 광범위하게 고용되었으나 농장 한 곳당 한두 명 정도에 불과했다. 흥미롭게도 코네티컷에서는 노예의 성비가 카운티마다 크게 달라서 리치필드, 페어필드, 윈덤카운티 등 낙농과 치즈 생산이 집약되어 있던 카운티에서는 여성 노예의 비율이 훨씬 더 높았다.(Greene 1968) 이 사실은 여성 노예가 낙농부로 널리 고용되었음을 강하게 시사한다. 물론 기록을 통해 증명된 바는 없지만, 그것이 사실이라면 여성 노예는 18세기의 코네티컷 치즈 생산에 크게 기여한 셈이다. 코네티컷에서 만든 치즈는 서인도 제도로도 수출되었는데, 18세기 중반에 서인도 제도로 보내진 치즈는 연간 6만8000킬로그램에 달했다.(Daniels 1980)

요컨대 18세기에 아프리카 노예들은 로드아일랜드에서, 그리고 짐작건대 코네티컷에서도 대량의 치즈를 생산했다. 그 치즈는 서인도 제도의 노예 인구에게 공급되는 식량으로 판매되었고, 일부는 당밀로 교환되어 뉴잉글랜드에서 럼주의 재료로 쓰였다. 이 럼주는 다시 아프리카에서 노예를 구매하는 용도로 쓰였고, 서인도 제도로 끌려온 노예들은 당밀과 교환되었다. 이러한 순환은 계속되었다. 미국 식민지들의 이 '삼각 무역'을 주도한 곳은 로드아일랜드였으나 매사추세츠와 코네티컷도 어느 정도 참여했다. 뉴잉글랜드의 치즈를 흑인 여성 노예가 만들었든 백인 자유민 여성이 만들었든 17세기 중반 이후 치즈 생산은 대부분 이 체제에 편입되어 있었다. 그리고 매사추세츠와 코네티컷, 로드아일랜드의 많은 농부들이 낙농업에 전문적으로 종사할 수 있었던 것은 대서양 무역체제의 안정성과 수익성 덕분이었다. 서인도 제도의 매력은 그만큼 대단했다.

식민지 시대 뉴잉글랜드의 치즈 생산 기법

청교도들이 영국을 떠날 무렵 이스트앵글리아에는 상업적인 치즈 생산이 자리를 잡은 상태였고, 웨스트컨트리(글로스터셔, 버크셔, 윌트셔, 서머싯)가 성장하던 시기였다. 청교도의 대부분은 이 두 지역 출신이었기에 17세기 초 잉글랜드의 상업적인 치즈 생산 기법에 익숙했다. 체셔를 필두로 한 이곳의 치즈들은 중간 정도의 압착, 비가열(데치지 않음), 표면 가염이 특징으로, 이 기법은 1630년대부터 꾸준히 영국에서 뉴잉글랜드로 전해졌다.(Weeden 1963) 17세기와 18세기에 뉴잉글랜드에서 가장 널리 생산되던 치즈가 바로 체셔 치즈였을 것이며, 19세기 중반까지도 이 지역 치즈 생산의 대부분을 차지했다.(Flint 1862)

그후로도 뉴잉글랜드에 새로 도착한 이민자들은 잉글랜드의 최신 치즈 생산 기법을 가지고 와서 식민지 치즈 장인들에게 전수했다. 따라서 뉴잉글랜드의 치즈 생산이 잉글랜드와 비슷한 궤적을 보이는 것은 당연한 일이다. 그러나 예외가 있었다. 훨씬 더운 뉴잉글랜드의 여름 날씨와 서인도 제도의 열대 기후 때문에 뉴잉글랜드 치즈 장인들은 기술적인 난관에 봉착한 것이다. 갓 만든 치즈가 고온에 노출되면 수분이 지나치게 빠져나와 건조해지고 갈라지기 쉬운 데다 원치 않는 발효가 일어나며 가스 발생으로 치즈가 부풀거나 잡내가 생기기 쉬웠다. 특히 표면이 갈라지면 치즈에 구더기가 슬기 때문에 골칫거리였다. 이는 잉글랜드 치즈 장인들도 겪는 문제지만 뉴잉글랜드에서는 정도가 훨씬 더 심했다. 처음부터 뉴잉글랜드 치즈 장인들은 열기에 대처하는 혁신을 꾀했을 테지만, 안타깝게도 뉴잉글랜드의 치즈 생산 기법을 자세히 설명한 문헌은 18세기 말에야 등장한다. 따라서 초기의 혁신이 언제 어느 순서로 일어났는지는 알기 어렵다.

잉글랜드에서와 마찬가지로, 식민지 시대 뉴잉글랜드에서도 여성들이 치즈를 만들었다. 하지만 18세기 말과 19세기 초, 처음으로 뉴잉글랜드 치즈 생산 기법에 대한 상세한 정보를 전파한 사람들은 남성이었다. 이 무렵 농부인 남편들이 아내가 도맡아온 치즈 및 버터 생산의 중요성을 인식한 것으로 보인다. 18세기에 남성들이 잉글랜드 낙농부의 세계에 침투했던 것과 같이, 뉴잉글랜드의 남성들도 지금까지 어머니로부터 딸에게, 여주인으로부터 하인과 노예에게 전해지던 '비법'을 체계화하고 개선하려 했다.(Adams 1813; Deane 1790; Hough 1793; Johnson 1801; Wood 1819) 또한 미국의 남성 저술가들은 영국 저술가들이 남긴 체셔와 글로스터 그리고 체더 치즈의 제조법을 집대성하기 시작했으며, 이때부터 미국의 치즈 장인들은 자신이 만든 치즈에 체셔, 글로스터, 체더 등의 명칭을 붙이기 시작했다.

18세기 말 미국에서 저술된 뉴잉글랜드의 치즈 생산 기법은 실제로 당시 잉글랜드에서 체셔(비가열, 압착 전 사전 가염 또는 표면 가염, 고압 압착), 글로스터와 체더(가열, 압착 전 사전 가염, 고압 압착) 치즈를 만들 때 사용하던 기법과 매우 흡사했다. 물론 미국 저술가들은 열기에 대처하는 여러 가지 전략을 강조했다. 예컨대 체셔와 비슷한 비가열 표면 가염 저수분 치즈는 압착 직후에 일부러 따뜻하게 보관하여 '땀'을 뺐다. 이는 치즈 표면을 통해 유청과 액체 지방을 배출시키는 것을 말한다.(Hough 1793) 땀을 빼면 치즈의 수분 함량이 낮아지고 표면이 단단해지며, 표면에 형성된 버터 막은 치즈를 파리로부터 지켜주고 지나치게 메마르거나 갈라지는 현상도 방지해준다. 치즈를 완전히 어두운 곳에 보관하는 것 역시 구더기가 스는 것을 방지하는 전략이었다.(Deane 1790)

그러나 미국에서 가장 중요한 혁신은 글로스터와 체더 치즈에서 등장했다. 즉 데쳐서 가열하고 압착 전에 사전 가염하여 고압으로 압착하는 치즈는 수분 함량이 낮으므로 표면이 마르거나 갈라지는 현상이 특히 심했고, 그럴 경우 더운 날씨에 구더기가 쉽게 발생했다. 이런 현상을 막기 위해 뉴잉글랜드 치즈 장인들은 치즈에 '옷'을 입혔다. 처음에는 단순히 유청 버터를 녹여 표면에 여러 겹 덧칠하는 식이었지만(Adams 1813;

Johnson 1801) 곧이어 압착한 치즈를 면 붕대로 감고 그 위에 유청 버
터를 칠하는 방법을 쓰기 시작했다. 막의 내구성을 높이는 이 기술은
치즈의 표면을 보호하고 수분 증발 속도를 늦추는 한편 치즈가 갈라지
거나 망가지는 현상도 막을 수 있었다.(Stamm 1991) 19세기 초 수십 년
간 미국 남부에서 면화 플랜테이션이 급증하고 뉴잉글랜드에도 면직물
공장이 속속 들어서자 미국 전역에서 면직물은 저렴한 비용으로 판매되
었다. 이로 인해 기름칠한 면 붕대를 '일회용' 보호재로 사용하는 발상
이 현실화된 것으로 보인다.

　때로는 붕대를 감기 전에 치즈를 뜨거운 유청에 데쳐 표면을 단단하
게 만들기도 했다. 완성된 치즈를 유청에 데치거나, 치즈 표면에 버터를
바르거나, 붕대를 감고 기름칠을 하는 방법은 미국뿐만 아니라 영국에
서도 사용되었던 기법이다. 하지만 치즈에 붕대를 감고 녹인 버터(이후에
는 라드)를 바르는 것은 미국에서 비롯된 혁신이었을 것이다. 이러한 혁
신은 더운 기후에 대응하기 위해 창안된 것으로, 풍부하고 값싼 면직물
덕분에 실현될 수 있었다. 그래서인지 1840년대 초 미국이 최초로 영국
에 치즈를 수출하기 시작했을 때 영국 기자들은 "사전에 반죽을 발라
단단히 들러붙도록 처리한" 붕대가 치즈에 감겨진 점이 영국 치즈와의
차이라고 언급하고 있다.(작자 미상 1842)

　돌이켜보면 이는 중차대한 기술적 진보였다. 이로써 '외피가 반쯤 없
는' 숙성 치즈에서 나아가 '외피가 전혀 없는' 숙성 치즈를 만들 수 있게
되었기 때문이다. 치즈에 기름칠한 붕대를 감아두면 전통적인 외피 치
즈에 비해 숙성 과정에서 다루기 편하고 수분 함량을 유지하기도 좋을
뿐더러 결함 발생도 줄일 수 있었다. 19세기 후반에는 정유 산업의 부
산물인 파라핀 왁스가 점차 버터와 라드를 대신했고, 20세기에는 정유

산업의 산물인 라미네이트 플라스틱 필름이 파라핀을 대체하여 외피 없는 치즈를 만들 수 있게 되었다. 이와 같이 기름칠한 붕대의 도입으로 숙성 과정이 점점 단순해지자 19세기 후반의 체더 치즈 장인들은 더 큰 규모의 공장을 설립하기에 이르렀다.

독립혁명

미국의 독립혁명과 공화국 설립으로 인해 과거의 영국 식민지에서는 대대적인 변화가 일어났다. 서인도 제도는 18세기 내내 뉴잉글랜드 치즈와 버터의 중요한 시장이었다. 그러나 18세기 후반부터 북아메리카 시장이 급격히 성장했고, 급기야 서인도 제도 시장을 압도하기에 이르렀다.(Bailey 1990) 미국 독립혁명 무렵에는 북쪽의 노바스코샤와 뉴펀들랜드, 남쪽의 사우스캐롤라이나와 조지아에 이르기까지 북아메리카 연안 도시로 수송되는 치즈와 버터가 서인도 제도로 수송되는 양의 두 배에 달했다. 이 시기에는 펜실베이니아주 동부의 필라델피아 근처와 뉴저지, 뉴욕, 델라웨어에 속한 인근 전원에서 버터를 생산 공급하고 있었다. 필라델피아가 식민지의 버터 수출을 주도하였고, 보스턴, 뉴포트, 뉴런던 등의 뉴잉글랜드 지역 항구들이 치즈 수출의 중심지 역할을 했다.(Oakes 1980) 따라서 필라델피아 주변의 '버터 지대'에서는 대량의 잉여 탈지유가 나왔고, 펜실베이니아주 동부에 집중적으로 정착한 독일 이민자들이 이 탈지유를 활용하여 유럽 중부 특유의 산 응고 생치즈를 생산하기 시작했다. 또한 버터를 생산하고 남은 잉여 탈지유를 강과 개울에 버리는 관행을 막으려는 정부의 노력에 힘입어 20세기 초에는 코티지cottage 치즈 생산이 널리 퍼져 나갔다. 이 치즈는 결국 미국에서 가장 인기 있는 치즈 종류로 자리 잡았다.(Pirtle 1926)

미국과 영국은 1808년에 노예 무역을 폐지했고, 그로부터 20년이 못되어 서인도 제도에서도 노예 제도가 폐지되었다. 이에 따라 뉴잉글랜드와 서인도 제도 사이의 대규모 식량 무역은 종지부를 찍었다. 반면 그 무렵 영국이 신생국인 아메리카공화국으로부터 치즈를 수입하기 시작했고, 뉴잉글랜드와 대서양 동부 연안의 도시들이 성장하면서 뉴잉글랜드 치즈의 시장은 확대일로를 걸었다.(Bidwell and Falconer 1941) 이와 같이 서인도 제도 시장의 몰락에도 불구하고 19세기 초까지 뉴잉글랜드 치즈는 수요가 높았으며, 미국에서 전개된 또 하나의 혁명으로 인해 수요는 더욱 치솟았다. 바로 뉴잉글랜드의 직물 산업을 중심으로 벌어진 산업혁명이다.

1791년에 조면기가 발명되자 직물 공장의 원면 생산비가 대폭 감소했다. 이 기발한 발명품의 등장을 계기로 미국 남부는 방대하고 전문적인 면화 재배지로 변화했다. 변화는 대단히 빠르고 광범위했다. 1790년에 미국은 68만 킬로그램의 면화를 생산했는데, 1800년에는 1590만 킬로그램으로 늘었다. 다시 1820년에는 7260만 킬로그램으로, 1860년에는 무려 10억 킬로그램으로 폭증했다. 남부의 급증하는 면화 플랜테이션으로 미국은 다시 노예 제도가 활기를 얻었고, 뉴잉글랜드 치즈를 비롯한 북부의 식량 시장도 그만큼 커졌다. 그에 따라 뉴잉글랜드 치즈 장인들은 노예 제도와의 오랜 관계를 이어갔다.(Bailey 1990)

남부의 면화혁명은 뉴잉글랜드의 산업혁명으로 이어졌다. 처음에는 남부의 면화가 영국으로 수출되어 18세기의 영국 산업혁명 기간에 영국의 첨단 직물 산업을 뒷받침했다. 그러나 럼주 및 노예 무역으로 어마어마한 부를 축적한 뉴잉글랜드의 상인들은 19세기 초부터 수력 방적기, 역직기, 공장 시설 등의 직물 제조 인프라에 투자하기 시작했다. 거액의 자본을 등에 업은 뉴잉글랜드의 공장에서 생산된 면직물의 수요는 끝없이 이어졌다. 뉴잉글랜드 직물 공장은 더욱 확대되었고, 얼마 지나지 않아 뉴잉글랜드 남부 경제의 중추로 자리 잡았다.

이처럼 번창하는 직물 공장이 일자리를 창출하자 뉴잉글랜드 남부의 시골 농민들이 도시로 몰려들었다. 이에 따라 도시의 시장에서는 뉴잉글랜드 치즈 및 버터에 대한 수요가 높아졌다. 19세기 미국의 치즈 역사에서 더욱 중요한 사실은 직물 산업의 성장으로 인해 수직手織의 시대가 막을 내렸다는 것이다. 이제 농장의 여성들은 더 이상 실을 잣고 천을 짜서 가족의 옷을 지을 필요가 없게 되었고, 이것은 다른 일에 시간을 투자할 수 있게 되었음을 의미한다. 뉴잉글랜드 남부에 있는 낙농장의 여성들은 늘어난 시간을 활용하여 치즈를 더 많이 만들어 시장에 판매했으며, 남성들은 목우의 수를 늘렸다. 이와 같이 19세기 전반 뉴잉글랜드의 낙농과 치즈 생산은 그 어느 시기보다도 전문화되고 상업화되었다.(Bidwell 1921) 1850년에 매사추세츠와 코네티컷의 치즈 생산량이 각각 320만 킬로그램, 240만 킬로그램으로 증가했는데, 놀랍게도 이 양은 미국의 총 치즈 생산량의 12퍼센트에 지나지 않았다. 이미 한 세기 전부터 뉴잉글랜드의 치즈 장인들이 새로운 땅과 기회를 찾아 북부와 서부로 진출한 결과다. 1850년의 치즈 생산량을 보면 뉴욕주가 전국 1위를 차지했고, 오하이오주와 버몬트주, 매사추세츠주와 코네티컷주가 그 뒤를 이어 상위 5위를 기록했다. 뉴잉글랜드 남부의 치즈 생산은 감소하고 있었으며, 북부와 서부의 대두로 경쟁이 심화되면서 머지않아 순위권에서 사라졌다.

엑소더스

18세기 중반 뉴잉글랜드 남부는 인구 성장에 따른 농지 부족에 시달렸다. 코네티컷과 매사추세츠에서 농장을 확보하기 어려워진 수많은 농가들이 북쪽의 뉴햄프셔와 버몬트, 서쪽의 뉴욕으로 이동했다. 프렌치 인디언 전쟁과 미국 독립전쟁을 치르던 격동의 시대에는 이주 규모가 극히 작았으나 독립혁명 이후로 크게 늘어났다.(Kindstedt 2005)

1825년 이리호와 허드슨강을 연결하는 이리 운하가 뚫리자 미국의 치즈 산업 또는 농업의 중심은 본격적으로 서쪽으로 옮겨갔다. 이리 운하는 오대호의 남쪽 연안에 닿아 있는 중서부 북부의 비옥한 농지와 동부 연안의 도시 시장을 연결하는 수송로가 되었다. 광활한 미국 중서부 지역에는 양질의 농지가 끝없이 펼쳐져 있었다. 당시 북아메리카에는 미국에 견줄 만한 세력이 없었으며, 식량 생산 지역인 중서부와 소비 지역인 동부 연안을 연결하는 공급선을 끊을 적대 세력도 없었다. 적절한 운송 수단만 마련된다면, 부패하기 쉬운 식품을 제외하고는 농업 생산 역량을 동쪽에 남겨둘 이유가 없었다.

1830년대와 1840년대에 오대호와 내륙을 연결하는 운하망이 건설되자 중서부 지역의 농업은 더욱 빠르게 발달하기 시작했다. 10년 뒤에는 중서부를 가로질러 동부의 주요 지점을 잇는 철도망이 건설되어 변화에 가속도가 붙었다.(Bidwell and Falconer 1941) 1850년 무렵 치즈 생산 거점은 확실히 서쪽으로 넘어갔고, 그밖에 보존성이 높은 상품들도 마찬가지였다. 이 동향은 현재까지도 역전되지 않았다.

그림에 나타난 치즈 생산의 분포는 두 가지 사실을 시사한다. 첫째, 뉴잉글랜드 치즈 장인들이 서쪽으로 이동하고 있었음을 알 수 있다. 뉴

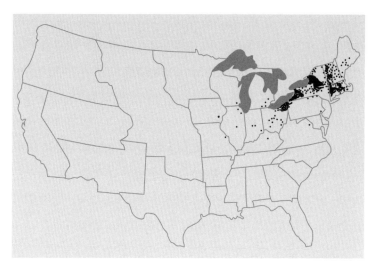

1849년의 미국 치즈 생산 현황. 점 하나가 20만 파운드(약 9만1000킬로그램)의 치즈 생산을 나타낸다. 1849년에는 뉴욕주가 치즈 생산량 1위를 기록했고, 오하이오주가 2위였다. 19세기 후반 들어 치즈 생산의 중심은 계속 서쪽으로 이동한다.(출처: Bidwell and Falconer 1941, p. 423)

잉글랜드 남부 출신의 치즈 장인과 그 후손들은 허드슨강과 모호크강 상류로 올라간 다음 이리 운하를 따라 이리호에 이르렀고, 이곳에서 서쪽의 뉴욕주, 오하이오주, 오대호의 남쪽 연안으로 이동했다.(Kindstedt 2005) 둘째, 남부에서는 치즈 생산이 전혀 이루어지지 않았음을 알 수 있다. 18세기에는 남부 플랜테이션에서 노예들이 소규모로 치즈를 생산하긴 했지만(Wright 2003) 19세기에 대부분 면화 재배지로 바뀌면서 플랜테이션의 식량 생산은 종지부를 찍었다. 서인도 제도의 사탕수수 플랜테이션이 그랬듯이 남부의 면화 플랜테이션도 주로 북부에서 식량을 조달했다.

　얄궂게도 뉴잉글랜드 출신의 치즈 장인들이 어퍼미드웨스트로 이주한 뒤로 뉴잉글랜드 남부의 치즈 생산은 쇠퇴하기 시작했다. 이후로 치즈산업은 뉴욕, 오하이오 등지로부터 동쪽으로 흘러들었으며 뉴잉글랜드 북부에서도 치즈가 생산되면서 뉴잉글랜드 남부 치즈 장인들의 경쟁력을 약화시켰다. 이에 따라 19세기 뉴잉글랜드 남부의 낙농장들은 (치즈보다 보존성이 낮은) 버터 생산으로 품목을 바꾸었고, 점차 보존성이 낮은 우유 생산으로 바꾸어 성장하는 도시 인구의 수요에 맞췄다.(Bidwell 1921) 결국 동부 연안의 농업 전반이 그랬듯이, 뉴잉글랜드에서는 낙농업이 쇠퇴하고 말았다. 내륙의 광활하고 비옥한 농지 그리고 동서를 연결하는 방대한 교통망의 희생양이었다고 하겠다.

　농업이 서쪽으로 이동하면서 대부분의 미국 인구는 매일 섭취하는 식품의 산지인 농장과 동떨어진 삶을 살게 되었다. 그리고 뉴잉글랜드 남부에 남아 있던 농장에서는 과일이나 채소 등 장거리 수송이 불가능한 신선 작물을 주로 재배하게 되었다. 이처럼 최초의 치즈 공장이 개업하여 대량 생산 시대가 열리고 규모의 경제가 미국 농업에 도입된 1851년 후로는 식량 생산자와 소비자 사이의 단절 현상이 심화됐다.

치즈 공장과 규모의 경제

19세기 초 뉴잉글랜드의 직물 산업에 박차를 가한 혁명으로 인해 농가의 낙농장에도 변화가 생겼다. 새로운 치즈조와 기구, 그밖의 노동력 절감 장비가 발명되어 낙농장에서도 균일한 품질의 치즈를 대량으로 생산할 수 있게 된 것이다. 이에 따라 여력이 있는 낙농장은 목우 규모와 치즈 생산량을 늘리기 시작했다.(McMurry 1995) 19세기의 첫 20년간 뉴욕주의 광활한 전원 지역에서는 소를 40마리 이상 키우는 농장이 일반적이었다.(Stamm 1991) 또한 각종 농업단체가 생겨나서 농업에 대한 정보와 지침을 교환하는 창구 겸 과학 지식을 전달하는 통로 구실을 했다. 이 시기에 과학 지식이 실제 농업에도 적용되기 시작한 것이다.(Bidwell 1921) 당시만 해도 치즈 생산은 여전히 여성들이 도맡다시피 했지만, 교육 수준이 비교적 높고 과학 및 기술 분야에 접하기 쉬운 남성들이 관여하기 시작하더니 이제까지 여성들이 축적하고 완성해온 치즈 생산 지식을 습득해나갔다. 이에 따라 농장 여성들은 역사적으로 치즈 생산을 책임지고 낙농을 감독하던 역할을 서서히 빼앗기기 시작했다.(McMurry 1995) 마찬가지로 펜실베이니아 동부 지역에서도 버터 생산을 둘러싼 성 구분이 무너졌다.(Jensen 1988)

19세기 중반 치즈 공장의 등장과 함께 미국의 치즈 생산은 새 시대를 맞이했다. 생산 규모가 커지면서 대규모 농장에서는 주방이 아닌 농장에 따로 마련된 생산 시설에서 치즈를 만들기 시작한 것이다. 공장은 여기에서 한 걸음 더 나아갔다. 치즈 생산을 농장과 분리하고, 여러 농장의 중앙 시설로 우유를 실어와 가공하기 시작했다. 1851년에 뉴욕주 롬의 두 낙농인 제시 윌리엄스와 그 아들 조지가 최초로 치즈 공장이라는 개념을 구현했다. 별도의 치즈 생산 및 숙성을 위한 시설을 짓고 자기 농장에서 키우는 젖소뿐만 아니라 이웃 농장의 소에서 짠 우유를 받아다 한꺼번에 가공하는 식이었다. 윌리엄스의 공장은 운영을 시작한 첫 계절에 응유 교반 체더 치즈를 4만5000킬로그램 넘게 생산했다. 당시 웬만한 농장에서 생산하는 양의 다섯 배에 달하는 양이었다. 윌리엄스는 이 시도를 통해 노동력을 절감하고 대량의 원료를 저렴하게 구매할 수 있었으며, 균일한 품질의 치즈를 생산해냈다. 이것이 전례가 되어 뉴

욕주의 전원 지역 곳곳에 치즈 공장이 세워졌다.(Stamm 1991)

공장은 하루아침에 미국의 치즈 생산을 지배하기에 이르렀고, 새로 설립된 공장들은 체더 치즈 한 종류에 주력했다. 18세기 뉴잉글랜드에서 가장 널리 생산되던 치즈가 체셔였다는 점을 떠올리면 이는 상당한 변화였다. 19세기 전반에도 뉴잉글랜드와 뉴욕주의 치즈 장인들은 체셔 치즈를 대량으로 생산했지만 19세기 중반에 이르면 체더 치즈가 대세를 이루었다.(Flint 1862)

미국의 치즈 생산이 체셔에서 체더로 옮겨간 데는 영국에서 일어난 두 가지 변화가 크게 작용했다. 첫째로 윌리엄스 공장이 운영을 시작한 시기에 영국에서는 체더 치즈 생산에 과학적 원리를 적용한 획기적인 저작으로 조지프 하딩이 명성을 떨치고 있었다. 하딩은 치즈 생산 과정을 구성하는 각 단계의 시간, 온도, 산도를 정확히 지정하는 과학적인 기법을 소개하여 치즈의 품질과 균일성을 효과적으로 관리할 수 있게 했다.(Cheke 1959) 1866년 미국낙농협회 대표였던 제르시스 윌러드 교수는 이 기술적인 진보에 흥미를 느끼고 영국으로 하딩을 찾아갔다. 이후 윌러드는 하딩의 체더 생산 체계를 들여와 미국의 치즈 공장들이 채택하도록 했다.(Blundel and Tregear 2006) 새로 생긴 체더 공장에서는 하딩의 과학적인 원리를 적용하여 경쟁우위를 확보할 수 있었다.

더욱 중요한 두 번째 변화는 이 시기에 영국에서 체더가 체셔를 밀어내고 우위를 점하고 있었다는 사실이다. 체더에 대한 수요가 크게 늘어나면서 런던 시장에서 어느 때보다도 비싼 가격에 팔리게 된 것이다. 이렇듯 하딩에 의해 진보된 기술로 체더가 런던 시장에서 가장 인기 있는 치즈로 부상한 것이 미국의 치즈 산업에 방향 변화를 일으켰다. 이로써 체더는 세계에서 가장 널리 생산되는 치즈로 자리 잡게 되었다.

미국 역사의 중차대한 시기에 치즈 공장이 등장했다는 사실도 공장의 경이로운 성공에 이바지했다. 10년간의 공장 체제가 힘을 받기 시작하던 무렵 남북 전쟁이 터진 것이다. 북부 농장에서 일하던 남자들이 대거 군에 입대하게 되자 농가 여자들이 모든 살림을 감당해야 했다……. 작물을 재배하고, 젖소 떼를 몰고, 젖을 짜고, 치즈를 만들고, 치즈를 팔고, 아이들을 키우고, 요리를 하고, 집안일까지…… 이 모든 일을 해야 하는 상황이었으니 일주일에 7일을 나가 일해야 했던 치즈 공장에서의 일은 부쩍 줄었다. 치즈 생산은 역사적으로 존경받는 일이었지만 시대가 워낙 암울하다 보니 안타깝더라도 망설임 없이 내려놓아야 했을 것이다.(Kindstedt 2005)

알궂게도 여성들이 치즈 생산을 내려놓던 당시에 치즈 시장은 전성기를 맞이하고 있었다. 영국은 인구 폭발로 인해 식량 부족에 처하자 식품 수입을 권장하기 위해 1840년에 식품 관세를 낮추었고, 1850년대에 미국산 수입 치즈가 물밀듯이 밀려들었다. 또한 미국에서 남북 전쟁이 터졌을 때 영국 시장의 매력은 더욱 높아졌다. 전시 상황에서 미국의 인플레이션이 심해지자 영국 상인들은 시시각각 가치를 잃어가는 미국 지폐보다는 금화로 상품 대금을 치른 것이다. 그러자 미국에서는 하루가 다르게 치즈 공장이 들어섰고, 1859년 영국으로 230만 킬로그램을 수출하던 것이 1863년에는 2300만 킬로그램으로 증가했다.(McMurry 1995) 농장의 치즈 생산량이 곤두박질치는 동안에도 공장의 생산량은 하늘 높은 줄 모르고 치솟았다. 이런 동향은 남북 전쟁이 끝난 후에도 계속되었다. 치즈 산업계는 남성 중심, 공장 중심으로 변해가는 상황을 '진보'로 보았다.(McMurry 1995)

영국으로 수출되는 치즈의 양은 전쟁 후에도 계속 증가하여, 1874년

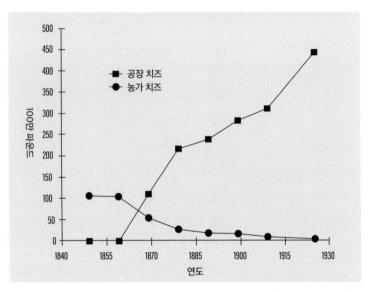

1848~1925년 농가 및 공장의 연간 치즈 생산량. 공장 치즈 생산 체제는 1851년에 처음 등장하여 미국의 치즈 산업을 빠르게 장악했다.(Kindstedt 2005에서 발췌; Pirtle 1926 참고)

에는 4500만 킬로그램을 넘어섰다.(Blundel and Tregear 2006) 특히 체더의 비중이 높았다. 미국의 체더 치즈 공장은 하딩의 기술을 기반으로 점점 규모를 늘리고 생산 단가를 줄여 경쟁우위를 확보했다. 미국 내에서도 이민자로 인해 인구가 폭증하고 도시가 개발되면서 체더 치즈의 수요가 급격히 늘어났다. 미래는 실로 밝아 보였다.

그러나 이 모든 일에는 어두운 면이 있는 법이다. 19세기 후반 미국산 치즈에 대한 수요가 지속적으로 증가했다고는 해도 늘 생산이 수요를 초과했기 때문에 가격 인하의 압박이 가해졌다. 그 과정에서 수익을 내기 위해 고군분투하던 여러 공장이 250년 전 이스트앵글리아의 전철을 밟았다. 즉 우유에서 크림을 탈지하여 버터와 치즈를 함께 생산하기 시작한 것이다. 크림을 한껏 추출한 탈지유 치즈도 판매가 가능하다는 유혹에 빠져 치즈의 품질은 저하될 수밖에 없었다.(Stamm 1991)

프랑스에서 올레오마가린이 발명된 1869년에는 더욱 불길한 변화가 일어났다. 올레오마가린을 만들 때 버터의 유지방을 값싼 라드로 교체한 것처럼, 우유의 천연 유지방을 라드로 대체한 '지방 대체 치즈filled cheese'도 가능해진 것이다. 결국 1871년부터 뉴욕에서는 지방 대체 치즈를 생산하기 시작했고, 곧 다른 공장들도 지방 대체 치즈 생산에 나섰다.(Stamm 1991) '진짜 치즈'로 가장한 탈지 치즈와 지방 대체 치즈는 영국으로 수출됐고, 당연히 미국 치즈의 명성은 바닥으로 떨어졌다. 1881년 6700만 킬로그램으로 정점을 찍었던 영국 수출은 이후 급격히 감소하여 20세기 초에는 무의미한 수준으로 감소했다.(Pirtle 1926) 1896년에 의회에서 지방 대체 치즈에 대한 표기 기준을 제정했으나 상황을 돌이키기는 어려웠다. 한편 캐나다와 뉴질랜드, 오스트레일리아가 영국에 체더 치즈를 공급하기 시작했다. 그후로 미국은 다시는 영국의 체더 시장에서 유의미한 점유율을 차지하지 못했다.

19세기 말의 규제 개혁으로 탈지 치즈와 지방 대체 치즈에 관한 사기 행각과 품질 하락도 막을 내렸다. 그러나 20세기에도 미국의 치즈 산업은 과잉 생산에 따른 가격 인하의 압박에 시달렸다. 치즈 공장들은 규모의 경제를 목표로, 공장의 생산 능력을 확충하고 자동화를 통해 인력을 절감하고 (일정 부피의 우유에서 생산되는 치즈의 양을 최대한 늘리는 등) 치즈 생산 효율을 극대화하여 생산 원가를 낮추었다. 시장에서 살아남기 위해서는 판매 가능한 제품을 생산하되 최대한 생산 원가를 낮춰야만 했다. 일찌감치 원가 절감에 나서지 않은 회사들은 대개 도태되고 말왔다. 이렇듯 치즈 공장들은 20세기의 폭발적인 과학 및 기술의 진보를 등에 업고 생산 원가를 낮췄지만 치즈 가격의 하락을 상쇄하기에는 역부족이었다. 규모의 경제, 자동화, 생산 효율 증대를 통해 생산 원가를 낮춰야 한다는 압박은 여전히 계속되었다.

공장들이 원가 절감을 위해 제조 공정을 바꾸면서 미국 체더 치즈의 특성과 품질도 변할 수밖에 없었다. 일단 우유의 미생물 및 화학물질 함량을 관리하는 저온 살균과 표준화 기술을 도입하여 공장 치즈의 품질 결함은 크게 감소했지만 전통 기법으로 만들어진 최고급 체더 치즈의 다채로운 풍미를 살리기는 어려워졌다.

치즈 회사들이 생산 효율을 높여 생산 단가를 낮추는 것을 지상 목표로 삼으면서 치즈의 맛은 더욱 단조로워졌다. 치즈 생산 효율을 높이는 가장 효과적인 방법 중 하나는 치즈의 수분을 최대한 보존하는 것이다. 그러나 수분 함량이 높은 치즈를 오래 숙성하면 결함이 생겨날 수 있으므로 결국은 숙성 기간을 줄이는 수밖에 없었다. 업계 입장에서 이것은 일석이조였다. 결국 20세기 후반, 생산 원가를 절감하기 위해 치즈의 수분 함량을 높이고 숙성 기간을 줄임에 따라 치즈의 맛은 엷어지고 단순해졌다.

그러나 미국 대중은 이런 변화를 알아차리지 못한 듯했다. 20세기 후반에 체더 치즈의 생산량과 1인당 소비량이 서서히 증가하여 매년 신기록을 세웠다. 이렇듯 오랫동안 시장을 지배하던 체더는 2001년 모차렐라에게 자리를 내어주게 되었다. 미국에 늦게 상륙한 모차렐라는 19~20세기 초에 이탈리아인 이민자들이 들여온 것으로, 20세기 중반까지는 이민족의 특수 식품으로 여겨졌으며 생산량도 소소했다. 그러나 제2차 세계대전 후부터 이동이 잦고 바쁜 도시 문화가 미국 전역에 확산되면서 패스트푸드에 대한 수요가 높아졌고, 그에 따라 미국인이 이 민족의 피자 가게를 이어받아 거대한 '제국'으로 변모시켰다. 자연히 모 차렐라 산업도 빠르게 성장했다.

모차렐라 치즈 제조업자 역시 체더 치즈 제조업자들이 한 세기 동안 씨름해온 경제적 현실에 맞닥뜨렸다. 과잉 생산으로 인해 가격 인하의 압박을 받게 된 것이다. 모차렐라 공장 역시 규모의 경제를 이용하기 위 해 자동화를 통해 인건비를 절감하고, 치즈의 수분 함량을 높여 생산 효율을 높이는 수밖에 없었다. 20세기 초부터는 피자에 들어가는 치즈 의 품질이 저하되자 법적으로 모차렐라 치즈라 부를 수 없게 되었다. 이 에 따라 '피자 치즈'라는 애매모호한 명칭으로 유통되었다. 이번에도 미 국의 대중은 이 변화를 알아차리지 못했다. 20세기 후반에 모차렐라 치 즈 및 피자 치즈의 생산량과 1인당 소비량은 서서히 증가했고, 21세기 전반에는 매년 신기록을 세울 정도였다.

또 다른 이민자들도 자기 민족의 치즈를 미국으로 가져왔다. 이탈리 아 출신 이민자들은 모차렐라 외에 파르메산과 리코타를 가져왔고, 독 일 출신 이민자들은 림부르거·뮌스터·산 응고 생치즈를 들여왔으며, 스 위스 출신 이민자들은 에멘탈과 그뤼예르를, 프랑스인 이민자들은 카망 베르·브리·뇌프샤텔·크림 치즈를 가져왔다.(Apps 1998; Sernett 2011; Stamm 1991) 이 중에 스위스(에멘탈), 코티지, 크림 치즈와 같은 일부 치 즈는 저가에 대량 생산이 가능한 기술이 개발된 덕에 대규모 산업으로 성장했다. 한편 대량 생산이 어려운 치즈는 20세기 후반에 미국에서 거 의 자취를 감추었다.

20세기가 저물 무렵 미국의 치즈 생산량은 역대 최고에 달해, 연 40억 킬로그램을 기록했다. 그중 대규모 제조 시설에서 생산된 것이 압도적으로 많다. 하지만 그게 전부는 아니었다. 온갖 악조건에서도 20세기 말의 30년 사이에 미국에서 농가 치즈와 공방 치즈가 부활하기 시작했다. 점점 많은 사람이 전통 치즈의 가치를 알아보았고, 대량 생산만이 미국 치즈의 미래라는 개념에 이의를 제기했다.(Kindstedt 2005)

이 부활의 배경에는 대량 생산 제품에 비해 가격이 두 배, 세 배, 다섯 배, 심지어는 열 배까지 비싼 공방 치즈의 가격을 기꺼이 부담하고자 하는 애호가들이 있었다. 이 모델이 장기적으로 지속 가능할지는 아직 두고봐야 한다. 분명한 점은 소규모 전통 치즈 생산에서도 경제성은 중요하다는 사실이다. 전통 치즈는 생산 원가가 높으므로, 이런 치즈가 살아남으려면 누군가 그 값을 치러야 한다. 그 값을 소비자가 단독으로 부담하든, 전통 치즈 생산을 장려하는 정부 시책을 통해 대중과 함께 부담하든 비용은 반드시 충당해야 한다. 미국의 전통 치즈는 450그램에 30달러를 지불할 능력과 의향이 있는 부자들의 전유물에 머물고 말까? 아니면 점점 성장하는 미국 중산층이 다른 영역의 소비를 줄여서라도 비싸지만 맛이 좋은 전통 치즈를 정기적으로 구매하게 될까? 그리고 주 정부와 연방 정부는 과연 전통 치즈 생산을 장려하는 시책을 실시하여 원가를 낮출까? 또는 그래야만 하는가? 이것은 두고봐야 할 일이다.

9장

구세계와
신세계의
치즈 문화 유산

1994년 미국과 116개국이 관세무역일반협정GATT에 준해 우루과이라운
드 협정을 체결하여, 무역 장벽을 낮추되 좀더 종합적이며 강제적인 국
제무역 규정을 마련하기로 합의했다. 이 협정에서 가장 중요한 조항은
국제무역 규정을 집행할 세계무역기구WTO를 설립하는 부분으로, WTO
설립은 국제무역 무대에서 결정적인 사건이었다. 회원국은 이론적으로
모두에게 평등한 '공통의 표준'을 준수해야 하며 WTO는 이에 대해 법
적 강제력을 지니게 된다. 하지만 어떻게 공통의 표준에 합의할 것인가
하는 문제가 남아 있었다. 우루과이라운드 협정에서 합의의 틀이 확립
되긴 했지만 지식재산권과 제품 안전 규정 등 까다로운 부분은 추후 실
무위원회가 회의를 통해 결정하도록 남겨놓았다. 그로부터 15년이 넘도
록 치즈와 기타 식품에 관한 사안에서는 아직 합의가 이루어지지 않았
다. 유럽과 미국의 식품 역사 및 문화유산의 차이 때문에 무엇 하나 그
냥 넘어갈 수가 없는 것이다.

원산지 명칭 보호

치즈는 대부분 국제무역의 대상이므로, 우루과이라운드 협정이 발효되자마자 미국과 유럽연합은 치즈에 관한 지식재산권 표준을 놓고 갈등을 빚기 시작했다. 쟁점은 지리적 표시GI에 대한 종합적인 국제 표준을 제시하는 항목이었다. 지리적 표시란 곧 원산지 표시를 말하는데, 특정 식품 또는 음료가 해당 원산지에서 나기 때문에 특별하거나 품질이 뛰어나다는 의미가 담긴다. GATT에 따르면, 지리적 표시권을 얻는 식품의 이름은 유일무이하며 그 지역이 아닌 곳에서 생산되는 제품은 같은 이름을 사용할 수 없다. 예컨대 로크포르 치즈가 지리적 표시권을 받았다면, 프랑스의 로크포르 지역 밖에서 생산되는 치즈에는 로크포르라는 이름을 붙일 수가 없다. 지리적 표시의 목적은 특정 제품이 실제 산지가 아닌 장소에서 생산되는 것처럼 대중을 오도하는 것을 방지하고, 다른 지역에서 만들어지면서 부당하게 원산지 명칭을 사용하는 모조품으로부터 진품을 보호하려는 것이다.(Barham 2003)

그러나 이 협정에는 예외 조항이 있다. '통칭'으로 자리 잡은, 즉 원산지 자체보다는 제품의 종류를 가리키게 된 용어는 지리적 표시권을 받을 수 없다는 것이다. 예를 들어 체더라는 이름은 본래 잉글랜드의 체더 지역 근방에서 생산되는 치즈를 말하지만, 현재 이 용어는 원산지보다는 치즈의 종류를 나타낸다. 즉 체더는 이미 통칭으로 자리 잡았으므로 지리적 표시로서 보호를 받지 못한다. 이 협정에 따르면, 특정 명칭이 지리적 표시의 보호 대상이냐 아니냐는 개별 WTO 회원국이 결정할 수 있다. 얼마 지나지 않아 이 예외 조항을 둘러싸고 첨예한 대립이 일어났다.

유럽과 미국은 역사가 전혀 다르기 때문에 양측의 산업 지도자와 무역 협상가가 치즈와 지리적 표시제를 보는 관점도 달랐다. 미국의 관점에서 보면, 애초에 향수에 젖은 유럽 이민자들이 즐겨 먹던 치즈의 이름과 생산 기법을 미국으로 들여온 것이다. 당시에는 법적 제약도 지식재산권도 지리적 표시제도 존재하지 않았으므로 이민자 치즈 장인들은 유럽에서 사용하던 이름과 제조법을 계속 사용할 수 있었다. 실제로 그런 이민자가 많았고, 이들이 만든 치즈 중에는 널리 인기를 얻은 것도 있다. 이에 따라 전통 치즈 대다수가 오래전 미국에 전해진 이름으로 자리 잡았기 때문에 더 이상 원산지를 가리키는 게 아니라 어디서나 만들어지는 치즈의 종류를 가리킨다는 게 미국의 입장이다. 미국의 치즈 산업은 이미 수십, 수백 년 전부터 체더, 에멘탈(스위스), 파르메산, 모차렐라 등의 유럽 이름으로 치즈를 생산하고 있었으며, 미국 회사들도 이런 이름의 브랜드에 거액을 투자하여 미국 상표권 체제하에 법적 보호를 받는 지식재산권을 개발하고 있었다. 게다가 이 용어들은 미국의 치즈 생산을 규제하는 법과 규칙의 인프라에서 빼놓을 수 없는 자리를 차지하고 있었다. 예컨대 전통 치즈 중에는 이미 반세기 전에 미국 연방식별 표준안에 편입된 것이 많았다.

이런 측면에서 미국의 치즈 산업 및 무역 협상가들이 보기에, 이제와서 전통 치즈가 처음 만들어진 유럽 지역으로 명칭 사용을 제한하려는 것은 역사의 흐름을 수십 년이나 되돌리는 터무니없는 일일 뿐이다. 그러나 유럽연합은 지식재산권을 규정하는 GATT 표준을 통해 바로 그 목적을 이루려 했다.(Anonymous 2003)

유럽연합은 전통 치즈 이름에 대한 관점이 전혀 달랐다. 유럽은 15세기에 샤를 6세가 프랑스의 로크포르에서 생산된 치즈에 로크포르라는 이름의 독점 사용권을 부여했을 때부터 이미 지리적 표시제가 존재했다는 입장이다. 지리적 표시제에 대한 유럽연합 측 주장의 근거는 테루아르terroir 개념이다. 프랑스 단어인 테루아르란 대략 '지역의 맛'으로 번역된다.(Trubek 2008) 그 핵심은 지역마다 고유한 환경이 있어서 한 지역에서 생산되는 식품의 품질과 특성에 영향을 끼친다는 점이다. 즉 토양, 기후, 지형은 물론 현지 주민들이 오랜 시간에 걸쳐 현지 환경에 맞게 다듬은 전통 기법 및 관습 등의 요소가 종합적으로 식품에 차이를 만든다는 개념이다.(Barham 2003)

이와 같이 유럽인은 전통 치즈를 원산지 특유의 제품이라고 보았다. 현지의 치즈 장인들이 몇 세기에 걸쳐 주위 환경에 적응하며 전통적인 제조법과 기법을 발달시킨 결과이기 때문이다. 목초지와 현지의 동물 품종, 주위의 미생물, 온도 및 습도 조건, 지형적·지리적 특징 등이 모두 현지 전통 치즈의 특유성을 만들어낸다. 원산지 밖에서도 그와 비슷하게 만들 수는 있지만 절대로 똑같이 만들 수는 없다. 따라서 전통 치즈의 이름도 치즈 자체와 마찬가지로 고유하며, 함부로 사용되어서는 안된다. 이와 같은 내용이 지리적 표시제 도입의 근거다.

1919년 프랑스에서는 국가가 실시한 최초의 지리적 표시제인 아펠라시옹 도리진 콩트롤레AOC, Appellation d'Origine Contrôlée를 와인에 적용하기 시작했고, 그후로 치즈를 포함하는 기타 식품에 확대 적용했다. 1925년에 치즈로는 최초로 로크포르가 AOC 지위를 부여받았다. 1992년에 유럽연합은 프랑스의 AOC 체계를 본떠 유럽 전역에 적용되는 지리적 표시제를 마련하였는데, 이것이 원산지 명칭 보호PDO, Protected Designation of Origin다. PDO 지위를 부여받은 치즈는 특정 지역에서 일정한 '전통' 치즈 생산 기법에 따라 생산해야 했다. 물론 PDO 치즈라도 고도로 자동화된 첨단 가공 라인과 노동력 절감 장치를 사용할 수 있다는 점을 고려하면 '전통적인 생산 기법'에 따라야 한다는 조항은 크게 의미가 없긴 하다. 현재 150종이 넘는 전통 치즈가 PDO 지위를 받았다. 어쩌면 당연하겠지만, 20세기까지 지역의 소농 문화가 이어졌으며 현재까지도 (비록 살아남기 위해 고군분투 중이라 해도) 명맥을 잇고 있는 프랑스, 이탈리아, 스페인, 그리스에 PDO 치즈가 일반적으로 많다. 이와 대조적으로 19세기 말과 20세기에 상업적 농업과 공장 치즈 생산을 발달시킨 영국, 네덜란드, 덴마크 등지에는 PDO 치즈가 비교적 적다. PDO 지위를 받은 치즈의 경우, 20세기 말에 미국이 그러했듯이 먼 과거에 전통 치즈 생산의 부흥이 일어났기 때문에 가능했다.

유럽연합 내에서는 PDO 규제가 법적 강제력을 지니지만, 유럽연합에 속하지 않는 국가들은 특정 치즈 이름이 통칭으로 자리 잡았다고 판단될 경우 PDO를 무시할 수 있다. 예를 들어 유럽연합 내에서도 체더, 하우다, 에담 등의 치즈 이름은 통칭으로 간주된다. 아시아고Asiago와 페타feta 같은 치즈 이름은 유럽에서는 PDO 지위를 인정받았으나 미국에서는 통칭으로 여겨진다. 이에 유럽연합은 통칭 예외 규정을 없애고 PDO 규제를 전 세계로 확대하기 위해 부단히 노력하고 있다. 유럽연합이 이 목표를 달성하면 현재 미국 치즈 생산자들이 일상적으로 사용하는 치즈 이름을 더 이상 사용할 수 없게 된다. 따라서 미국 산업은 이에 대해 결사반대하고 있다.

미국의 관점에서 더욱 걱정스러운 일은 한때 유럽연합 내에서도 통칭이라 여겨지던 이름까지 PDO 보호로 확대되는 것이다. 예컨대 1996년에 유럽연합은 이탈리아 북부의 파르마와 레조 지역에서 생산되는 파르메산 치즈에 붙는 '파르미자노레자노'라는 이름에 PDO 지위를 부여했다. 그러나 이미 오래전부터 유럽의 다른 지역에서도 파르메산이라

는 이름으로 어마어마한 양의 치즈가 생산되고 있었으므로 미국과 비
유럽 국가들이 파르메산을 통칭으로 생각했으며, 독일을 비롯한 일부
유럽 국가에서도 파르메산이라는 이름을 통칭이라 생각했다. 그럼에도
2008년 유럽사법재판소는 파르메산이라는 명칭이 파르미자노레자노에
대한 PDO의 보호 범위에 들어간다고 판결했다.(작자 미상 2010b) 이에
따라 PDO 지역이 아닌 유럽 지역에서 파르메산 치즈를 생산하던 회사
들은 제품명을 변경해야 했다. 이와 비슷하게, 유럽사법재판소는 어마어
마한 양의 페타 치즈를 생산하고 있으며 페타라는 용어를 통칭으로 간
주했던 프랑스와 덴마크 등의 반발을 무시하고 페타라는 명칭에 PDO
지위를 부여했다. 이런 급진적인 판결 때문에 미국인들은 유럽사법재판
소가 체더, 모차렐라, 브리, 카망베르, 스위스, 하우다, 에담 등 한때 유럽
에서 통칭으로 여겨지던 치즈 이름에도 PDO를 적용하지 않을까 우려
하고 있다. 이런 일이 일어난다면, 그리고 WTO가 PDO 지위에 세계적
인 권위를 인정한다면, 전 세계에서 경제적으로 중요한 치즈의 거의 모
든 이름을 유럽이 독점하게 될 것이다. 바꾸어 말하면, 미국에서 생산되
는 치즈는 대부분 역사적으로 사용해온 이름을 버리고 전혀 생뚱맞은
이름을 써야 한다. '버몬트 체더'를 예로 들자면, 버몬트 체더 치즈의 유
구하고 자랑스러운 역사를 버리고 '버몬트 딜라이트' 따위의 우스꽝스러
운 이름으로 바꾸어야 할 것이다.

국제적인 PDO 규제의 경제적 영향력이 이토록 대단하다 보니, 유
럽연합과 미국은 지식재산권을 둘러싸고 복잡한 체스 게임을 하고 있
다. 이 논쟁이 합리적인 타협으로 해결되지 못하는 이유는 이것이 역사
적이고 문화적인 문제며, 감정적인 요소가 개입되어 있기 때문이다. 미
국 입장에서 전통 치즈의 명칭은 머나먼 과거에 미국이 유럽에서 물려

받은 유산을 상징하는 하나의 연결고리일 뿐이다. 이 명칭에는 더 이상 예전의 의미가 없으며, 치즈들은 오래전에 합법적으로 미국으로 넘어와 서 그 나름의 정체성을 띠고 건전한 산업으로 발달했다. 게다가 미국에 도 수백 년에 걸쳐 쌓아 올린 자랑스러운 치즈 전통이 있다. 이런 측면 에서 보면 유럽이 치즈 용어에 대한 독점적인 소유권을 주장하는 데는 법적인 근거도 역사적인 근거도 없으며, 그저 오만과 이해타산만이 있을 뿐이다. 나 역시 전통 유럽 치즈의 가치를 잘 알고 있으며, 시장에서 치 즈의 전통을 보호해야 한다는 데도 공감한다. 따라서 향토 개발이라는 PDO 체계의 목표도 지지하지만 버몬트 체더 치즈의 미래를 생각하면 짜증이 난다. 물론 감정은 타협을 방해하는 장애물이다.

유럽에서는 전통 치즈를 비롯한 여러 전통식품이 여전히 해당 지역의 작업 환경과 현지 문화에서 중요한 지위를 차지하고 있다. 뿐만 아니라 현지 요리와 문화 전통의 기반을 갖춘 채 지역과 국가 그리고 민족의 자긍심에 이바지하고 있다. 그들에게 PDO 규정은 과거의 명칭 남용을 바로잡고 본래 유럽의 것인 문화·지식 재산을 찾아오는 것이다. 유럽인 에게는 이것이 매우 절박한 문제기도 한데, 미국에서 전통 치즈가 거의 자취를 감춘 것과 같은 이유로 전통 치즈 생산이 심한 경제적인 압박에 처해 있기 때문이다. 유럽 입장에서 전통 명칭 보호는 경제 개발의 수단 이자 시장에서 전통 유럽 치즈를 차별화하고 부가가치를 높이는 도구이 며, 문화적 연속성을 보존하는 길이다.(Barham 2003)

경제와 문화가 얽힌 문제이므로 양측의 감정이 강하게 작용할 수밖 에 없다. PDO 보호를 전 세계로 확장하려는 유럽의 시도는 아직 성공 하지 못했지만, 그렇다고 해서 끝이 보이지도 않는다. 따라서 미국은 앞 으로 해야 할 일이 많다. 양자 자유무역 협정을 통해 은근슬쩍 국제무

역에 PDO 규정을 적용하려는 유럽연합의 최근 전략은 미국 관점에서
는 새롭고도 골치 아픈 전개가 아닐 수 없다.(작자 미상 2010b)

원유와 치즈 안전

PDO 보호를 전 세계로 넓히려는 유럽의 노력은 특히 원유(비살균 우유)
사용과 관련하여 치즈 안전 규정을 두고 있는 미국과 갈등을 겪고 있다.
PDO 치즈는 기억 저편의 옛날부터 전해진 방식에 따라 원유로 만들
어야 한다는 전제조건이 있다. 그래서 유럽연합은 원유 치즈를 매우 중
시한다. 반대로 미국은 제품 안전을 증대한다는 명목 아래 원유를 치즈
생산 공정에서 제거하는 방향으로 움직이고 있다. 이 역시 역사와 문화,
경제가 얽히면서 감정적이고 심각한 문제로 만들었다.

미국의 원유 치즈 규제는 치즈에 대한 미국연방식별표준안이 제정된
1949년으로 거슬러 올라간다. 연방표준안에 따르면 모차렐라, 코티지,
몬터레이 잭, 크림 치즈는 살균 우유로 만들어야 한다. 그 외의 종류는
치즈를 최소 섭씨 1.6도의 온도에서 최소 60일 이상 숙성시킬 경우 원
유로도 만들 수 있는데, 이를 60일 규정이라고 한다. 1949년에는 60일
의 숙성이 식중독 방지를 위한 합리적인 조치로 여겨졌다. (대체로 경험
에 기반하여) 60일이 지나면 식중독을 일으키는 미생물이 치즈 안에서
다량으로 살아남을 확률이 낮다는 것이다.

하지만 20세기 후반 치즈 산업계에서는 60일 규정이 비합리적이라고
판단하기에 이르렀다. 특히 대형 치즈 회사는 더욱 효율적인 규모의 경
제를 추구해야 한다는 경제적 압박에 시달리고 있었다. 공장의 생산 역

량이 크게 증대된 오늘날 보통 하루 만에 10만 킬로그램 단위로 치즈를 생산할 수 있다. 그러나 치즈 생산은 가차 없는 산업이다. 단 하루라도 품질이나 균일성이 깨지면 어마어마한 금전적 손실이 발생하고, 단 하루라도 안전성이 떨어지면 재앙이 일어난다. 이 정도 규모로 치즈를 생산하려면 공정의 모든 측면을 완벽하게 통제해야 하므로 치즈의 품질과 균일성, 안전을 담보해줄 살균이 불가피하다는 인식이다.

한편 1970년대와 1980년대 초에는 소규모 공방의 치즈 장인들이 미국 곳곳에서 등장하기 시작했다. 이 장인들은 1983년에 코넬 대학의 교수인 프랭크 V. 코시코프스키의 지도 아래 미국치즈협회ACS라는 풀뿌리 협회를 설립하기도 했다.(Kindstedt 2005) 새로 등장한 이 공방 치즈 장인들은 원유를 사용해서 전통적인 수제 기법으로 치즈를 만들었고, 미국에는 존재하지 않았거나 오래전에 사라진 유럽 치즈를 만들었다. 이들은 특히 전통적인 세척 외피, 흰색 외피, 천연 외피 치즈에 관심이 있었는데, 이런 치즈는 체더나 스위스, 파르메산 등의 경성 숙성 치즈에 비해 식중독 위험이 훨씬 컸다. 기성 치즈 산업에서는 이런 공방 치즈 운동이 재앙을 가져올 것이라 생각했다. 식중독 사건이 연달아 벌어질 경우 치즈 전체에 대한 소비자의 신뢰가 떨어지리라 본 것이다.

1985년에 치즈를 매개로 하는 치명적인 병원균인 리스테리아 모노키토게네스 감염이 발생하면서 원유 치즈가 화제에 오르게 되었다. 감염은 대부분 캘리포니아에서 일어났으며, 152명의 리스테리아증 환자 가운데 52명이 사망했다. 이 사건은 미국에서 발생한 치즈로 인한 감염 사태 중에서 가장 큰 경우로, 전국의 매체에 보도되었다. 문제의 치즈는 반드시 살균 우유로 만들도록 법이 규정해놓은 멕시코식 연성 치즈(케소프레스코)였다. 생산 공장을 조사한 결과, 살균 과정이 부적절했으며 원유와 살균 우유를 섞어 써서 오염이 발생했을 가능성이 높았다.(Altekruse et al. 1998; Painter and Slutsker 2007) 즉 우유를 확실하게 살균하지 않아서 발생한 문제였는데, 원유가 관련되었다는 이유만으로 원유 치즈가 부당하게 취급되고 공격받았다.

아이오와 주립대학의 교수를 역임한 치즈 연구자인 조지 라인볼드는 미국의 주요 치즈 생산자들을 대표하는 강력한 협회인 국립치즈연구소 NCI에서 주최한 1986년의 세미나에서 업계의 우려를 이렇게 표현했다. "원유를 쓰는 사람은 자기에게 불리하도록 조작된 주사위를 굴리는 셈이다"(작자 미상 1986) 라인볼드는 업계에서 명망이 높은 인사로, 원유 치즈 생산에 대한 그의 심상찮은 촌평은 당장 조치를 취해야 한다는 의미로 받아들여졌다. 국립치즈연구소에서는 곧 위스콘신 대학에 근무하는 최고의 과학자 집단에게 치즈의 안전을 검토해서 안전 증진을 위한 권고를 마련해달라고 의뢰했다. 과학자들은 1990년에 연구 결과를 간행하면서 치즈 생산에 사용하는 우유는 살균 처리를 하거나, 최소한 섭씨 64.4도로 60초 동안 열처리할 것을 권고했다. 이 시간과 온도의 조합을 가온 처리라 하며, 이것은 법적인 의미의 살균만큼 까다롭지 않으면서 병원균 제거 효과는 거의 비슷하다.(Johnson et al. 1990a, b, c) 가온 처리가 살균 처리의 대안으로 권고된 이유는 일부 숙성 치즈의 경우 가온 처리를 하면 훨씬 풍미가 풍부하고 빠르게 발달하기 때문이다.

비슷한 시기에, 60일의 숙성을 거쳐도 각종 치즈에서 병원균이 100퍼센트 죽지 않는다는 사실을 확정적으로 증명하는 여러 건의 연구가 이루어졌다. 이에 따라 1949년부터 시행되었으나 이제는 부적절하게 판단되는 표준을 변경하라는 압력이 미 식품의약국FDA에 가해지기 시작했다. 살균 또는 가온 처리를 의무화하도록 하는 게 간단한 해결책으로 보였다. 가열하면 병원균이 죽는다는 사실은 과학적으로 분명하고 논쟁의 여지도 없었으며, 장비도 구하기 쉽다. 또한 규정 준수를 감사하는 입장에서도 감독하고 집행하기 쉬웠다. 치즈 업계는 이에 만장일치로 찬성했다. 실로 이것이 이상적인 해결책인 듯했고, 1990년대 초에는 원유 치즈 생산 금지가 필연적인 결과로 보였다.

한편 국제 무대에서는 국제식품규격위원회Codex Committee가 우루과이라운드 협정에 따라 국제식품안전규정의 세부 사항을 살펴보고 있었다. 그리고 위원회는 1998년에 안전 기준에 대한 합의문을 발표했는데, 다음과 같은 내용을 포함했다.

이 표준을 적용받는 제품은 원재료 생산 시점에서 섭취 시점에 이르기까지, 예컨대 살균을 포함하는 일련의 통제 조치를 거쳐야 한다. 또한 이 조치가 적절한 수준의 공중보건을 보장한다는 사실이 증명되어야 한다.(작자미상 1999에서 인용)

미국 측은 원하던 내용이 모두 담겨 있다는 데 만족했다. 즉 "적절한 수준의 공중보건"이 무엇을 의미하는지는 각국이 결정할 수 있었고, 국내 안전 기준에 살균을 포함시킬 수 있으며, 적절한 수준의 공중보건을 보장하기만 한다면 미래에 등장할지 모를 신기술(예를 들면 방사선 조사)을 포함시킬 수도 있기 때문이다. FDA가 업계의 요구를 수용하여, 60일 규정을 의무 살균으로 변경함으로써 이 식품규격위원회 합의문에 부합하는 새로운 규정을 마련하기에 때가 무르익었다고 할 수 있었다.

이런 맥락에서 FDA가 규정 변경을 통해 살균을 의무화할 거라는 소문이 돌기 시작했다. 불안해진 미국치즈협회는 식품법 전문 변호사인 마샤 에컬스를 고용하여 FDA와 교섭하고 협회에 규정 변경에 관한 정보를 전달하는 임무를 맡겼다. 1999년 협회 연례 모임에서 에컬스는 FDA가 실제로 치즈 안전 규정을 검토하고 있으며 심지어 원유 치즈를 금지하기 위해 "감염 사태가 터지기만을 기다리고 있다"는 말을 들었다고 했다.(작자 미상 1999) 그것이 사실이라면 미국에서는 곧 원유 치즈의 명맥이 끊길 것이므로, 연례 모임 참석자들은 크게 실망하거나 맹렬하게 반감을 표했다.

FDA의 입장에 우려를 표한 것은 미국치즈협회 회원들만이 아니었다. 매년 수백만 킬로그램의 값비싼 원유 치즈를 수출하고 있는 유럽도 의무적인 살균이 법제화되면 미국 시장에서 철수해야 했기에 경악했다. 그러나 이들은 예의 국제식품규격위원회 합의문을 이용하여 FDA에 반박할 수 있다는 것을 알았다. 미국이 공중보건을 위해 의무적인 살균을 포함한 식품 안전 기준을 정할 수는 있지만, 이 합의문에 따르면 기타 GATT 회원국은 어떤 통제 조치를 쓰든 같은 수준의 공중보건을 보장하기만 하면 미국의 요건을 충족시킬 수 있었다.

이것을 '상등相等의 원칙'이라 한다. 의무적인 살균이 어느 국가의 기준이라 해도, 상대 국가들이 같은 수준의 공중보건을 보장하는 이상 살균 외의 방법을 사용할 수 있는 것이다. 당시 유럽연합은 프랑스를 필두로 하여 원유 치즈에 대해 위험을 경감하는 다양한 전략에 관한 종합 안전 규정을 개발하던 중이었다. 유럽연합 당국에서는 오랜 문화 전통을 보호할 목적으로 이 신설 안전 기준을 의도적으로 유연하게 설정했다는 점을 강조했다. 유럽연합의 보건 및 소비자 보호 집행위원회 위원인 데이비드 번은 이 입장을 "유럽연합 전역에 식품 및 조리에 관한 오랜 문화 전통이 존재하며, 저는 그것을 보호하고 장려하고자 합니다"라고 표현했다.(작자 미상 2002) 유럽연합이 미국과 기타 GATT 회원국에 보내는 메시지는 분명했다. 즉 유럽의 전통 원유 치즈는 사라지지 않을 것이며 유럽은 이를 위해 투쟁하겠다는 뜻이다. 그럼에도 불구하고 위험을 경감시킬 전략들이 살균이 제공하는 수준의 공중보건 요건을 보장하느냐의 문제는 남아 있다.

이때 오스트레일리아의 치즈 생산이 식품규격위원회가 제시하는 '상등의 원칙'의 실험장이 되었다. 오스트레일리아의 식품 표준 규정에서는 동물 젖이 원료인 치즈는 모두 살균 처리를 해야 하며, 또는 치즈를 제조일로부터 최소 90일간 보관하는 경우에 한해 우유를 섭씨 62.2도에서 15초간 가온 처리를 해야 한다고 규정하고 있다. 즉 오스트레일리아에서는 원유 치즈를 금지한 것이다. 하지만 1998년에 스위스 정부는 오스트레일리아에 원유로 만드는 에멘탈, 그뤼예르, 슈브린츠 치즈의 수출과 판매를 허가해달라는 청원을 넣었다.(FSANZ 2008) 이것이 국제무역에서 상등의 원칙이 적용된 최초의 사례였으며, 스위스는 폭넓은 연구 데이터를 제시하여 이 치즈들이 살균에 준하는 안전 수준을 달성했다는 주장을 뒷받침했다. 오스트레일리아 당국은 이 청원을 검토한 결과 에멘탈, 그뤼예르, 슈브린츠 치즈가 오스트레일리아 법에서 규정하는 적절한 수준의 공중보건을 보장한다는 결론을 내렸다.

이탈리아에서도 이러한 청원이 들어오리라 예상한 오스트레일리아는 2002년에 원유로 만들어지는 초경성 치즈들을 자체 검토했다. 오스트레일리아 당국은 파르미자노레자노, 그라나 파다노, 로마노, 아시아고, 몬타시오를 포함하는 이 초경성 치즈들 역시 적절한 수준의 공중보건을 보장한다는 결론을 내렸다.(FSANZ 2008)

오스트레일리아의 조치는 국제무역에 적용되는 '상등의 원칙'에 중요한 선례를 남겼다. 이를 통해 특정 전통 원유 치즈는 살균이나 90일간의 보관 및 가온 처리가 제공하는 것과 같은 수준의 공중보건을 보장한다는 주장을 받아들인 것이다. 일률적인 규정 변경을 통해 살균 또는 가온 처리를 의무화하겠다는 FDA의 희망이 사라지게 된 것이다. 미국은 에멘탈이나 파르미자노 레자노를 포함하는 유럽 원유 치즈의 주요 시장이므로, 원유 치즈를 완전히 금지하려 하면 스위스와 이탈리아의 반발을 살 것이 분명하고 WTO 소송을 당할 수도 있다. 유럽이 싸워보지도 않고 미국 시장을 순순히 내줄 리는 없다.

한편 오스트레일리아 내에서도 식품 규정에 대한 반대의 목소리가 강해지고 있었다. 미국에서와 마찬가지로 오스트레일리아에서도 전통 치즈와 치즈 생산에 대한 관심이 다시 높아지는 중이었다. 윌 스터드라는 사람이 이 운동을 주도했다. 그는 수상 경력이 있는 저서 『완전히 달라요Chalk and Cheese』[문자 그대로는 분필과 치즈를 뜻하는 'chalk and cheese'는 서로 다른 두 대상을 이르는 관용구이지만, 오스트레일리아의 다양한 치즈를 비교한 이 책에서는 중의적 의미로 쓰였다—옮긴이]의 저자이자 인기 TV 시리즈 「치즈 슬라이스Cheese Slices」의 진행자였다. 치즈 도매회사를 소유하고 있던 스터드는 2001년에 프랑스에서 로크포르 치즈를 수입하여 상등의 원칙을 비공식적으로 시험해보기로 결심했다. 이 치즈가 상륙하자 오스트레일리아 당국은 로크포르가 규정에 위반된다는 이유로 치즈를 압수했고, 스터드가 이 결정에 상고하는 2년 동안 보관하고 있었다. 결국 법정은 로크포르가 오스트레일리아 식품 규정에 위반되므로 파기해야 한다는 결정을 유지했다.(Studd 2003)

프랑스는 이 결정에 불만을 품고 2004년에 로크포르 치즈로 상등의 원칙을 공식적으로 시험했다. 로크포르는 제조 과정에 가열이 이루어지지 않으며 수분 함량이 많고 숙성 과정에서 페하pH 지수가 높아지므로 경성 치즈인 스위스나 이탈리아의 치즈보다 식중독 위험이 훨씬 더 크다. 따라서 로크포르 치즈는 효과적인 위험 경감 프로그램을 구성하기가 훨씬 까다로웠다. 프랑스 정부는 로크포르의 안전성을 입증하기 위해 방대한 양의 서류를 제출했다. 오스트레일리아가 이 서류를 검토하여 결정을 내리는 데는 1년이 걸렸다. 결국 오스트레일리아는 로크포르가 스위스와 이탈리아의 경성 치즈와 마찬가지로, 적절한 수준의 공중보건을 보장한다는 결론을 내렸다.(FSANZ 2008) 이와 같이 원유 치즈의 국제무역상의 흐름은 전면적으로 금지하는 쪽보다는 시장 접근성을 높이는 쪽으로 기울었다.

한편 FDA는 원유 치즈에 대한 위험 평가를 거의 끝낸 2010년, 60일 규정이 안전 보장에 부적절하다는 결론을 발표하면서 개정을 염두에 두고 규정을 검토하는 중이라고 밝혔다.(작자 미상 2010a) 결과적으로는 원유 치즈의 몰락이 임박한 듯했던 1998년 이후로 크게 바뀐 것이 없어 보였다. 단 FDA는 이제 에멘탈, 파르미자노레자노, 로크포르 등의 치즈에 대한 청원이 밀려들 것을 각오하지 않고는 살균 또는 유사 살균의 의무화를 고려하기 힘들게 되었다. 이 글을 쓰는 시점에도 FDA는 치즈 안전에 관한 미국 규정을 개정하지 않았다.

식품 안전 규정을 둘러싼 미국과 유럽의 대립은 치즈에만 국한되지 않는다. 식품 체계 전반에서 대립이 첨예하며, 치즈는 빙산의 일각일 뿐이다. 미국은 식품 생산 및 가공의 신기술을 받아들이고, 진보의 이름으로 전통을 포기한 역사를 지니고 있다. 반면 전통 치즈의 오랜 역사를 지니고 있는 유럽은 식품 관련 신기술에 의혹을 품는 경향이 강하다.(Echols 1998) 그 결과 미국과 유럽은 여러 분야에서 갈등을 빚고 있다. 한 예로 육우 사육에서의 성장 호르몬 및 항생제 사용, 우유 생산에서의 성장 호르몬 사용, 유전자 변형 작물, 식품에 기타 유전자 변형 생물의 사용, 농장 가축 복제 등을 놓고도 첨예하게 대립하고 있다. 호르몬 처리 쇠고기의 경우 10년이 넘게 WTO 소송이 진행 중이며, 그 결과 로크포르 치즈가 뜻밖의 피해를 입을 뻔했다. 유럽연합이 쇠고기 생산 과정의 호르몬 사용에 대한 WTO 결정을 따르지 않자 2009년 미국은 이에 대응하여 로크포르 치즈의 수입 관세를 세 배로 올리겠다고 협박한 것이다. 이 조치가 실제로 취해졌다면 로크포르의 소매 가격은 파운드(450그램)당 60달러를 상회하게 됐을 것이다.(작자 미상 2009) 유럽연합이 그 전에 물러서서 전면적인 치즈 전쟁은 일어나지 않았다. 여러 가지로, 치즈와 그 역사적·문화적 맥락을 둘러싼 논쟁은 식품 체계 전반에서 일어나고 있는 큰 변화를 보는 렌즈와 같다고 할 수 있다.

우리 미래는 어디로 흘러갈까? 최근의 역사에서 단서를 찾을 수 있을 것이다. 미국에서 전통 치즈 생산이 다시 힘을 얻었다는 사실은 치즈 자체를 넘어서는 문화적 변화의 징후다. 미국 대중은 식품 생산 및 가공에서 기술 위주, 원가 절감 중심 모델에 대해 점점 많은 의문을 제기하고 있다. 이는 최근 몇 년간 상당한 추진력을 얻은 풀뿌리 운동을 통해 드러난다. 지속 가능 농업, 동물 복지, 유기농 식품, 공방 수제식품, 자연방목 닭, 목초 사육 소 등의 움직임은 모두 원가 절감 중심의 식품 체계에 대한 불만을 반영한다. 이 동향이 계속되면 선출직 공무원과 정책 입안자들이 여론의 변화에 대응할 테고, 따라서 미국의 미래도 점차 유럽에 가까워질 것으로 보인다. 그 변화가 어느 정도인가는 두고봐야 하리라. 적어도 단기적으로는, 원가 절감 중심의 생산 및 가공을 대체하는 비용을 누군가는 크게 치러야 한다. 그 비용을 소비자가 단독으로 부담하든, 원가 절감 모델에 대한 대안을 장려하는 정부 시책을 통해 대중과 함께 부담하든 말이다. 물론 문화적 변화는 식품 체계에도 변화를 부를 수 있지만 결국 경제적인 현실을 피할 수 없는 이상 이 질문은 사라지지 않는다. 누가 그 변화의 비용을 치를 것인가?

감사의 말

치즈 과학자인 나로 하여금 이 공인되지 않은 영역으로 가지를 뻗어낼 기회를 주신 식품영양학과 학과장 진 하비베리노 박사와 버몬트 대학교 농업생명과학대학에 깊이 감사드린다. 이 책이 나오기까지 안내자가 되어준 내 에이전트 앤절라 밀러의 노력에도 감사를 드려야겠다. 편집자 중 한 명인 벤 왓슨은 사소한 것에 주의를 기울여주었고 원고가 한 단계 나아질 수 있도록 도움이 되는 조언을 해주었다. 특별히 아내 크리스티나에게도 감사 인사를 전한다. 아내는 책을 집필하는 긴 시간 짜증을 달고 산 남편을 자애롭게 견뎌주었다.

80쪽의 웨인라이트(Wainwright 1959) 인용은 앙카라영국연구소The British Institute at Ankara의 허락하에 재수록했다.

107쪽의 아엘리아누스, 『동물의 특징에 대하여』 인용은 출판사와 러브클래시컬라이브러리Loeb Classical Library 신탁회사의 허락하에 재수록했고, 크레디트를 다음과 같이 밝힌다. AELIAN: VOLUME III, *ON THE CHARACTERISTICS OF ANIMALS*, Loeb Classical Library Volume 449, with an English translation by A.F. Scholfield, pp.

307, 309, Cambridge, Mass.: Harvard University Press, Copyright © by the President and Fellows of Harvard College. Loeb Classical Library ® is a registered trademark of the President and Fellows of Harvard College.

162쪽에 실린 성 베네틱토의 말은 로언앤드리틀필드출판그룹Rowan & Littlefield Publishing Group의 허락하에 다음 출처에서 인용했다. *The Rule of Saint Benedict*, translated with an introduction by Cardinal Gasquet, 1966, Cooper Square Publishing, NY, p. 84.

192~193쪽의 Oschinsky, 1971, *Walter of Henley and Other Treatises on Estate Management and Accounting*, pp. 287, 289는 옥스퍼드대 출판사Oxford University Press의 허락하에 재수록했다.

111쪽 「치즈를 가는 여인Woman Grating Cheese」은 고대 후기에 속하는 기원전 5세기 초의 그리스 조각상이다. 이 작은 테라코타 조각상은 그리스 보이오티아의 타나그라에서 제작되었다. 가로, 세로, 높이는 각각 5.6×9.5×9.4센티미터다. 사진은 보스턴 미술관 제공으로, 작품 소장은 기금 조성을 통해 이루어졌다. 소장 번호: 01.7783.

참고문헌

Abramovitz, K. 1980. Frescoes from Ayia Irini, Keos. Parts II–IV. Hesperia 49(1):57–85.

Achaya, K. T. 1994. *Indian Food: A Historical Companion.* Oxford University Press, Oxford, UK.

Adams, R. W. 1813. *A Dissertation, Designed for the Yeomanry of the Western Country.* American Friend, Marietta, OH.

Adshead, S. A. M. 1992. *Salt and Civilization.* St. Martin's Press, New York.

Alberini, M. 1998. "The Fascinating and Homemade Story of Parmigiano–Reggiano." In *Parmigiano Reggiano: A Symbol of Culture and Civilization,* F. Bonilauri, ed. Consorzio del Formaggio Parmigiano-Reggiano, Reggio.

Algaze, G. 2008. *Ancient Mesopotamia at the Dawn of Civilization.* University of Chicago Press, Chicago.

Altekruse, S. F., B. B. Timbo, J. C. Mowbray, N. H. Bean, and M. E. Potter. 1998. Cheese-Associated Outbreaks of Human Illness in the United States, 1973 to 1992: Sanitary Manufacturing Practices Protect Consumers. *Journal of Food Protection* 61:1405–1407.

Anifantakis, E. M. 1991. *Greek Cheeses: A Tradition of Centuries.* National Dairy Committee of Greece, Athens.

Anonymous. 1842. *American Cheese.* The Penny Magazine of the Society for the Diffusion of Useful Knowledge (March 12). 11(638):98–99

————. 1986. Reinbold Discusses Heat Treatments on Cheese Milk, Pro's and Con's for Cheese. *Cheese Reporter,* January 24, p. 13.

————. 1999. FDA Reviewing Policy That Allows Use of Unpasteurized Milk in Cheese. *Cheese Reporter,* August 27, p. 1.

————. 2002. European Council Adopts More Flexible Hygiene Rules for Traditional Cheeses. *Cheese Reporter*, June 28, p. 10.

————. 2003. Dangers of EU's Proposal to Protect Geographical Indications. *Cheese Reporter*, July 25, p. 1.

————. 2009. Trade Wars Hike Cost of Roquefort to $60 a Pound; Retailers Scale Back on Inventory. *Cheese Reporter*, February 27, p. 1.

————. 2010a. Raw Milk Cheese: FDA Says 60-Day Aging Not Effective, Is Looking for Alternatives. *Cheese Reporter*, February 5, p. 1.

————. 2010b. Dairy Groups Concerned Over EU Efforts to "Claw Back" Common Cheese Names. *Cheese Reporter*, July 11, p.5.

Anthony, D. W. 2007. *The Horse, the Wheel, and Language: How Bronze-Age Riders from the Eurasian Steppes Shaped the Modern World*. Princeton University Press, Princeton, NJ.

Apps, J. 1998. *Cheese: The Making of a Wisconsin Tradition*. Amherst Press, Amherst, MA.

Aubet, M. E. 2001. *The Phoenicians and the West*, 2nd ed. Cambridge University Press, Cambridge, UK.

Bailey, R. 1990. The Slave(ry) Trade and the Development of Capitalism in the United States: The Textile Industry in New England. *Social Science History* 14(3):373–414.

Banning, E. B. 1998. The Neolithic Period: Triumphs of Architecture, Agriculture, and Art. *Near Eastern Archaeology* 61(4):188–237.

————. 2003. Housing Neolithic Farmers. *Near Eastern Archaeology* 66(1/2):4–21.

Barako, T. J. 2000. The Philistine Settlement as Mercantile Phenomenon? *American Journal of Archaeology* 104:513–530.

Barham, E. 2003. Translating Terroir: The Global Challenge of French AOC Labeling. *Journal of Rural Studies* 19:127–138.

Barker, G. 1981. *Landscape and Society: Prehistoric Central Italy*. Academic Press, London.

————. 1985. *Prehistoric Farming in Europe*. Cambridge University Press, Cambridge, UK.

————. 2006. *The Agricultural Revolution in Prehistory: Why Did Foragers Become Farmers?* Oxford University Press, Oxford, UK.

Barker, G., and T. Rasmussen. 1998. *The Etruscans*. Blackwell Publishing, Oxford, UK.

Barker, G., A. Grant, P. Beavitt, N. Christie, J. Giorgi, P. Hoare, T. Leggio, and M. Migliavacca. 1991. Ancient and Modern Pastoralism in Central Italy: An

Interdisciplinary Study in the Cicolano Mountains. *Papers of the British School at Rome* 59:15–88.

Bass, G. F. 1991. Evidence of Trade from Bronze Age Shipwrecks. In *Bronze Age Trade in the Mediterranean*, N. H. Gale, ed. Studies in Mediterranean Archaeology, Vol. XC, Paul Åströms Fölag, Jonsered. pp. 69–82.

Beckman, G. 1989. The Religion of the Hittites. *The Biblical Archaeologist* 52(2/3):98–108.

——. 2005. How Religion Was Done. In *A Companion to the Ancient Near East*, D. C. Snell, ed. Blackwell Publishing, Oxford, UK, pp. 343–354.

Bellwood, P. 2005. *First Farmers: The Origins of Agricultural Societies.* Blackwell Publishing, Oxford.

Berlin, A. M. 1997. Archeological Sources for the History of Palestine: Between Large Forces: Palestine in the Hellenistic Period. *The Biblical Archeologist* 60(1):2–51.

Berlin, I. 1998. *Many Thousands Gone: The First Two Centuries of Slavery in North America.* Belknap Press of Harvard University Press, Cambridge, MA.

Bezeczky, Dr. 1996. Amphora Inscriptions—Legionary Supply? *Britannia* 27:329–336.

Bidwell, P. W. 1921. The Agricultural Revolution in New England. *The American Historical Review* 26(4):683–702.

Bidwell, P. W., and J. I. Falconer. 1941. *History of Agriculture in the Northern United States, 1620–1860.* Carnegie Institution of Washington, Publication No. 358. Peter Smith, New York.

Bieber, M. 1957. A Bronze Statuette in Cincinnati and Its Place in the History of the Asklepios Types. *Proceedings of the American Philosophical Society* 101(1):70–92.

Bier, L. 1976. A Second Hittite Relief at Ivriz. *Journal of Near Eastern Studies* 35(2):115–126.

Bikel, H. 1914. Die Wirtschaftsverhältnisse des Klosters St. Gallen: von der Gründung bis zum Ende des XIII. Jahrhunderts, eine Studie. Freiburg im Breisgau: Herder.

Birmingham, D. 2000. *Switzerland: A Village History.* St. Martin's Press, New York.

Birmingham, J. 1967. Pottery Making in Andros. *Expedition* 10:33–39.

Blitzer, H. 1990. ΚΟΡΩ NEIKA: Storage-Jar Production and Trade in the Traditional Aegean. *Hesperia* 59(4):675–711.

Bloch, M. 1966. *French Rural History: An Essay on Its Basic Characteristics.* University of California Press, Berkeley.

Blundel, R., and A. Tregear. 2006. From Artisans to "Factories": The Interpretation of Craft and Industry in English Cheese-Making, 1650–1950. *Enterprise & Society* 7(4):705–739.

Bogucki, P. 1984. Ceramic Sieves of the Linear Pottery Culture and Their Economic Implications. *Oxford Journal of Archaeology* 3(1):15–30.

─────. 1988. *Forest Farmers and Stockherders.* Cambridge University Press, Cambridge, UK.

─────. 1999. *The Origins of Human Society.* Blackwell Publishing, Oxford, UK.

Bostock, J., and H. T. Riley. 1855. *The Natural History of Pliny.* Vol. 3. Henry G. Bohn, London.

Bottéro, J. 1985. The Cuisine of Ancient Mesopotamia. *Biblical Archaeologist* 48(1):36–47.

─────. 2004. *The Oldest Cuisine in the World: Cooking in Mesopotamia.* University of Chicago Press, Chicago.

Bowen, E. W. 1928. Roman Commerce in the Early Empire. *Classical Weekly* 21(26):201–206.

Braund, D. 1994. The Luxuries of Athenian Democracy. *Greece & Rome*, Second Series 41(1):41–48.

─────. 1999. Laches at Acanthus: Aristophanes, Wasps 968–969. *Classical Quarterly*, New Series 49(1):321–325.

Brea, L. B. 1957. *Sicily Before the Greeks.* Frederick A. Praeger, New York.

Brehaut, E. 1933. *Cato the Censor on Farming.* Columbia University Press, New York.

Bremer, F. J. 2003. *John Winthrop: America's Forgotten Founding Father.* Oxford University Press, Oxford, UK.

Brown, E. 1960. An Introduction to Mycenology. *Classical World* 53(6):186–191.

Brumfield, A. 1997. Cakes in the Liknon: Votives from the Sanctuary of Demeter and Kore on Acrocorinth. *Hesperia* 66(1): 147–172.

Bryce, T. 2005. *The Kingdom of the Hittites.* Oxford University Press, Oxford, UK.

Burriss, E. E. 1930. The Objects of a Roman's Prayers. *Classical Weekly* 23(14)105–109.

Butler, L., and Given-Wilson, C. 1979. *Medieval Monasteries of Great Britain.* Michael Joseph, London.

Butler, R. D. 2006. *The New Prophecy & "New Visions."* Catholic University of America Press, Washington, DC.

Carrington, R. C. 1931. Studies in the Campanian "Villae Rusticae." *Journal of Roman Studies* 21:110–130.

Carter, C. 1985. Hittite Hashas. *Journal of Near Eastern Studies* 44(2):139–141.

Camden, W. 1586. *Britannia*. London.

Campo, P., and G. Licitra. 2006. I Formaggie Storici Siciliani. Historical Sicilian Cheeses. Officine Grafiche Riunite Palermo.

Casson, L. 1954. The Grain Trade of the Hellenistic World. *Transactions and Proceedings of the American Philological Association* 85:168–187.

Cauvin, J. 2000. *The Birth of the Gods and Origins of Agriculture*. Cambridge University Press, Cambridge, UK.

Chadwick, R. 2005. *First Civilizations: Ancient Mesopotamia and Ancient Egypt*. 2nd ed. Equinox Publishing, London.

Chaniotis, A. 1999. Milking in the Mountains: Economic Activities on the Cretan Uplands in the Classical and Hellenistic Periods. In *From Minoan Farmers to Roman Traders*, A. Chaniotis, ed. Franz Steiner Verlag, Stuttgart.

Charlesworth, M. P. 1970. *Trade-Routes and Commerce of the Roman Empire*. 2nd ed. Cooper Square Publishers, New York.

Chavalas, M. 2005. The Age of Empires, 3100–900 BCE. In *A Companion to the Ancient Near East*, D. C. Snell, ed. Blackwell Publishing, Oxford, UK. pp. 34–47.

Cheke, V. 1959. *The Story of Cheese-Making in Britain*. Routledge & Kegan Paul, London.

Cherry, J. F. 1988. Pastoralism and the Role of Animals in the Pre- and Protohistoric Economies of the Aegean. In *Pastoral Economies in Classical Antiquity*, C. R. Whittaker, ed. Cambridge University Press, Cambridge, UK. pp. 6–34.

Churchill Semple, E. 1922. The Influence of Geographic Conditions upon Ancient Mediterranean Stock-Raising. *Annals of the Association of American Geographers* 12:3–38.

Clark, J. M. 1926. *The Abbey of St Gall as a Center of Literature & Art*. Cambridge University Press, London.

Cline, E. H. 2007. Rethinking Mycenaean International Trade with Egypt and the Near East. In *Rethinking Mycenaean Palaces II*. Revised and Expanded 2nd edition, M. Galaty and W. A. Parkinson, ed. University of California, Los Angeles.

Cooley, A. S. 1899. Athena Polias on the Acropolis of Athens. *American Journal of Archaeology* 3(4):345–408.

Coolidge, A. B. 1889. The Republic of Gersau. *English Historical Review* 4(15):481–515.

Copley, M. S., R. Berstan, S. N. Dudd, S. Aillaud, A. J. Mukherjee, V. Straker, S. Payne, and R. P. Evershed. 2005a. Processing Milk Products in Pottery

Vessels Through British Prehistory. *Antiquity* 79(306):895–908.

Copley, M. S., R. Berstan, A. J. Mukherjee, S. N. Dudd, V. Straker, S. Payne, and R. P. Evershed. 2005b. Dairying in Antiquity. III: Evidence from Absorbed Lipid Residues Dating to the British Neolithic. *Journal of Archeological Science* 32:523–546.

Copley, M. S., R. Berstan, S. N. Dudd, G. Docherty, A. J. Mukherjee, V. Straker, S. Payne, and R. P. Evershed. 2003. Direct Chemical Evidence for Widespread Dairying in Prehistoric Britain. *Proceedings of the National Academy of Sciences USA* 100(4):1524–1529.

Coughtry, J. 1981. *The Notorious Triangle: Rhode Island and the African Slave Trade 1700–1807.* Temple University Press, Philadelphia.

Craig, O. E., J. Chapman, C. Heron, L. H. Willis, L. Bartosiewicz, G. Taylor, A. Whittle, and M. Collins. 2005. Did the First Farmers of Central and Eastern Europe Produce Dairy Foods? *Antiquity* 79:882–894.

Cunliffe, B. 1997. *The Ancient Celts.* Oxford University Press, Oxford, UK.

Dalby, A. 2009. *Cheese: A Global History.* Reaktion Books, London.

Daniels, B. C. 1980. Economic Development in Colonial and Revolutionary Connecticut: An Overview. *William and Mary Quarterly*, Third Series 37(3):429–450.

D'Arms, J. H. 2004. The Culinary Reality of Roman Upper-Class Convivia: Integrating Texts and Images. *Comparative Studies in Society and History* 46(3):428–450.

Dausse, L. 1993. Epoque gallo-romaine: L'essor de echanges. In *Echanges: Circulation d'objets et commerce en Rouergue de la Prehistoire au Moyen Age*, P. Gruat and J. Delmas, ed. Musee Archeologique de Montrozier.

Davies, R. W. 1971. The Roman Military Diet. *Britannia* 2:122–142.

Deane, S. 1790. *The New-England Farmer, or Georgical Dictionary Containing a Compendious Account of the Ways and Methods in which the most Important Art of Husbandry, in all its various Branches, is, or may be, Practiced to the Greatest Advantage.* Isaiah Thomas, Worcester.

De Angelis, F. 2000. Archaeology in Sicily 1996–2000. *Archaeological Reports* 47(2000–2001):145–201.

De Shong Meador, B. 2000. *Inanna: Lady of the Largest Heart.* University of Texas Press, Austin.

de Vries, J. 1974. *The Dutch Rural Economy in the Golden Age, 1500–1700.* Yale University Press, New Haven, CT.

———. 1976. *Economy of Europe in an Age of Crisis.* Cambridge University Press, Cambridge, UK.

de Waele, F. J. 1933. The Sanctuary of Asklepios and Hygieia at Corinth. *American Journal of Archaeology* 37(3):417–451.

Dickin, A. 2007. *Pagan Trinity–Holy Trinity.* Hamilton Books, Lanham, MD.

Doehaerd, R. 1978. *The Early Middle Ages in the West.* North Holland Publishing, Amsterdam.

Douglas, D. C., and G. W. Greenaway. 1953. *English Historical Documents 1042–1189.* Eyre & Spottiswoode, London.

Drew, J. S. 1947. Manorial Accounts of St. Swithun's Priory, Winchester. *English Historical Review* 62(242):20–41.

Duby, G. 1968. *Rural Economy and Country Life in the Medieval West.* University of South Carolina Press, Columbia.

Echols, E. C. 1949. "Ea Quae ad Effeminandos Animos Pertinent." *Classical Journal* 45(2):92–93.

Echols, M. 1998. Food Safety Regulation in the European Union and the United States: Different Culture, Different Laws. *Columbia Journal of European Law* 4:525–543.

Edwards, G. R. 1975. Corinthian Hellenistic Pottery. *Corinth* 7(3):1–254.

Ehrenberg, V. 1951. *The People of Aristophanes: A Sociology of Attic Comedy.* Basil Blackwell, Oxford, UK.

Ellerbrock, I. J. 1853. *Die Hollandische Rinndviehzucht und Milwirthschaft.* F. Vieweg and Sohn, Braunschweig.

Ellison, R. 1981. Diet in Mesopotamia: The Evidence of the Barley Ration Texts (c. 3000–1400 bc). *Iraq* 43(1):35–45.

————. 1983. Some Thoughts on the Diet of Mesopotamia from c. 3000–600 BC. *Iraq* 45(1):146–150.

————. 1984. The Uses of Pottery. *Iraq* 46(1):63–68.

Emery W. B. 1962. *A Funerary Repast in an Egyptian Tomb of the Archaic Period.* Nederlands Instituut Voor Het Nabije Oosten, Leiden.

Everitt, A. 1967. The Marketing of Agricultural Produce. In *The Agrarian History of England and Wales.* Vol. 4, *1500–1640.* J. Thirsk, ed. Cambridge University Press, London.

Evershed. 2005. Dairying in Antiquity. III: Evidence from Absorbed Lipid Residues Dating to the British Neolithic. *Journal of Archaeological Science* 32:523–546.

Evershed, R. P., S. Payne, A. G. Sherratt, M. S. Copley, J. Coolidge, D. Urem-Kotsu, K. Kotsakis, M. Ozdogan, A. E. Ozdogan, O. Nieuwenhuyse, P. M. M. G. Akkermans, D. Bailey, R. Andeescu, S. Campbell, S. Farid, I. Hodder, N. Yalman, M. Ozbasaran, E. Bicakci, Y. Garfinkel, T. Levy, and M. M. Burton.

2008. Earliest Date for Milk Use in the Near East and Southeastern Europe Linked to Cattle Herding. *Nature* 455(7212):528-531.

Fagles, R. 1996. *The Odyssey/Homer.* Viking, New York.

Faith, R. 1994. Demesne Resources and Labour Rent on the Manors of St Paul's Cathedral, 1066-1222. *Economic History Review* 47(4):657-678.

Farmer, D. L. 1991. Marketing the Produce of the Countryside 1200-1500. In *The Agrarian History of England and Wales.* Vol. 3. Cambridge University Press, Cambridge, UK.

Faust, A., and E. Weiss. 2005. Judah, Philistia, and the Mediterranean World: Reconstructing the Economic System of the Seventh Century BCE. *Bulletin of the American Schools of Oriental Research* 338:71-92.

Ferguson, W. S. 1938. The Salaminioi of Heptaphylai and Sounion. Hesperia 7(1):1-74.

Figulla, H. H. 1953. Accounts Concerning Allocations of Provisions for Offerings in the Ningal-Temple at UR. *Iraq* 15(2):171-192.

Finberg, H. P. R. 1951. *Travistock Abbey. A Study in the Social and Economic History of Devon.* Cambridge University Press, London.

Finkelstein, J. J. 1968. An Old Babylonian Herding Contract and Genesis. *Journal of the American Oriental Society* 88(1):30-36.

Finley, M. I. 1968. *A History of Sicily: Ancient Sicily to the Arab Conquest.* Viking Press, New York.

Finsinger, W., and W. Tinner. 2007. Pollen and Plant Macrofossils at Lac de Fully (2135m a.s.l.): Holocene Forest Dynamics on a Highland Plateau in Valais, Switzerland. *Holocene* 17(8): 1119-1127.

Fisher, F. J. 1935. The Development of the London Food Market, 1540-1640. *Economic History Review* 5(2):46-64.

Fitzgerald, R. 1989. *The Iliad/Homer.* Anchor Books, Doubleday, New York.

Flannery, K. V. 1965. The Ecology of Early Food Production in Mesopotamia. *Science* 147(3663):1247-1256.

Flint, C. L. 1862. *Milch Cows and Dairy Farming.* Crosby and Nicholas, Boston.

Forster, E. S., and E. H. Heffner. 1954. *Lucius Junius Moderatus Columella on Agriculture.* Harvard University Press, Cambridge, MA.

Foster, B. R., and K. P. Foster. 2009. *Civilizations of Ancient Iraq.* Princeton University Press, Princeton, NJ.

Foster, C. F. 1998. *Cheshire Cheese and Farming in the North West in the 17th and 18th Centuries.* Arley Hall Press, Northwich, UK.

Frayn, J. M. 1984. *Sheep-Rearing and the Wool Trade in Italy During the Roman Period.* Francis Cairns, Liverpool.

FSANZ. 2008. Proposal P1007, Primary Production & Processing Requirements for Raw Milk Products (Australia Only), Discussion Paper. Food Standards Australia New Zealand.

Fussell, G. E. 1935. Farming Methods in the Early Stuart Period. I. *Journal of Modern History* 7(1):1–21.

————. 1959. Low Countries' Influence on English Farming. *English Historical Review* 74(293):611–622.

————. 1966. *The English Dairy Farmer.* A. M. Kelley, New York.

Ganshof, F. L., and A. Verhulst. 1966. Medieval Agrarian Society in Its Prime. 1: France, the Low Countries, and Western Germany. Chapter 7 In *The Cambridge Economic History of Europe.* Vol. 1, *The Agrarian Life of the Middle Ages.* 2nd ed., M. M. Postan, ed. Cambridge University Press, London.

Ganz, D. 2008. *Einhard and Notker the Stammerer: The Two Lives of Charlemagne.* Translated with an introduction and notes by David Ganz. Penguin Books, London.

Gasquet, F. A. 1966. *The Rule of Saint Benedict.* Translated with an introduction by Cardinal Gasquet. Cooper Square Publishers, New York.

Gelb, I. J. 1967. Growth of a Herd of Cattle in Ten Years. *Journal of Cuneiform Studies* 21:64–69.

Gill, D. 1974. Trapezomata: A Neglected Aspect of Greek Sacrifice. *Harvard Theological Review* 67(2):117–137.

Goetze, A. 1971. Hittite Sipant. *Journal of Cuneiform Studies* 23(3):77–94.

Goldsmith, J. L. 1973. Agricultural Specialization and Stagnation in Early Modern Auvergne. *Agricultural History* 47(3):216–234.

Gomi, T. 1980. On Dairy Productivity at Ur in the Late Ur III Period. *Journal of the Economic and Social History of the Orient* 23(1/2):1–42.

Grandjouan, C., E. Markson, and S. I. Rotroff. 1989. *Hellenistic Relief Molds from the Athenian Agora. Hesperia Supplements,* Vol. 23. American School of Classical Studies at Athens, Princeton.

Grant, A. J. 1966. *Early Lives of Charlemagne: Eginhard & the Monk of St Gall.* Translated and edited by Professor A. J. Grant. Cooper Square Publishers, New York. Pp. 79–80

Grant, M. 2000. *Galen on Food and Diet.* Routledge, London.

Granto, J., R. Inglehart, and D. Leblang. 1996. The Effects of Cultural Values on Economic Development: Theory, Hypotheses, and Some Empirical Tests. *American Journal of Political Science* 40(3):607–663.

Gras, N. F. S. 1940. *A History of Agriculture in Europe and America.* 2nd ed. F. S. Crofts, New York.

Green, M. W. 1980. Animal Husbandry at Uruk in the Archaic Period. *Journal of Near Eastern Studies* 39(1):1–35.

Greene, L. J. 1968. *The Negro in Colonial New England*. Atheneum, New York.

Greenfield, H. J. 1988. The Origins of Milk and Wool Production in the Old World. *Current Anthropology* 29(4):573–593.

Gulley, J. L. M. 1963. The Bruton Chartulary. *British Museum Quarterly* 27(1/2):5–9.

Guterbock, H. G. 1968. Oil Plants in Hittite Anatolia. *Journal of the American Oriental Society* 88(1):66–71.

Hadzsits, G. D. 1936. The Vera History of the Palatine Ficus Ruminalis. *Classical Philology* 31(4):305–319.

Hagan, A. 2006. *Anglo-Saxon Food and Drink: Production Processing, Distribution and Consumption*. Anglo-Saxon Books, Hockwold cum Wilton, UK.

Halbherr, F. 1897. Cretan Expedition III. *American Journal of Archaeology* 1(3):159–238.

Halstead, P. 1981. Counting Sheep in Neolithic and Bronze Age Greece. In *Patterns of the Past: Studies in Honour of David Clarke*. I. Hooder, G. Isaac, and N. Hammond, ed. Cambridge University Press., Cambridge, UK. pp. 307–340.

———. 1996. Pastoralism or Household Herding? Problems of Scale and Specialization in Early Greek Animal Husbandry. *World Archaeology* 28(1):20–42.

Harley, T. R. 1934. The Public School of Sparta. *Greece & Rome* 3(9):129–139.

Harrod, J. B. 1981. The Bow: A Techno-Mythic Hermeneutic: Ancient Greece and the Mesolithic. *Journal of the American Academy of Religion* 49(3):425–446.

Heiri, C., H. Bugmann, W. Tinner, O. Heir, and H. Lischke. 2006. A Model-Based Reconstruction of Holocene Treeline Dynamics in the Central Swiss Alps. *Journal of Ecology* 94:206–216.

Hickman, T. 1995. *The History of Stilton Cheese*. Alan Sutton Publishing, Stroud, UK.

Hill, J. 2003. *The History of Christian Thought*. IVP Academic, Downers Grove, IL.

Hodges, R. 1982. *Dark Age Economics: The Origins of Towns and Trade AD 600–1000*. St. Martin's Press, New York.

Hodkinson, S. 1988. Animal Husbandry in the Greek Polis. In *Pastoral Economies in Classical Antiquity*, C. R. Whittaker, ed. Cambridge Philological Society, Cambridge, UK.

Hoffner, H. A. 1966. A Native Cognate to West Semitic *GBN "Cheese"? *Journal of the American Oriental Society* 86(1):27−31.

————. 1967. Second Millennium Antecedents to the Hebrew 'OB. *Journal of Biblical Literature* 86(4):385−401.

————. 1995. Oil in Hittite Texts. *Biblical Archaeologist* 58(2):108−114.

————. 1998. *Hittite Myths*, 2nd ed. Society of Biblical Literature. Scholars Press, Atlanta.

Hole, F. 1989. A Two-Part, Two-Stage Model of Domestication. In *The Walking Larder: Patterns of Domestication, Pastoralism, and Predation*, J. Clutton-Brock, ed. Unwin Hyman, London.

————. 1996. The Context of Caprine Domestication in the Zagros Region. In *The Origins and Spread of Agriculture and Pastoralism in Eurasia*, D. R. Harris, ed. Smithsonian Institution Press, Washington, DC.

Holloway, R. R. 1975. The Early Bronze Age Village of Tufariello. *Journal of Field Archaeology* 2(1/2):11−81.

Horn, W. W., and E. Born. 1979. *The Plan of St. Gall: A Study of the Architecture & Economy of & Life in a Paradigmatic Carolingian Monastery*, Vol. 3. University of California Press, Berkeley.

Hough, G. 1793. *The Art of Cheese-Making, Taught from Actual Experiments, by Which More and Better Cheese May be Made from the Same Quantity of Milk.* George Hough, Concord, NH.

Hurt, R. D. 1994. *American Agriculture: A Brief History.* Iowa State University Press, Ames.

Itan, Y., A. Powell, M. A. Beaumont, J. Burger, and M. G. Thomas. 2009. The Origins of Lactase Persistence in Europe. *PLoS Computational Biology* 5(8): e1000491. doi:10.1371/journal.pcbi.1000491.

Jacobsen, T. 1983. Lad in the Desert. *Journal of the American Oriental Society* 103(1):193−200.

Jeffery, L. H. 1948. The Boustrophedon Sacral Inscriptions from the Agora. *Hesperia* 17(2):86−111.

Jensen, J. M. 1988. Butter Making and Economic Development in Mid-Atlantic America from 1750−1850. *Signs: Journal of Women in Culture and Society* 13(4):813−829.

Johnson, E. A., J. H. Nelson, and M. Johnson. 1990a. Microbiological Safety of Cheese Made from Heat-Treated Milk. Part 1: Executive Summary, Introduction and History. *Journal of Food Protection* 53(5):441−452.

————. 1990b. Microbiological Safety of Cheese Made from Heat-Treated Milk. Part 2: Microbiology. *Journal of Food Protection* 53(6):519−540.

————. 1990c. Microbiological Safety of Cheese Made from Heat-Treated Milk. Part 3: Technology, Discussion, Recommendations, Bibliography. *Journal of Food Protection* 53(7):610–623.

Johnson, J. 1801. *The Art of Cheese-Making Reduced to Rules, and Made Sure and Easy, from Accurate Observation and Experience.* Charles R. and George Webster, Albany, NY.

Johnson, P. 1976. *A History of Christianity.* Atheneum, New York.

Jones, H. L., and J. H. Sterrett. 1917. *The Geography of Strabo, with an English translation by Horace Leonard Jones.* William Heinemann, London; G. P. Putnam's Sons, New York.

Jones, P. 1966. Medieval Agrarian Society in Its Prime. 2: Italy. Chapter 7 In *The Cambridge History of Europe.* Vol. 1. *The Agrarian Life of the Middle Ages,* 2nd ed., M.M. Postan, ed. Cambridge University Press, London.

Kamber, U. 2008a. The Traditional Cheeses of Turkey: Cheeses Common to All Regions. *Food Reviews International* 24:1–38.

————. 2008b. The Traditional Cheeses of Turkey: The Aegean Region. *Food Reviews International* 24:39–61.

Kamber, U., and G. Terzi. 2008. The Traditional Cheeses of Turkey: Middle and Eastern Black Sea Region. *Food Reviews International* 24:95–118.

Kearns, E. 2010. *Ancient Greek Religion: A Sourcebook.* Wiley-Blackwell, Chichester, UK.

Kindstedt, P. S. 2005. *American Farmstead Cheese.* Chelsea Green Publishing, White River Junction, VT.

Knapp, A. B. 1991. Spice, Drugs, Grain and Grog: Organic Goods in the Bronze Age East Mediterranean Trade. In *Bronze Age Trade in the Mediterranean.* N. H. Gale, ed. Studies in Mediterranean Archaeology, Vol. XC, Paul Astroms Folag, Jonsered. pp. 21–68.

Koebner, R. 1966. The Settlement and Colonization of Europe. Chapter 1 In *The Cambridge Economic History of Europe.* Vol. 1, *The Agrarian Life of the Middle Ages.* 2nd ed., M. M. Postan, ed. Cambridge University Press, London.

Kosikowski, F. V., and V. V. Mistry. 1997. *Cheese and Fermented Milk Foods.* Vol. 1. F. V. Kosikowski, Great Falls, VA.

Kramer, S. N. 1963a. *The Sumerians: Their History, Culture and Character.* University of Chicago Press, Chicago.

————. 1969. *The Sacred Marriage Rite: Aspects of Faith, Myth, and Ritual in Ancient Sumer.* Indiana University Press, London.

————. 1972. *Sumerian Mythology: A Study of Spiritual and Literary Achievement in the Third Millennium* BC. University of Pennsylvania Press,

Philadelphia.

Kramrisch, S. 1975. The Maha~vı~ra Vessel and the Plant Pu~tika. *Journal of the Oriental Society* 95(2):222–235.

Kulikoff, A. 2000. *From British Peasants to Colonial American Farmers.* University of North Carolina Press, Chapel Hill.

Lacour-Gayet, J., and R. Lacour-Gayet, R. 1951. Price-Fixing and Planned Economy from Plato to the "Reign of Terror." *American Journal of Economics and Sociology* 10(4):389–399.

Leary, T. J. 2001. *Martial Book XIII. The Xenia.* Gerald Duckworth, London.

Le Glay, M., J.-L. Voisin, and Y. Le Bohec. 2009. A History of Rome. 4th ed. Wiley-Blackwell, Chichester, UK.

Leon, E. F. 1943. Cato's Cakes. *Classical Journal* 38(4):213–221.

Lever, K. 1954. Middle Comedy: Neither Old nor New but Contemporary. *Classical Journal* 49(4):167–180.

Lev-Yadun, S., A. Gopher, and Shahal Abbo. 2000. The Cradle of Agriculture. *Science* 288(5741):1602–1603.

Limet, H. 1987. The Cuisine of Ancient Sumer. *Biblical Archeologist* 50(3):132–147.

Liverani, M. 2005. Historical Overview. In *A Companion to the Ancient Near East*, D. C. Snell, ed. Blackwell Publishing, Oxford, UK. pp. 3–19.

Lupack, S. 2007. Palaces, Sanctuaries, and Workshops. In *Rethinking Mycenaean Palaces II.* Revised and expanded 2nd ed. M. Galaty and W. A. Parkinson, ed. University of California, Los Angeles.

Maier, B. 2003. *The Celts: A History for Earliest Times to the Present.* University of Notre Dame Press, Notre Dame, IN.

Marshall, Mr. 1796. *The Rural Economy of Gloucestershire: Including Its Dairy: Together with the Dairy Management of North Wiltshire and the Management of Orchards and Fruit Liquor in Herefordshire.* Vol. 1 and 2. G. Nicol, London.

Martin, H. P., F. Pomponio, G. Visicato, and A. Westenholz. 2001. *The Fara Tablets in the University of Pennsylvania Museum of Archaeology and Anthropology.* CDL Press, Bethesda, MD.

Mastrocinque, A. 2007. The Cilician God Sandas and the Greek Chimaera: Features of Near Eastern and Greek Mythology Concerning the Plague. *Journal of Ancient Near Eastern Religions* 7(2):197–217.

Mate, M. 1987. Pastoral Farming in South-East England in the Fifteenth Century. *The Economic History Review*, New Series 40(4):523–536.

McMahon, A. 2005. From Sedentism to States, 10000–3000 BC. In *A Companion to the Ancient Near East.* D. C. Snell, ed. Blackwell Publishing, Oxford, UK.

McManis, D. R. 1975. *Colonial New England: A Historical Geography*. Oxford University Press, London.

McMurry, S. 1992. Women's Work in Agriculture: Divergent Trends in England and America, 1800 to 1930. *Comparative Studies in Society and History* 34(2):248–270.

―――――. 1995. *Transforming Rural Life: Dairying Families and Agricultural Change, 1820–1885*.Johns Hopkins University Press, Baltimore.

Migeotte, Leopold, translated by J. Lloyd. 2009. *The Economy of the Greek Cities. From the Archaic Period to the Early Roman Empire*. University of California Press, Berkeley.

Miller, E., and J. Hatcher. 1978. *Medieval England: Rural Society and Economic Change 1086–1348*. Longman Group, London.

Miller, W. D. 1934. The Narragansett Planters. *Proceedings of the American Antiquarian Society*, New Series 43:49–115.

Monroe, C. M. 2007. Vessel Volumetrics and the Myth of the Cyclopean Bronze Age Ship. *Journal of the Economic and Social History of the Orient* 50(1):1–18.

Morgan, G. 1991. "Nourishing Foods": Herodotus 2.77. *Mnemsoyne*, Fourth Series 44(3/4):415–417.

Muhly, J. D., R. Maddin, T. Stech, and E. Ozgen. 1985. Iron in Anatolia and the Nature of the Hittite Iron Industry. *Anatolian Studies* 35:67–84.

Najovits, S. 2003. *Egypt: Trunk of the Tree. Vol. 1, The Contexts*. Algora Publishing, New York.

Needham, J., and A. Hughes. 1959. *A History of Embryology*. Abelard-Schuman, New York.

Neils, J. 2008. *The British Museum Concise Introduction to Ancient Greece*. University of Michigan Press, Ann Arbor.

Niblett, R., W. Manning, and C. Saunders. 2006. Verulamium: Excavations Within the Roman Town 1986–88. *Britannia* 37:53–188.

Nicholas, D. 1991. Of Poverty and Primacy: Demand, Liquidity, and the Flemish Economic Miracle, 1050–1200. *The American Historical Review* 96(1):17–41

Noussia, M. 2001. Solon's Symposium. *The Classical Quarterly*, New Series 51(2):353–359.

Oakes, E. F. 1980. A Ticklish Business: Dairying in New England and Pennsylvania, 1750–1812. *Pennsylvania History* 47(3):195–212.

O HOgain, D. 2002. *The Celts: A History*. Collins Press, Cork, Ireland.

Oldfather, W. A. 1913. Homerica: I. akrhton gala, i 297. *Classical Philology* 8(2):195–212.

Olson, L. 1945. Cato's Views on the Farmer's Obligation to the Land. *Agricultural*

History 19(3):129–132.

Olson, S. D., and A. Sens. 2000. Archestratos of Gela. *Greek Culture and Cuisine in the Fourth Century* BCE. Oxford University Press, Oxford, UK.

Oschinsky, D. 1971. *Walter of Henley and Other Treatises on Estate Management and Accounting.* Oxford University Press, London.

Outram, A. K., N. A. Stear, R. Bendrey, S. Olsen, A. Kasparov, V. Zaibert, N. Thorpe, and R. P. Evershed. 2009. The Earliest Horse Harnessing and Milking. *Science* 323:1332–1335.

Owen, D. I., and G. D. Young. 1971. Cuneiform Texts in the Museum of Fine Arts, Boston. *Journal of Cuneiform Studies* 23(3):68–75.

Owen, T. 1805. Geoponika (Agricultural Pursuits), London. Scanned by the Michigan State University Library; accessed on 3/8/2010 at www. ancientlibrary.com/geoponica.index.html.

Page, F. M. 1936. *Wellingborough Manorial Accounts AD 1258–1323.* Northamptonshire Printing & Publishing, Kettering, UK.

Painter, J. and L. Slutsker. 2007. Listeriosis in Humans. Chapter 4 In *Listeria, Listeriosis, and Food Safety.* 3rd ed., E. Ryser and E.H. Marth, ed. CRC Press, Boca Raton.

Palaima, T. G. 2004. Sacrificial Feasting in the Linear B Documents. *Hesperia* 73(2):217–246.

Palmer, R. 1994. *Wine in the Mycenaean Palace Economy.* Universite de Liege, Liege.

Pearson, K. L. 1997. Nutrition and the Early-Medieval Diet. *Speculum* 72(1):1–32.

Pirtle, T. R. 1926. *History of the Dairy Industry.* Mojonnier Bros., Chicago.

Pollock, S. 1999. *Ancient Mesopotamia: The Eden That Never Was.* Cambridge University Press, Cambridge, UK.

Post, L. A. 1932. Catana the Cheese-Grater in Aristophanes' Wasps. *American Journal of Philology* 53(3):265–266.

Potter, T. W. 1976. *A Faliscan Town in South Etruria: Excavations at Narce 1966–71.* British School at Rome, London.

———. 1979. *The Changing Landscape of South Etruria.* St. Martins Press, New York.

Potts, D. T. 1993. Rethinking Some Aspects of Trade in the Arabian Gulf. *World Archaeology* 24(3):423–440.

Pounds, N. J. G. 1994. *An Economic History of Medieval Europe.* 2nd ed. Longman Group, London.

Pourrat, H. 1956. *The Roquefort Adventure. Translated from the French by Mary Mian.* Societe anonyme des caves et des producteurs reunis de Roquefort,

Roquefort.

Prakash, O. 1961. *Food and Drinks in Ancient India (from Earliest Times to c. 1200 AD)*. Munshi Ram Manohar Lal, Delhi.

Procelli, E. 1995. Cultures and Societies in Sicily Between the Neolithic and Middle Bronze Age. In *Ancient Sicily*, T. Fischer-Hansen, ed. Museum Tusculanum Press, Copenhagen.

Rance, P. 1989. *The French Cheese Book*. Macmillan Publishers, London.

Rapp, A. 1955. The Father of Western Gastronomy. *Classical Journal* 51(1):43–48.

Rasmussen, P. 1990. Leaf-Foddering in the Earliest Neolithic Agriculture: Evidence from Switzerland and Denmark. *Acta Archaeologica* 60:71–86.

Reisman, D. 1973. Iddin-Dagan's Sacred Marriage Hymn. *Journal of Cuneiform Studies* 25(4):185–202.

Ridgway, D. 1997. Nestor's Cup and the Etruscans. *Oxford Journal of Archaeology* 16(3):325–344.

Rist, M. 1942. Pseudepigraphic Refutations of Marcionism. *Journal of Religion* 22(1):39–62.

Russell, J. R. 1993. On Mysticism and Esotericism Among Zoroastrians. *Iranian Studies* 26(1/2):73–94.

Rutman, D. B. 1963. Governor Winthrop's Garden Crops: The Significance of Agriculture in the Early Commerce of Massachusetts Bay. *William and Mary Quarterly*, Third Series 20(3):396–415.

Sagona, A., and P. Zimansky. 2009. *Ancient Turkey*. Routledge, New York.

Şahoğlu, V. 2005. The Anatolian Trade Network and the Izmir Region During the Early Bronze Age. *Oxford Journal of Archeology* 24(4):339 - 361.

Sansone, D. 2009. *Ancient Greek Civilization*. 2nd ed. John Wiley and Sons, Chichester, UK.

Sauter, M. R. 1976. *Switzerland: From Earliest Times to the Roman Conquest*. Thames and Hudson, Southhampton, UK.

Schon, R. 2007. Chariots, Industry, and Elite Power at Pylos. In *Rethinking Mycenaean Palaces II*. Revised and expanded 2nd edition. M. Galaty and W. A. Parkinson, ed. University of California, Los Angeles.

Schwartz, B. 1938. The Hittite and Luwian Ritual of Zarpiya of Kezzuwatna. *Journal of the American Oriental Society* 58(2):334–353.

Selz, G. J. 2008. The Divine Prototypes. In *Religion and Power: Divine Kingship in the Ancient World and Beyon*d, N. Brisch, ed. University of Chicago Press, Chicago. pp. 13–32.

Sernett, M. 2011. *Say Cheese! The Story of the Era When New York State Cheese Was King*. Milton C. Sernett, Cazenovia, NY.

Sharma, R. S. 2005. *India's Ancient Past*. Oxford University Press, New Delhi.

Shaw, B. D. 1993. The Passion of Perpetua. *Past &Present* 139:3–45.

Sheridan, R. B. 1973. *Sugar and Slavery: An Economic History of the British West Indies 1623–1775*. Johns Hopkins University Press, Baltimore.

Sherratt, A. 1981. Plough and Pastoralism: Aspects of the Secondary Products Revolution. In *Patterns of the Past: Studies in Honour of David Clarke*, I. Hooder, G. Isaac, and N. Hammond, ed. Cambridge University Press, Cambridge, UK. pp. 261–306.

————. 1983. The Secondary Exploitation of Animals in the Old World. *World Archeology* 15(1—Transhumance and Pastoralism):90–104.

————. 2004. Feasting in Homeric Epic. *Hesperia* 73(2):301–337.

Sherratt, A., and S. Sherratt. 1991. From Luxuries to Commodities: The Nature of Mediterranean Bronze Age Trading Systems. In *Bronze Age Trade in the Mediterranean*. N. H. Gale, ed. *Studies in Mediterranean Archaeology*, Vol. XC, Paul Astroms Folag, Jonsered. pp. 351–386.

Simmons, A. H. 2007. *The Neolithic Revolution in the Near East: Transforming the Human Landscape*. University of Arizona Press, Tucson.

Simond, L. 1822. *Switzerland; or, a Journal of a Tour and Residence in That Country in the Years 1817, 1818 and 1819*. Vol. 2. Wells and Lilly, Boston.

Simoons, F. J. 1971. The Antiquity of Dairying in Asia and Africa. *Geography Review* 61(3):431–439.

————. 1991. *Food in China. A Cultural and Historical Inquiry*. CRC Press, Inc., Boca Raton.

Singh, U. 2008. *A History of Ancient and Medieval India: From the Stone Age to the 12th Century*. Dorling Kindersley, Delhi.

Sommer, M. 2007. Networks of Commerce and Knowledge in the Iron Age: The Case of the Phoenicians. *Mediterranean Historical Review* 22(1):97–111.

Spangenberg, J., S. Jacomet, and J. Schibler. 2006. Chemical Analyses of Organic Residues in Archeological Pottery from Arbon Bleiche 3, Switzerland: Evidence for Dairying in the Late Neolithic. *Journal of Archeological Science* 33:1–13.

Sprague, R. W. 1967. Boston Merchants and the Puritan Ethic (1630–1691). In *The Formative Era of American Enterprise*, R. W. Hidy and P. E. Cawein, ed., D. C. Heath, Boston.

Stamm, E. R. 1991. *The History of Cheese Making in New York State*. E. R. Stamm, Publishing Agencies, Endicott.

Steiner, G. 1955. The Fortunate Farmer: Life on the Small Farm in Ancient Italy. *Classical Journal* 51(2):57–67.

Stern, W. M. 1973. Cheese Shipped Coastwise to London Towards the Middle of the Eighteenth Century. *Guildhall Miscellany* 4(4):207–221.

———. 1979. Where, Oh Where, Are the Cheesemongers of London? *London Journal* 5(2): 228–248.

Stone, B. J. 1995. The Philistines and Acculturation: Culture Change and Ethnic Continuity in the Iron Age. *Bulletin of the American Schools of Oriental Research* 298:7–32.

Storr-Best, L. 1912. *Varro on Farming*. G. Bell and Sons, London.

Studd, W. 2003. In Memoriam. *Australian Dairy Foods*, December, p. 15.

Tabbernee, W. 2007. *Fake Prophecy and Polluted Sacraments: Ecclesiastical and Imperial Reactions to Montanism*. Koninklijke Brill NV, Leiden.

TeBrake, W. H. 1981. Land Reclamation and the Agrarian Frontier in the Dutch Rijnland, 950–1350. *Environmental Review* 5(1):27–36.

———. 1985. *Medieval Frontier: Culture and Ecology in Rijnland*. Texas A&M University Press, College Station.

Thirsk, J. 1967. The Farming Regions of England. In *The Agrarian History of England and Wales*. Vol. 4, *1500–1640*, J. Thirsk, ed. Cambridge University Press, London.

Thompson, D. V. Jr., and G. H. Hamilton. 1933. *An Anonymous Fourteenth-Century Treatise, De Arte Illuminandi, The Technique of Manuscript Illumination*. Yale University Press, New Haven, CT.

Thompson, D. W. 1907. Book 3 in *The History of Animals*. John Bell, London.

Thorpe, L. 1969. *Einhard and Notker the Stammerer: The Two Lives of Charlemagne*. Translated with an introduction by Lewis Thorpe. Penguin Books, Harmondsworth, UK.

Tinner, W., and P. Kaltenrieder. 2005. Rapid Responses of High-Mountain Vegetation to Early Holocene Environmental Changes in the Swiss Alps. *Journal of Ecology* 93:936–947.

Tinner, W., and J.-P. Theurillat. 2003. Uppermost Limit, Extent and Fluctuations of the Timberline and Treeline Ecoline in the Swiss Central Alps During the Past 11500 Years. *Arctic, Antarctic, and Alpine Research* 35(2):158–169.

Trow-Smith, R. 1957. *A History of British Livestock Husbandry to 1700*. Routledge and Kegan Paul, London.

Trubek, A. B. 2008. *The Taste of Place: A Cultural Journey into Terroir*. University of California Press, Berkeley.

Trump, D. 1965. *Central and Southern Italy Before Rome*. Frederick A. Praeger, New York.

Twamley, J. 1784. *Dairying Exemplified, or the Business of Cheese-Making*. J.

Sharp, Warwick, UK.

————. 1816. *Essays on the Management of the Dairy; Including the Modern Practice of the Best Districts in the Manufacture of Cheese and Butter.* J. Harding, London.

Updike, W. 1907. *A History of the Episcopal Church in Narragansett Rhode Island.* Merrymount Press, Boston.

Valenze, D. 1991. The Art of Women and the Business of Men: Women's Work and the Dairy Industry c. 1740–1840. *Past and Present* 130:142-169.

van Bavel, B. J. P., and J. L. van Zanden. 2004. The Jump-Start of the Holland Economy During the Late-Medieval Crisis, c. 1350–c. 1500. *Economic History Review* 57(3):503–532.

Vidal, J. 2006. Ugarit and the Southern Levantine Sea-Ports. *Journal of the Economic and Social History of the Orient* 49(3):269–279.

Wainwright, G. A. 1959. The Teresh, the Etruscans and Asia Minor. *Anatolian Studies* 9:197-213.

————. 1961. Some Sea-Peoples. *Journal of Egyptian Archaeology* 47:71–90.

Wallace, S. A. 2003. The Changing Role of Herding in Early Iron Age Crete: Some Implications of Settlement Shift for Economy. *American Journal of Archaeology* 107(4):601–627.

Weeden, W. B. 1910. *Early Rhode Island. A Social History of the People.* Grafton Press, New York.

————. 1963. *Economic and Social History of New England 1620–1789.* Vol. 2. Hillary House Publishers, New York.

Wehrli, M., W. Tinner, and B. Ammann. 2007. 16000 Years of Vegetation and Settlement History from Egelsee (Menzingen, Central Switzerland). *Holocene* 17(6):747-761.

West, L. C. 1935. *Roman Gaul. The Objects of Trade.* Basil Blackwell, Oxford, UK.

West, M. L. 1988. The Rise of the Greek Epic. *Journal of Hellenistic Studies* 108:151-172.

Whitelock, D. 1955. *English Historical Documents c. 500–1042.* Oxford University Press, New York.

Whittaker, D., and J. Goody. 2001. Rural Manufacturing in the Rouergue from Antiquity to the Present: The Examples of Pottery and Cheese. *Comparative Studies in Society and History* 43(2):225–245.

Wick, L., and W. Tinner. 1997. Vegetation Changes and Timberline Fluctuations in the Central Alps as Indicators of Holocene Climatic Oscillations. *Arctic and Alpine Research* 29(4):445–458.

Wild, J. P. 2002. The Textile Industries of Roman Britain. *Britannia* 33:1–42.

Williams, C. H. 1967. *English Historical Documents 1458–1558*. C. H. Williams, ed. Oxford University Press, New York.

Winthrop, J. 1630. A Modell of Christian Charity. In *The Role of Religion in American Life, An Interpretive Historical Anthology*, 1982, R. R. Mathisen, ed. University Press of America, Lanham.

Wood, J. 2007. A Re-interpretation of a Bronze Age Ceramic: Was It a Cheese Mould or a Bunsen Burner. In *Fire as an Instrument: The Archaeology of Pyrotechnologies*, D. Gheorghiu, ed. Oxford University Press, Oxford, UK.

Wood, M. 1986. *Domesday: A Search for the Roots of England*. BBC Books, London.

Wood, S. 1819. *The Progress of the Dairy; Descriptive of the Method of Making Butter and Cheese for the Information of Youth*. Samuel Wood & Sons, New York.

Woolley, L., and P. R. S. Moorey. 1982. *Ur "Of the Chaldees."* Cornell University Press, Ithaca, NY.

Wright, D. P. 1986. The Gesture of Hand Placement in the Hebrew Bible and in Hittite Literature. *Journal of the American Oriental Society* 106(3):433–446.

Wright, G. 2003. Slavery and American Agricultural History. *Agricultural History* 77(4):527–552.

Wycherley, R. E. 1956. The Market of Athens: Topography and Monuments. *Greece & Rome*, Second Series 3(1):2–23.

Wypustek, A. 1997. Magic, Montanism, Perpetua, and the Severan Persecution. *Vigiliae Christianae* 51(3):276–297.

Yeo, C. A. 1946. Land and Sea Transportation in Imperial Italy. *Transactions and Proceedings of the American Philological Association* 77:221–244.

————. 1948. The Overgrazing of Ranch-Lands in Ancient Italy. *Transactions and Proceedings of the American Philological Association* 79:275–307.

Yoffee, N. 1995. Political Economy in Early Mesopotamian States. *Annual Review of Anthropology* 24:281–311.

Zaky, A., and Z. Iskander. 1942. Ancient Egyptian Cheese. *Annales du service des antiquites de l'Egypte* 41:295–313.

Zarins, J. 1990. Early Pastoral Nomadism and the Settlement of Lower Mesopotamia. *Bulletin of the American Schools of Oriental Research* 280:31–65.

Zohary, D., and M. Hopf. 2000. *Domestication of Plants in the Old World*. Oxford University Press, Oxford, UK.

찾아보기

치즈 및 치즈 가공법

기타

치즈 책

인류의 조상에서 치즈 장인까지
치즈에 관한 모든 것

초판인쇄 2020년 6월 23일
초판발행 2020년 6월 30일

지은이 폴 S. 킨드스테트
옮긴이 정향
펴낸이 강성민
편집장 이은혜
편집 이승은 박은아
마케팅 정민호 김도윤 고희수
홍보 김희숙 김상만 지문희 우상희 김현지
독자모니터링 황치영

펴낸곳 (주)글항아리 | 출판등록 2009년 1월 19일 제406-2009-000002호

주소 413-120 경기도 파주시 회동길 210
전자우편 bookpot@hanmail.net
전화번호 031-955-2696(마케팅) 031-955-2663(편집부)
팩스 031-955-2557

ISBN 978-89-6735-796-2 03900

이 도서의 국립중앙도서관 출판시도서목록(CIP)은 e-CIP홈페이지(http://www.nl.go.kr/ecip)와
국가자료종합목록 구축시스템(http://kolis-net.nl.go.kr)에서 이용하실 수 있습니다.
(CIP제어번호: CIP2020025042)

geulhangari.com

Cheese and Culture

*A History of Cheese and
Its Place in Western Civilization*